本书为福建省社会科学基金项目"高质量发展背景下福建省旅游市场转化率影响因素及提升策略研究"(项目编号：FJ2021X024)、福建省教育厅中青年教师教育科研项目"旅游景区到访率与向往度的关系研究"(项目编号：JAS21368)、宁德师范学院引进人才科研启动项目"旅游市场转化率人群分异规律研究"(项目编号：2021Y09)成果。

文旅经纬

从潜在到现实
我国旅游市场的转化

吴宝清 著

厦门大学出版社　国家一级出版社
XIAMEN UNIVERSITY PRESS　全国百佳图书出版单位

图书在版编目（CIP）数据

从潜在到现实：我国旅游市场的转化 / 吴宝清著.
厦门：厦门大学出版社，2024.9. --（文旅经纬）.
ISBN 978-7-5615-9476-6

Ⅰ. F592.6

中国国家版本馆CIP数据核字第20242VY726号

责任编辑　李瑞晶
美术编辑　李嘉彬
技术编辑　朱　楷

出版发行　厦门大学出版社
社　　址　厦门市软件园二期望海路39号
邮政编码　361008
总　　机　0592-2181111　0592-2181406（传真）
营销中心　0592-2184458　0592-2181365
网　　址　http://www.xmupress.com
邮　　箱　xmup@xmupress.com
印　　刷　厦门市明亮彩印有限公司

开本　720 mm×1 000 mm　1/16
印张　18.25
插页　2
字数　230千字
版次　2024年9月第1版
印次　2024年9月第1次印刷
定价　65.00元

本书如有印装质量问题请直接寄承印厂调换

厦门大学出版社
微信二维码

厦门大学出版社
微博二维码

前　言

旅游业位居"五大幸福产业"之首,在满足人民日益增长的美好生活需要方面发挥着重要作用。改革开放40多年来,我国旅游业发展虽取得了举世瞩目的成就,但也面临着较为突出的发展不平衡不充分问题。在众多旅游目的地中,有些旅游目的地家喻户晓,而一些旅游目的地却鲜为人知;有些旅游目的地门庭若市,而一些旅游目的地却门可罗雀。显然,并非所有的旅游目的地都能轻易实现"叫好又叫座"。

能否源源不断地将潜在旅游市场转化成现实旅游市场,关系到旅游目的地旅游业的可持续发展。可以说,旅游市场是旅游目的地营销活动的出发点和归宿。正因如此,旅游目的地投入大量精力开展各种旅游营销活动,以促进潜在旅游市场向现实旅游市场转化。那么,究竟有多少潜在旅游市场能转化成为现实旅游市场,潜在旅游市场到现实旅游市场的转化过程是怎样的,主要的影响因素有哪些,如何衡量潜在旅游市场到现实旅游市场的转化程度,这些是旅游学界和业界关心的重要理论和现实问题。

本书基于市场营销理论、旅游系统理论和旅游目的地选择过程理论,首先,提出了旅游市场转化的概念;将潜在旅游市场划分为静默市场、知名市场和向往市场;把潜在旅游市场到现实旅游市场的转化过程划分为静默市场到知名市场的转化、知名市场到向往市场的转化、向往市场到现实市场的转化三个阶段。其次,用旅游市场总转化率和阶段转化率(知名化率、意向化率、实地化率)衡量旅游市场转化程度;以北京、武汉、西安和成都为客源城市案例,基于大样本问卷调查数据,计算客源城市对目标景区的旅游市场总转化率和阶段转化率,研究旅游市场转化率的主要影响因素及其作用机制,构建旅游市场总转化率计算模型。

第一章为旅游市场转化研究必要性与文献回顾,主要介绍研究背景、研究意义、研究进展和研究设计;第二章为理论基础,包括市场营销理论、旅游系统理论、旅游目的地选择过程理论和旅游区位理论;第三章着重介绍旅游市场转化的概念、过程和测量方法;第四章至第六章依次介绍旅游市场转化的三个阶段转化率,即静默市场到知名市场的转化率、知名市场到向往市场的转化率、向往市场到现实市场的转化率,对各阶段转化率的距离分布特征、空间分布特征以及不同客源市场的转化率差异特征进行了分析;第七章介绍旅游市场总转化率,讨论了总转化率与阶段转化率的关系,分析了总转化率的距离分布特征、空间分布特征以及不同客源市场的总转化率差异特征;第八章为旅游市场总转化率计算模型的构建和检验,构建了由旅游吸引力、交通时间、交通费用、体感疲惫交通时间和可自由支配月收入 5 个自变量构成的总转化率计算模型,并通过总转化率的模型计算值与实际调查值的对比,检验了模型的有效性;第九章为研究结论与展望。

本书的撰写得到了许多专家学者的帮助和指导,在此表示诚挚的谢意。由于笔者水平有限,加之时间仓促,书中所涉及的内容难免有疏漏与不够严谨之处,希望各位读者多提宝贵意见,以待进一步修改,使之更加完善。

吴宝清
2024 年 5 月

目 录

第一章　旅游市场转化研究必要性与文献回顾 …………… 001
　第一节　研究背景 ………………………………………… 001
　第二节　研究意义 ………………………………………… 006
　第三节　研究进展 ………………………………………… 007
　第四节　研究设计 ………………………………………… 036

第二章　旅游市场转化研究理论基础 ……………………… 046
　第一节　市场营销理论 …………………………………… 046
　第二节　旅游系统理论 …………………………………… 050
　第三节　旅游目的地选择过程理论 ……………………… 058
　第四节　旅游区位理论 …………………………………… 065

第三章　旅游市场转化的概念、过程和测量方法 ………… 069
　第一节　旅游市场转化的概念 …………………………… 069
　第二节　旅游市场转化的过程 …………………………… 071
　第三节　旅游市场转化程度的测量 ……………………… 074

第四章　静默市场到知名市场的转化率 …………………… 086
　第一节　知名化率 C_1 与知名度的数值分析 …………… 086
　第二节　知名化率 C_1 的距离分布特征 ………………… 087

第三节　知名化率 C_1 的空间分布特征 ………………… 103
　　第四节　不同客源市场的知名化率 C_1 差异特征 ………… 108
　　第五节　本章小结 ………………………………………… 113

第五章　知名市场到向往市场的转化率 ………………………… 116
　　第一节　意向化率 C_2、知名度、向往度的相互关系 …… 116
　　第二节　意向化率 C_2 的距离分布特征 ………………… 123
　　第三节　意向化率 C_2 的空间分布特征 ………………… 137
　　第四节　不同客源市场的意向化率 C_2 差异特征 ……… 141
　　第五节　本章小结 ………………………………………… 146

第六章　向往市场到现实市场的转化率 ………………………… 149
　　第一节　实地化率 C_3、向往度、到访率的相互关系 …… 149
　　第二节　实地化率 C_3 的距离分布特征 ………………… 157
　　第三节　实地化率 C_3 的空间分布特征 ………………… 172
　　第四节　不同客源市场的实地化率 C_3 差异特征 ……… 176
　　第五节　本章小结 ………………………………………… 182

第七章　旅游市场总转化率 ……………………………………… 185
　　第一节　总转化率 C_t 与阶段转化率的关系 …………… 185
　　第二节　总转化率 C_t 的距离分布特征 ………………… 191
　　第三节　总转化率 C_t 的空间分布特征 ………………… 206
　　第四节　不同客源市场的总转化率 C_t 差异特征 ……… 210
　　第五节　本章小结 ………………………………………… 216

第八章　旅游市场总转化率计算模型的构建和检验 …………… 219
　　第一节　模型假设 ………………………………………… 219
　　第二节　模型检验数据获取 ……………………………… 221

第三节　模型检验结果分析 …………………………………… 224
　　第四节　本章小结 ……………………………………………… 240

第九章　研究结论与展望 ……………………………………………… 242
　　第一节　研究结论 ……………………………………………… 242
　　第二节　创新之处 ……………………………………………… 247
　　第三节　实践指向 ……………………………………………… 247
　　第四节　研究不足与展望 ……………………………………… 251

参考文献 ………………………………………………………………… 253

第一章　旅游市场转化研究必要性与文献回顾

第一节　研究背景

一、旅游市场竞争日益激烈

改革开放 40 多年来,中国旅游业的市场化经历了三个阶段(戴学锋,2019)。第一个阶段为市场化探索阶段。1979 年邓小平的"黄山谈话",拉开了旅游业发展的大幕,北京建国饭店等一批酒店率先按照市场原则建立起来。该阶段的特点是旅游供给严重短缺,尚未摆脱事业单位接待模式,几乎不存在市场竞争问题。第二个阶段为竞争机制引入阶段。邓小平提出"全国要搞若干个旅游公司,公司之间可以互相竞赛"。党的十五大之后,旅游行业进行了政企分离,全国形成了一批具有独立竞争力的市场主体。第三个阶段为标准化管理阶段。《旅游景区质量等级的划分与评定》等一系列国家标准相继出台,进一步提高了旅游业的市场化程度。如今,中国旅游业已告别了供给短缺时代(魏小安,2019),供给体系逐步健全(夏杰长 等,2018)。根据中华人民共和国文化和旅游部的数据,2018年我国景区数量超过了3万家,其中,A级景区10300多家(5A级景区259家、4A级景区3034家),国家级旅游度假区26个,旅游休闲示范城市10个,国家生态旅游示范区110个,在建自驾车房车营地900多个,还有一大批文化、科技、研学等新产品①。旅游目的地数量的持续增多,使旅游者有了更多的选择机会,但同时也加剧了旅游目的地对旅游市场的竞争。一些旅游目的地能够有效吸引旅游市场并获得发展,也有一些旅游目的地因竞争对手的出现和增多而失去了旅游市场,陷入困境。当前,旅游市场竞争越来越激烈,准确识别哪些潜在旅游市场最有可能转化成为现实旅游市场,对旅游目的地的意义不言而喻。

二、旅游市场营销成本高昂

任何国家和地区要实现旅游业的可持续发展,都必须设法将潜在旅游市场源源不断地转化成现实旅游市场,并维持足够规模的现实旅游市场。旅游市场是目的地营销组织(destination marketing organizations,DMOs)开展营销活动的出发点和归宿点(张学梅 等,2011)。

吸引旅游者访问目的地是DMOs的目标任务(Kotler et al.,2017;Morrison,2013)。为此,DMOs投入大量的人力、物力和财力,通过设计旅游宣传片、旅游宣传口号以及旅游宣传手册等,采取线上和线下形式开展旅游宣传活动,以吸引旅游者的眼球,增加旅游者的到访量。据

---

① 文化和旅游部.2018年第四季度例行新闻发布会[EB/OL].(2018-12-26)[2020-02-17].https://www.mct.gov.cn/vipchat/home/site/2/302/.

报道,2019年全球旅游业广告支出约232亿美元①。美国的旅游数字广告支出由2016年的59.5亿美元增加到了2019年的108.6亿美元②。从我国的情况来看,1999年,山东威海为发展旅游业,在CCTV-4投放广告《威海,CHINA》,开创了旅游宣传片的先河(刘亚群,2013;黄永臻,2019);2000年,云南昆明在CCTV-1推出了《昆明天天是春天》的宣传广告(刘毅菲,2008);随后,其他城市纷纷效仿,截至2017年,全国推出旅游宣传广告的城市超过了600座(吕超,2017)。

在令人目不暇接的"城市秀"背后,是极为高昂的宣传成本。仅2016年,各城市在CCTV-4投放旅游宣传广告的费用就超过了9亿元,在CCTV-新闻和CCTV-1投放宣传广告的费用均接近5亿元(吕超,2017)。2020年,CCTV-1不同时段的"5秒广告"费高达2.39万元/天~6.10万元/天,"15秒广告"费高达4.50万元/天~11.50万元/天③。DMOs对旅游市场的竞争之激烈、市场宣传成本之高可见一斑。然而,旅游市场的营销效果究竟如何,到底能吸引多少旅游者实地访问,怎样才能有效地将潜在旅游市场变为现实旅游市场,这些是旅游业面临的重要现实问题,亟待找到解决办法。

三、旅游目的地存在"叫好不叫座"现象

旅游业已经成为我国国民经济战略性支柱产业(梁学成,2019;戴

---

① 看点快报. WARC预测今年全球广告支出下降8.1%,旅游业广告费降幅最大[EB/OL]. (2020-05-29)[2020-06-01]. https://kuaibao.qq.com/s/20200529A0N5V500?refer=cp_1026.

② 199IT. eMarketer:2019年数字旅游广告支出将超过108亿美元[EB/OL]. (2019-08-21)[2020-06-03]. http://www.199it.com/archives/922307.html.

③ 八零忆传媒. 2020年CCTV-1综合频道时段广告刊例价格[EB/OL]. (2020-04-07)[2020-06-03]. http://www.blycctv.com/guanggaojiage/cctv1/747.html.

学锋,2016)。2019年,旅游业对我国GDP的综合贡献值达到10.94万亿元,占GDP总量的11.05%[①]。除了巨大的经济贡献之外,旅游业在满足人民日益增长的美好生活需要方面同样发挥着十分重要的作用(严旭阳,2018;魏小安,2018)。上至国家文旅部,下至地方文旅局,都在全力推动旅游业的进一步发展,以满足人民群众对美好生活的向往。

改革开放40多年来,我国旅游业虽然取得了举世瞩目的成就,但同时也面临着严峻的发展不平衡不充分等现实问题(戴斌 等,2018;章锦河,2019;何建民,2018)。长期以来,我国旅游业发展呈现出"东强西弱"的非均衡格局。在旅游供给方面,中国87%的A级景区分布在胡焕庸线以东,且密集分布在京津冀、长三角等地区,而西部地区的景区数量却较少(邓纯纯 等,2020)。在出游能力方面,东、中、西部地区的出游能力差距大,2018年,东、中、西部地区的出游能力之比约为"6.2∶2.5∶1.3",相比三个地区长期的出游能力之比"7∶2∶1"虽有所降低,但差距依然较大[②]。在旅游客流量方面,东部地区长期高于中部、西部地区。我国旅游业发展的非均衡格局,折射出不同旅游目的地对旅游市场的竞争能力存在较大差异。在现实中,有些旅游目的地"既叫好又叫座",能轻而易举地将潜在市场变为现实市场,获得丰厚的经济回报,但有些旅游目的地"叫好不叫座",尽管尽人皆知,但却很难有效地将潜在市场变为现实市场(吴宝清 等,2020),导致一些旅游目的地面临着严重的拥堵问题,而另一些旅游目的地门庭冷落,陷入投资难以得到回

---

① 中华人民共和国文化和旅游部. 2019年旅游市场基本情况[EB/OL]. (2020-03-10)[2020-06-04]. https://www.mct.gov.cn/whzx/whyw/202003/t20200310_851786.htm.

② 中国旅游研究院. "2018旅游经济运行盘点"系列报告(四):国民休闲与区域旅游发展[EB/OL]. (2019-01-14)[2020-06-06]. http://www.ctaweb.org/html/2019-1/2019-1-14-9-32-74009.html.

报的困境。如何才能有针对性地提高一些旅游目的地的潜在市场到现实市场的转化程度，以及合理调控一些旅游目的地的潜在市场到现实市场的转化程度，以解决我国旅游业发展的不均衡问题，使全国人民共享旅游业发展的福利呢？这是我国旅游学界和业界面临的一个十分严峻的现实问题。

　　上述问题的解决，需要建立在对潜在旅游市场到现实旅游市场转化系统研究的基础之上。从个体的视角看，某一个潜在旅游者若要成为旅游目的地的现实旅游者至少需要经历三个阶段：首先是要知道有这个旅游目的地的存在，其次是产生访问这个旅游目的地的愿望，最后是实际到访这个旅游目的地。从群体的视角看，旅游市场是由众多旅游者个体构成的集合（Morrison，2013；菲利普·科特勒 等，2017；阿拉斯泰尔·M.莫里森，2012；郭英之，2006），因此，潜在旅游市场到现实旅游市场的转化同样也需要经历三个阶段：首先是"静默市场—知名市场"的转化，即实现从不知道到知道的转化；其次是"知名市场—向往市场"的转化，即实现从知道到想去的转化；最后是"向往市场—现实市场"的转化，即实现从想去到实际到访的转化。三个转化过程依次连接，环环相扣，缺一不可。只有经历了三次转化，潜在旅游市场才能最终转化成现实旅游市场。然而，潜在旅游市场到现实旅游市场的转化并非畅通无阻，是受一定条件制约的，DMOs很难将潜在旅游市场全部转化为现实旅游市场，即从潜在旅游市场到现实旅游市场的转化程度很难达到百分之百，并且不同转化阶段的旅游市场转化程度（本书将其定义为旅游市场转化率）也有差异。这正是有些旅游目的地"既叫好又叫座"，而有些旅游目的地却"叫好但不叫座"的原因所在。

　　潜在旅游市场到现实旅游市场的总转化率以及三个阶段的转化率分别能达到多少，影响旅游市场转化率的主要因素有哪些，能否通过构建模型实现对旅游市场总转化率的快速计算,这些问题尚未得到学界的回答,也正是本书拟解决的问题。

第二节 研究意义

一、理论价值

旅游市场是旅游研究的重点领域之一(张敏 等,2017)。以往的旅游市场研究大都基于以目的地为中心的视角,主要聚焦在目的地接待的现实旅游市场,对潜在旅游市场的关注相对较少;以客源地为中心视角开展的旅游市场研究,以及关于潜在旅游市场转化问题的研究成果也相对较少。

本书的理论价值主要体现在:(1)提出旅游市场转化的概念,分析从潜在旅游市场到现实旅游市场的转化过程,可以丰富和深化旅游市场研究的内容。(2)以旅游市场总转化率和阶段转化率为指标进行研究,可以为旅游市场营销效果测评提供理论依据,同时也可以为深入认识旅游市场结构提供新的视角。(3)构建旅游市场转化率计算模型,可以为旅游市场预测提供一种新的方法。

二、实践价值

旅游市场的情况是旅游业规划、决策的重要依据(吴必虎,1999),分析和理解旅游市场是进行有效市场营销的基础之一(菲利普·科特勒,2001)。本书的实践价值主要体现在:(1)能够帮助 DMOs 更加细致地分析旅游市场,掌握知名市场、向往市场和现实市场的规模以及分布情况,为旅游开发和市场营销工作提供有力的数据支撑。(2)能够帮助 DMOs 准确识别出哪些潜在市场的转化率高,哪些潜在市场的转化率低,为 DMOs 制定差异化的市场营销策略提供实践指导。(3)能够帮助 DMOs 直观对比不同阶段旅游市场转化率的高低,为评价和诊断旅游市场营销效果提供依据。(4)能够帮助 DMOs 揭示影响旅游市场转化率的主要因素,为有针对性地提高旅游目的地接待量提供依据。

第三节 研究进展

市场(market)起源于交换,是社会生产和社会分工的产物(万红,2003;李志清,2012;张有京,1993)。著名人类学家布罗尼斯拉夫·马林诺夫斯基在《西太平洋上的航海者》一书中,介绍了一种称为"库拉"的礼仪性赠予交换系统,这种原始的交换系统是一种带有义务性的文化行为,具有强制性的契约性质,它主要用来满足传统经济生活的正常运转,同时兼有交往、游乐与风俗活动的功能(布罗尼斯拉夫·马林诺夫斯基,2017;黑田悦子 等,2003)。随着交换频率的增加和交换场所的固定,市场得以凸现(李雪荣 等,2013)。社会生产和分工的不断发展,使市场的概念内涵变得越加丰富。从经济学的视角看,市场起初是城中出售粮食和其他物品的一个公共场所,但后来这个词的意义得到了扩展,指任何一群有密切商业关系并进行大量商品交易的人(斯坦利·森文斯,1984;阿弗里德·马歇尔,2004)。高鸿业(2012)认为,市场指的是从事物品买卖的交易场所或接洽点,本质上是物品买卖双方相互作用并决定物品交易价格和交易数量的一种组织形式或制度安排。Kotler(2001)认为,经济学家用市场来泛指一个特定产品或某类产品进行交易的卖方和买方的集合。林南枝(2000)认为,市场有狭义与广义之分,狭义的市场是指商品交换的场所,而广义的市场体现为影响、促进商品交换的一切机构、部门与买卖双方的关系。从营销学的视角看,卖方构成产业,而买方构成市场,即市场是由某一类产品的现有买者和潜在买者构成的集合(菲利普·科特勒 等,2017;菲利普·科特勒,2001;顾国祥 等,1999;甘碧群,2002)。市场主要突出消费者的现实与潜在需求;构成市场的要素包括人口、购买愿望及购买力,这三个要素相互制约,缺一不可,只有当人口多、购买力强、购买动机强时,才能构成现实的理想市场(甘碧群,2002)。市场是企业营销活动的出发点和落脚点,发现市场、占领市场是市场营销活动的核心(戴斌,1998)。

旅游市场(tourism market)是一类特殊的市场。不同学科背景的研究者对其的定义存在差异。从经济学视角看,旅游市场的产生源于以旅游者为一方的旅游需求和以旅游经营者为另一方的旅游供给之间的交换。其中:狭义的旅游市场指旅游产品交换的场所;广义的旅游市场指旅游产品交换关系的总和,它涉及旅游目的地、旅游者和旅游经营者(林南枝,2000)。从营销学视角看,旅游市场通常指旅游客源市场,即某一特定旅游产品的购买者和潜在购买者的集合(菲利普·科特勒 等,2017;阿拉斯泰尔·M.莫里森,2012;郭英之,2006)。与其他类型的商品市场相比,目的地接待的旅游市场主要是非当地居民,这增大了DMOs获取旅游市场信息的难度和成本(张学梅 等,2011)。

本书的主要研究目的是服务于旅游市场营销工作,因此,采用市场营销学对旅游市场的定义,即在本书中旅游市场指旅游客源市场。

学界对旅游市场的关注,可以追溯到1899年来自意大利的鲍迪奥发表的《在意大利的外国人的移动及其消费的金钱》一文(戴斌,1998;谢彦君,2015;陈海波,2017)。长期以来,无论是在国外还是国内,旅游市场都是旅游研究领域的重点之一(Wu et al.,2012;Zhong et al.,2018;Kim et al.,2018;Bao et al.,2014;Andreu et al.,2010;刘俊 等,2019;田里 等,2017;王德根 等,2018;廉同辉 等,2013;李经龙 等,2017;李秋云 等,2014;陶鸿 等,2014;董晓莉,2011;余洁 等,2006;依绍华,2011),旅游市场营销、旅游市场细分和旅游市场预测等方面有丰硕的研究成果。

一、旅游市场营销研究

市场营销(marketing)关乎人类与社会需求的识别与满足(菲利普·科特勒 等,2019)。美国市场营销协会(American Marketing Association)指出,市场营销是创造、传播、传递和交换对顾客、客户、合作者和整个社会有价值的市场供应物的一种活动、制度和过程。英国市场营销特许学院给市场营销下的定义是:市场营销是有效地识别、预测和满足消费者需求的管理过程。现代营销学之父菲利普·科特勒(Philip Kotler)认为市场营销是一种社会和管理过程,借助这一过程,个体和群体通过创造与他人交换产品和价值,从而获得其所需和所求(李天元,2009),最简洁的市场营销定义是"有利可图的满足需求"(菲利普·科特勒 等,2019)。现代管理学之父彼得·德鲁克(Peter F. Drucker)认为市场营销的目的是去很好地了解和理解顾客,以让产品适合顾客并实现自我销售(Drucker,1973)。市场营销的发展过程可以分为3个时代,即1.0时代、2.0时代和3.0时代。1.0时代以产品为中心,主要以"4P"(product、price、place、promotion)理论为营销理念;2.0时代以产品为中心,"4C"(customer、cost、convenience、communication)营销理论、STP(segmenting、targeting、positioning)战略盛行;3.0时代的特征是随着信息化、网络化趋势的深化,以媒体的创新、内容的创新、传播沟通方式的创新去征服目标受众(谭业,2013)。

法国于16世纪开始印刷目的地旅游指南(Sigaux,1960)。1864年,瑞士成立了第一家区域旅游组织(regional tourism organisation)。二战之后,DMOs的数量大幅加,伴随着包价旅游的兴起、喷气式飞机和度假宣传册的推出,许多DMOs在20世纪60年代和20世纪70年代确立了自己的核心营销角色(Laws,1997)。

1973年,开始出现有关旅游目的地市场营销的期刊论文(Matejka,1973)。1976年,Wahab等出版了第一部旅游市场营销专著——Tourism Marketing。经过多年的发展,目的地市场营销逐渐成为一个热门的研究领域。Ritchie(1996)指出,旅游营销研究是由那些具有市场导向的人进行的,本质上是由对解决从业者面临的相关挑战的应用研究感兴趣的学者进行的,这一类研究不是单纯的或基础的研究。Malhotra(1996)认为,目的地营销研究通常关注的是用于识别和解决营销管理决策问题的理论和技术的应用。该研究领域的特点是零散的应用研究方法,而不是理论建设(Pike et al.,2014)。传统上,营销实践是围绕"4P"概念构建的,在旅游市场营销中,增加了合作(partnerships)、人本(people)、策划(programming)、包装(packaging)(Morrison,2010;Shoemaker et al.,2016)。Pike等(2014)梳理了自1973年以来的关于目的地市场营销的文献,发现既有的目的地市场营销文献一直致力于基于心理学、管理学、经济学、市场营销学、地理学和社会学等领域的更广泛的文献对理论进行论证。其中,目的地形象的衡量一直是目的地营销文献中最热门的话题。

近年来,旅游市场的网络营销成为发展最快的一个研究主题。例如:Mariani 等(2016)探讨了意大利地区目的地管理组织如何战略性地利用 Facebook(脸书)来推广和营销他们的目的地,并改进衡量用户参与度的指标。Kotoua 等(2017)指出,由于技术的进步,简单的网站不再对目的地营销产生影响;网站应该提供不同的工具和营销渠道,方便游客浏览和获取信息。Wu(2018)对杭州和伦敦两个旅游目的地的在线旅游营销进行了话语分析,探讨不同文化背景的旅游目的地如何将当地的旅游景点介绍给国际受众。Yousaf 和 Fan(2018)通过对中国、韩国、日本、泰国等国家旅游局官方网站上内容的调查分析,比较了各国利用互联网推广清真美食和烹饪旅游的情况,探讨了各国的旅游营销策略。Willems 等(2019)分析了在千禧一代的旅游营销中,不同的媒体呈现(照片、视频和虚拟现实)对参与度的影响。Önder 等(2020)建议利用 Facebook 统计数据进行旅游需求建模和目的地营销。Mariani(2020)讨论了 Web 2.0 时代旅游市场营销的趋势和未来方向,指出大多数研究本质上都是描述性的,缺乏一个强有力的总体概念框架来帮助识别与 web 2.0 技术相关的关键目的地营销问题。

我国的旅游市场营销开始于 20 世纪 80 年代初。随着改革开放政策的实施以及高等教育领域中管理学科的重建,"marketing"这一现代管理学中的概念开始传入我国。1982 年,以时任美国夏威夷大学旅游管理学院院长朱卓仁教授为代表的一批国际知名旅游学者,在我国举办了为期一周的"高级旅游管理系列讲座",其中一项重要内容便是介绍旅游市场营销(李天元,2009)。1988 年,《旅游学刊》第 3 卷第 4 期刊发了奥格尼恩·巴基奇的《在旅游供给计划中旅游营销活动的协调》一文(奥格尼恩·巴基奇 等,1988),这是国内刊发的最早的关于旅游市场营销的期刊论文。在这之后,国内学者开展了大量有关旅游市场营销的研究工作,主要包括以下几个方面。

1.旅游目的地市场营销策略研究

国内学者针对国家、区域、省域、城市、景区等不同尺度旅游目的地的市场营销策略进行了许多探讨。

在国家尺度上,郭英之(2002)从区域联合、形象营销、精品营销、市场细分、旅游秩序、销售渠道、促销渠道等方面提出了中国对韩国的旅游营销对策。张佑印和马耀峰(2009)讨论了基于"4P"理论的中国入境旅游市场营销。王信章(2015)分析国内旅游与入境旅游的二律背反现象,提出了我国的入境旅游市场需要以国际旅游的服务理念、意识和标准推进旅游服务的国际接轨,强化只有民族的才是国际的理念,对国际旅游市场进行科学的细分,确立国家旅游形象推广机制。陈晔等(2024)指出,在数字时代,中国入境旅游营销要注重拓展数字化新渠道、针对不同客源国市场讲好中国故事、借助数字和智能技术创新营销内容、推动数字化签证等便利性入境政策和服务、加强入境旅游营销的国际合作。

在区域尺度上,王兆峰(2005)讨论了湘鄂渝黔边旅游市场开发与合作营销的措施。焦世泰(2011)讨论了基于旅游形象提升的河西走廊区域旅游营销策略。崔宇丹(2015)强调了在少数民族地区的旅游市场营销中必须考虑民族要素。唐承财等(2016)提出需要从个性化定制式入手,分析边境旅游市场营销路径。郑鹏等(2024)通过对青藏高原旅游品牌基因的识别与利用,指出旅游营销要把握旅游品牌共性精髓,加强主体基因保护工作;要彰显地域特色,深掘独特的旅游品牌基因;要发挥旅游品牌联动与互补优势,凸显品牌分区的基因功能。

在省域尺度上,刘晓辉(2003)针对贵州提出了差异化旅游市场营销。毛凤玲(2004)提出了宁夏旅游市场营销策略,包括集团营销、品牌营销、产品创新、文化营销、网络营销和绿色营销。熊国保和郑玉洁(2006)从目标市场营销战略、旅游市场的竞争战略、旅游市场的营销组合战略等方面分析了江西欠发达地区的旅游市场营销战略。黄文波和孙扬(2008)提出了天津市的旅游营销策略,包括旅游产品策略、旅游形象策略、推广策略、网络营销策略。邓明艳(2009)探讨了四川省外国背包旅游市场营销策略。唐峰陵(2010)分析了广西红色旅游的营销现状,提出了广西红色旅游发展的市场营销策略(产品策略、价格策略、渠道策略、促销策略)。吕君(2011)提出了内蒙古旅游的营销策略,一是进行有针对性的内蒙古旅游品牌形象塑造,二是完善网络营销渠道,三是设计精品民俗旅游产品,四是服务质量监督管理。张文瑞(2017)讨论了河南乡村旅游市场营销模式。李震清(2017)讨论了四川乡村旅游市场营销模式,包括体验营销模式、互联网营销模式、关系营销模式、品牌营销模式、文化营销模式。杨昆等(2019)以整合营销传播为理论依据,从营销主体、形象定位、信息传播活动和传播渠道四个方面,建议西藏建立以政府为主导的旅游目的地营销联盟,明确目的地整体及层级形象定位,优化目的地信息传播活动及内容,并积极利用现代技术丰富传播渠道。庞艳华(2022)基于"4P"理论,指出河南省乡村旅游营销存在的问题,并提出优化策略。任洪云等(2023)基于"4C"营销理论,提出了黑龙江省智慧旅游营销路径。

在城市尺度上,刘锋(2001)以云南省玉溪市为例,分析了旅游温冷区的市场营销战略,包括产品战略、形象战略、促销战略、价格战略。罗佳明(2002)分析了乐山市20年来的旅游营销策略和方式的变化过程,指出了该遗产型目的地营销的发展趋势。王文丽和刘继生(2003)提出了赤峰市的旅游市场营销策略,包括产品策略、价格策略、形象策略和促销策略。李文婷(2007)基于STP(细分、定位、定价)分析,提出了大同旅游市场营销的"4C"策略和数据库营销战略。马林等(2008)分析了大连市旅游市场营销特色以及存在的问题,从"4P"角度探讨了大连市旅游市场营销策略。曹步霄和沙润(2008)讨论了镇江旅游目的地营销策略。李玉新(2009)以山东省烟台市为例,讨论了旅游市场营销合作。耿筱青和陈蓉(2011)初步探讨了青海省海晏县的国内外旅游市场营销策略。徐刚(2014)以贵州省黔东南苗族侗族自治州为例,分析了少数民族地区旅游目的地营销战略研究。穆显鑫等(2023)探讨了大连市森林康养旅游营销策略。

在景区尺度上,郭英之(2003)讨论了山西平遥古城的市场营销策略。邱明慧和广新菊(2004)提出了宁夏沙坡头的旅游市场营销措施,包括塑造差异性旅游形象、细分市场和媒体、叠加促销和滚动发展。王淑华(2005)从形象营销、品牌营销、网络营销、绿色营销、整合营销等方面分析了河南省南太行山的市场营销策略。杨丽等(2008)探讨了新疆吐鲁番葡萄沟景区旅游市场营销组合策略。方卫武等(2010)提出了鄱阳湖生态经济区旅游市场营销策略。张怀英(2010)借鉴意境流理论,以湖南芙蓉古镇为例,讨论了边缘型古镇的旅游市场营销战略。陈丽军和卢明强(2011)探讨了哈尼梯田的旅游市场营销策略。孙晓东等(2022)探讨了我国世界文化遗产旅游关注度的时间和空间分布特征,并在营销推广、文旅融合等方面提出对策与建议。

2.讨论国外旅游市场营销对我国的启示

章尚正等(2005)对比分析了我国和美国在旅游市场营销模式以及营销要点上的差异,指出了中国旅游市场营销需要努力的方向。王琢和丁培毅（2009）介绍了澳大利亚黄金海岸的营销经验，指出未来我国的旅游市场营销需要关注和提升目的地品牌及其附加价值，充分调动旅游相关者的积极性，促进旅游和相关产业的互动，通过节事活动进行品牌和目的地营销。魏婧和潘秋玲（2008）运用文献分析法，对国外旅游目的地市场营销研究进行了梳理，发现国外的旅游市场营销研究集中在旅游客源市场研究（向谁营销）、旅游目的地营销主体和方式（由谁开展营销）、旅游目的地形象研究（营销什么）以及信息技术与渠道（如何营销），并指出我国未来需要探索针对国际旅游者行为的新的市场营销途径，研究目的地促销中的私人和公共部门间的共生关系，强化对旅游市场营销绩效的评价，而且学界研究成果的传播应更加及时。林艳等（2010）通过梳理文献发现，国外研究重点为营销组织联盟，对营销信息技术研究的方法侧重于定量分析和模型构建等；国内主要侧重于定性研究，定量研究较少，理论研究也欠成熟，今后研究重点应放在理论研究、旅游目的地营销主体多元化研究以及营销绩效评价研究等方面。董海伟（2016）介绍了印度国家旅游目的地营销品牌建设方面的架构，并分析了对中国的启示。樊志勇和张希（2018）讨论了韩国旅游目的地市场营销模式对我国的启示。周义龙等（2023）借鉴国外医疗旅游的先进营销经验，并以海南省为例进行思考，提出我国国际医疗旅游产业发展的营销策略。

3.政府在旅游市场营销中的作用

池雄标（2003）认为政府旅游市场营销的意义在于塑造旅游地形象，以及解决旅游中的信息不对称等问题。银淑华（2007）讨论了政府在旅游目的地整体形象的选择和推广、战略性旅游产品的促销、重大节事活动组织管理和促销三个方面中发挥的职能。蒋满元（2008）认为政府在旅游市场营销中的必要性体现在以下方面：选择并推广旅游目的地的总体形象，对具有全局性影响的战略性旅游产品进行管理和促销，组织并管理重大的节事活动。黄安民（2008）介绍了政府在武夷山旅游市场营销中的作用：一是区域旅游形象营销，二是建立区域旅游营销平台。王兴琼（2009）讨论了汶川地震后政府在旅游市场营销中的作用。周永博等（2009）以无锡为例，讨论了在金融危机背景下，针对"青年知识阶层市场""个体私营业主市场""基层劳动团队市场""区域高端散客市场"的政府营销策略。罗明和张爱民（2012）指出旅游目的地营销中，公共产品、外部性和信息不对称等因素导致市场机制失灵，政府有必要介入旅游目的地营销，实践表明旅游目的地营销效果在很高程度上受政府行为影响。刘德光和邓颖颖（2013）进一步讨论了旅游市场营销中政府行为的必要性、局限性、效率和行为边界。王康萍等（2024）梳理了淄博市政府在"淄博烧烤"这一热点事件中的举措，并指出旅游目的地应在特色文旅产品的基础上，充分利用地方政府的权威性和影响力，引导舆论发展方向，调动各方资源力量，构建强大的舆论合力，打造特色城市品牌。

4.互联网和新媒体在旅游市场营销中的运用

赵啸峰（1998）探讨了在旅游市场营销中利用互联网的可能性、前景以及存在的困难。余晓娟（2007）认为在 Web 2.0 时代，网民不再是单纯的信息的接收者，而是成为个性化信息的生产者。在互联网发展越来越快、影响越来越大的今天，中国旅游市场营销者们应重点关注旅游质量。闫喜琴（2010）指出，PTP（Person to Person，人对人）旅游营销模式依托网络社区的强大人气与第三方营销的营销信度优势，可以强化目的地的品牌形象，有利于旅游目的地推陈出新，有助于旅游目的地的可持续发展。王国钦等（2010）从旅游营销角度对我国大陆地区和台湾地区10家社交网络服务网站进行了总体分析，结果显示，我国台湾地区"Facebook"是最佳选择，大陆地区"天涯社区"是最佳选择。杨晶和戈双剑（2012）指出，在全球化的影响下，网络营销成为旅游市场营销的一个重要特征，并介绍了香港的旅游网络营销经验。金晓春和金永成（2012）探讨了旅游微博营销的传播特点（即时性、共享性、互动性、参与性），以及存在的问题和对策。何亚岚（2014）认为，新媒体对旅游市场营销具有深远的意义，主要体现在营销范围广泛、传播过程便捷、营销模式双向、营销成本降低。王惊雷（2015）以山东省旅游局官方微博为例，讨论了微博在旅游市场营销中的应用，总结归纳了值得借鉴的方法：建立一支专业的微博营销团队；博文内容个性鲜明，紧扣热点话题；定期赠奖，培养核心粉丝；发挥意见领袖的作用。宋红娟等（2016）分析了丝绸之路网络视频的营销价值，包括体验价值、知识价值和旅游行为营销价值。郑治伟（2017）分析了开展旅游新媒体营销的必要性与现实性，提出了中国旅游业海外客源市场新媒体营销的策略，包括搜索引擎营销、社交类网站营销、旅游微博营销。陆锋（2018）介绍了新媒体在苏州国际和国内旅游市场营销中的实践运用。吴耀宇（2018）介绍了新媒体在江苏入境旅游市场营销中的应用及趋势。陈子干（2018）以浙江神仙居景区为例，讨论了互联网时代下的县域旅游目的地营销。冀晓燕（2020）分析了乡村旅游业在市场营销方面存在的问题，提出了新媒体时代乡村旅游的营销策略。张京京等（2022）研究发现，利用网络对外推介或开展电子商务的网络营销，可以显著提高乡村旅游经营效益。张洁梅等（2023）认为，在互联网时代，直播已经转变为旅游电商企业进行营销的重要途径；建议旅游电商企业的运营者应更加关注直播视觉营销策略，力求通过创造丰富的在线沉浸感,影响并增强观众的购买意愿。吴开军(2024)指出,借助新媒体、社交平台等渠道,乡村旅游可以更加广泛地传播和推广,吸引更多游客前来体验。要积极运用线上线下互动策略,举办线上线下相结合的互动活动。要高效进行精准定位与个性化推荐策略,利用大数据和人工智能技术,分析游客的兴趣爱好和旅行习惯,为他们提供个性化的乡村旅游推荐。总体来看,学界对于国内旅游网络营销的研究主要停留在描述性分析上,定性研究较多,定量研究较少;理论研究比较零散,系统性不够(高峰 等,2008)。

5.对旅游市场营销存在问题的分析

高静和肖江南(2004)指出了我国旅游目的地营销系统运营存在的问题主要表现在以下方面:政府主导的模式存在着一些潜在障碍;在信息提供的速度和内容上存在着问题;完全依靠政府投入,资金筹集渠道单一;难以满足系统运行对资金的大量需求。李天元(2005)分析了生态旅游市场营销中的现实问题:一是难以确定生态旅游市场,二是人们对"生态旅游"这一术语大都持否定性评价。王国新(2006)指出了我国旅游目的地市场营销的误区,包括目的地之间竞争与合作认识的误区、目的地营销资金投放的误区、目的地营销以游客数量为目标的误区、目的地营销渠道选择的误区。钟莹峰(2009)指出我国旅游市场营销存在如下问题:旅游景点开发不到位,旅游配套设施不齐全;旅游市场营销服务差,忽视售后服务,游客的流失率较高;旅游市场营销手段单一,缺乏合理的定价机制,而且低层次价格战较为集中;法律意识淡薄,规范性不够;旅游市场营销与旅游企业的战略规划脱钩,眼光不够长远。赵景林和王要武(2011)指出旅游市场营销中存在着旅游景点缺乏规划、旅游产品开发缺乏创新、旅游景点文化挖掘不够、旅游企业诚信不够、削价竞争、经营秩序混乱、法律法规不健全等诸多问题,并提出采取整合营销、游客满意营销、品牌营销、文化营销、绿色营销和网络营销等策略。王铁(2012)指出我国的旅游市场营销存在低价竞争、忽视售后服务、法制意识淡薄、科技含量低、追求短期销售目标、忽视旅游形象等问题。胡筱奇(2023)指出了海南目的地微营销发展中存在的问题。阮玉簪英(2024)分析了越南东南部区域旅游景点对中国游客的营销中存在的问题。

从文献梳理的情况来看,无论是国外还是国内,都十分关注旅游市场营销策略的研究,并有丰富的研究成果。不过,在以往的研究中,很少有研究者从旅游市场转化的视角来讨论旅游市场营销策略。本书将基于潜在旅游市场到现实旅游市场的3个转化阶段,即"静默市场—知名市场"的转化、"知名市场—向往市场"的转化、"向往市场—现实市场"的转化,结合每个阶段的旅游市场转化率以及旅游市场总转化率,提出有针对性的旅游市场营销策略,从而为旅游市场营销研究提供一种新的视角。

二、旅游市场细分研究

市场细分(market segmentation)是营销学中的核心概念之一,由美国著名市场学家温德尔·斯密(Wendell R. Smith)于19世纪50年代中期在总结企业市场营销实践经验的基础上首次提出。市场细分指营销者根据不同消费者在人员特征、需求、利益追求、购买习惯等方面的差异,将整体消费者市场划分为若干不同消费者群的过程(李天元,2009)。自20世纪70年代,Cohen(1972)、Plog(1974)、Perreault(1977)等开展旅游市场细分研究以来,旅游市场细分就备受学界的广泛关注,成为最热门的研究主题之一(朴志娜 等,2015),旅游市场细分是旅游市场选择和旅游市场定位的前提也成为共识(Morrison,2013;菲利普·科特勒 等,2017;Pyo,2015)。从文献梳理情况来看,以往的研究主要依据地理变量、人口统计变量、心理变量和行为变量等来细分旅游市场。

1.地理变量

地理变量包括国家、地区、空间距离等。例如:Pratt(2012)将美国夏威夷旅游者的来源细分为美国西部、美国东部、日本、加拿大、欧洲、大洋洲、亚洲其他地区、拉丁美洲、其他国家和地区。杨剑(2005)将成都的旅游市场分为国内和境外两大市场。Nyaupane 和 Graefe(2008)从空间距离出发,将美国吉福德平肖国家森林公园的旅游市场细分为:<50英里、50~100英里、100~600英里、≥600英里。Yan(2011)从空间距离出发,将我国香港的入境旅游市场细分为:近程市场(0~3000英里)、中程市场(3001~5000英里)、远程市场(>5000英里)。张高军等(2015)依据出游交通时间和交通费用,将旅游市场划分为基础市场、主体市场、拓展市场和机会市场。吴宝清等(2020)依据 O-D(origin-destination,起讫点)球面距离,将旅游市场细分为近距离(<500km)核心市场、中远距离(500~1500km)拓展市场、远距离(>1500km)机会市场。杨天琪(2023)认为,可以根据不同游客到访距离,将游客细化为本地游客、本省游客、外省游客以及外国游客。

2.人口统计变量

人口统计变量包括性别、年龄、职业等。例如:Wang 等(2016)依据姓名、年龄、受教育水平、职业、收入等对我国台湾地区森林游憩区的旅游市场进行了细分。Eusébio 等(2017)依据年龄、性别、婚姻、受教育水平、收入等对参与乡村旅游的葡萄牙旅游者进行了细分。Sánchez-Fernández 等(2019)依据性别、年龄、受教育水平等人口统计变量对地中海 5 个城市的旅游市场进行细分。范向丽和郑向敏(2009)按照年龄将中国的女性旅游市场细分为：青年旅游市场(19~25 岁)、中青年旅游市场(26~35 岁)、中年旅游市场(36~45 岁)、中老年旅游市场(46~55 岁)、老年旅游市场(56 岁以上)。杨玉杰(2015)依据性别、职业、收入、年龄等对黄山市体育旅游市场进行了细分。甘雨婷等(2023)在进行旅游市场细分时，依据了游客基本属性，如年龄、职业等。

3.心理变量

心理变量包括个性、动机、生活方式等。例如：Plog(1973)将旅游者划分为以下类型：多中心型、近多中心型、中间型、近自我中心型、自我中心型。Qu 等(2016)在 Plog 的心理模型基础上，将访问中国的美国休闲旅游者中的近冒险者群体进一步细分为户外刺激体验者、休闲娱乐者、文化探索者、广泛的兴趣拥有者。Sánchez-Fernández 等(2019)依据到访旅游者对目的地(5 个地中海城市)可持续性的感知，将其细分为对社会文化可持续性具有高感知的旅游者、对经济可持续性具有中等感知的旅游者、对环境可持续性具有高感知的旅游者等类别。Srihadi 等(2016)依据生活方式的不同，将访问雅加达的外国旅游者细分为对文化感兴趣的购物狂、运动文化探险者、有抱负的度假者、想要一切的度假者。Mumuni 和 Mansour(2014)将沙特阿拉伯出境休闲旅游者细分为保守型旅游者、寻求欢乐型旅游者、多样化型旅游者。Kuo 等(2012)将赴印尼旅游的旅游者细分为被动的旅游者、学习和放松的旅游者、高感知的旅游者、善变的旅游者。Çağil 等(2012)将土耳其的游客细分为寻求放松的旅游者、寻求运动的旅游者、以家庭为导向的旅游者、逃避现实的旅游者、追求成就和自主的旅游者。Nyaupane 等(2006)将美国亚利桑那州的文化遗产旅游者细分为文化中心型旅游者、文化留意型旅游者、文化欣赏型旅游者。Weaver 和 Lawton(2002)将澳大利亚黄金海岸腹地的生态旅游者细分为倾向柔和生态旅游者、倾向艰难生态旅游者、倾向结构化生态旅游者。Yannopoulos 和 Rotenberg(2000)将曾经去过加拿大尼亚加拉地区旅游的美国纽约居民细分为五类：追求无形的令人愉悦事物的旅游者、活跃的物质主义者、追求娱乐和舒适的旅游者、追求文化和物质的旅游者、追求娱乐和购物的旅游者。Perreault(1977)基于对美国东南部和五大湖地区居民的问卷调研，将其细分为经济类旅行者、冒险类旅游者、居家类旅游者、度假类旅游者、温和类旅游者。殷章馨等(2018)基于动机理论，将中国乡村旅游者细分为家庭教育型、休闲放松型、探索娱乐型和全面活跃型。周刚和张嘉琦(2015)以重庆市老年旅游者为例，以旅游动机为变量将重庆老年旅游市场细分为健康疗养型、文化休闲型、需求多样型和精神追求型。杨建明等(2015)基于游憩动机，将福州国家森林公园的旅游市场细分为多目的寻求型、自我提升型和满足兴趣爱好型三类。李京律等(2023)从生活方式维度切入，将旅游者细分为探索体验型、独立冷静型、富足精英型与积极奋斗型四类。

4.行为变量

行为变量包括消费支出、活动偏好、活动参与度等。根据旅游消费支出，Lima 等(2012)将葡萄牙山区旅游者细分为低消费群体、中等消费群体、住宿及活动群体、食品与购物群体；Oyewole(2010)按照某国的出境旅游总支出占该国国民总收入的比例，将全球国家划分为高旅游消费国家、中等旅游消费国家、低旅游消费国家;Rondan-Cataluña 等(2014)将西班牙南部安达卢西亚省的酒店市场细分为价格弹性细分市场和价格刚性细分市场。

依据旅游活动参与程度,Eusébio 等(2017)将参与乡村旅游的葡萄牙旅游者细分为活跃的旅游者、被动的自然观察者、不活跃的旅游者、夏季家庭度假旅游者;Molina 等(2015)将参观葡萄酒酒庄的旅游者细分为感兴趣的、专家的、有潜力的、新手的四类;Johns 和 Gyimothy(2002)将丹麦波恩霍尔姆的旅游者细分为活跃的旅游者、不活跃的旅游者。

依据旅游活动偏好,Pyo(2015)将韩国入境旅游者细分为文化爱好者、购物爱好者、夜生活爱好者、趣味活动爱好者、各种景点爱好者;Eusébio 等(2017)将葡萄牙阿威罗大学中参与休闲旅游的学生细分为文化爱好者、趣味爱好者、阳光沙滩爱好者、自然爱好者四类;Arimond 等(2003)威斯康星州乡村旅游市场细分为景点爱好者、户外休闲主义者、特殊活动参与者、自然观光者;张希月和虞虎(2019)将传统文化旅游演出的旅游者分为兴趣爱好型、体验文化型、陪伴亲友型、亲子教育型和放松休闲型五类;辛亚平等(2011)将西安农家乐旅游市场细分为:回归田园型、静态休闲型、康乐健身型、娱乐参与型和阳光运动型五类。

依据旅游的组织形式,Cohen(1972)运用社会学原理将国际旅游者细分为有组织的大众旅游者(organized mass tourist)、个体的大众旅游者(individual mass tourist)、探险者(explorers)和漂流者(drifters)。还有些学者将旅游体验记忆作为旅游市场细分的依据,如许春晓和成锦(2017)依据目的地记忆图谱将凤凰古城的旅游市场细分为核心市场、次核心市场和边缘市场。

总体上看,国外学者对旅游市场细分研究的关注远高于国内学者,尽管国内也有一些研究成果,但是同国外相比仍有较大的差距。不过,无论是国外还是国内,研究者大都关注对现实旅游市场的细分,有关潜在旅游市场的细分研究较为薄弱,且尚未有研究从旅游市场转化的视角来细分旅游市场。本书基于旅游者的目的地选择过程模型,从旅游市场转化的视角,提出了静默市场、知名市场、向往市场和现实市场,可以为旅游市场细分研究提供一种新方法,而且是对整个旅游市场的细分,不局限于现实旅游市场。

三、旅游市场预测研究

精准预测旅游市场是旅游产业部门进行科学决策的前提(Jackman et al.,2010;Zhang et al.,2017),对旅游景区的规划和管理、酒店的投资、旅游设施的建设等具有重要的指导意义(Huang,2016;Li et al.,2018;Pai,2005)。旅游从业者只有准确地预测旅游市场,才能有效地配置旅游资源,合理地制定价格策略等(Kim et al.,2005;Song et al.,2008)。长期以来,旅游市场预测都是旅游研究的前沿问题,积累了丰硕的研究成果。常用的预测方法有时间序列模型、计量经济模型和人工智能方法等(Song et al.,2008;Song et al.,2019;李君轶 等,2009;李君轶,2012)。

1.时间序列模型

时间序列模型根据历史接待量来预测未来的旅游接待量,它在数据收集和模型评估方面具有低成本的优势(Song et al.,2008),因此成为一种应用最广的预测模型(Li,2009)。Cho(2003)运用指数平滑法(exponential smoothing)、单变量自回归移动平均模型(univariate ARIMA)、人工神经网络的埃尔曼模型(Elman's model of artificial neural networks)

三种时间序列模型预测不同国家对我国香港的旅游需求。Jackman 和 Greenidge(2010)运用结构时间序列模型(structural time series model)预测美国、英国、加拿大等国到巴巴多斯的季度客流量。Chen(2005)的客流预测研究采用了季节性自回归移动平均模型(seasonal autoregressive integrated moving average model)。Kim 和 Moosa(2001)采用回归模型、季节性 ARIMA 模型、Harvey's 结构性时间序列模型预测澳大利亚国际游客量。Kulendrana 等(1997)运用自回归模型、自回归移动平均模型、基本结构模型和基于回归的时间序列模型预测了澳大利亚的国际游客量。Witt 等(1994)采用单变量时间序列模型预测了英国到其他国家的客流量。最广为使用的非因果时间序列预测方法是自回归移动平均模型(Song et al., 2008)。此外, 孙根年提出了旅游本底趋势线的概念, 基于游客量时间序列数据构建的本地趋势线来预测未来的游客量(孙根年, 1998; 孙根年, 2000)。刘畅等(2023)以海南省旅游统计数据为基础, 利用 ARIMA 模型进行游客量预测。

2.计量经济模型

计量经济模型更加适用于因果时间序列, 主要用于探究旅游市场与影响因素之间的因果关系。

国外研究方面, Song 和 Witt(2006)采用向量自回归模型(vector autoregressive, VAR 模型)预测了 2003—2008 年主要客源国和地区到我国澳门的客流量。Wong 等(2007)对比了自回归移动平均模型(ARIMA)、自回归分布滞后模型(ADLM)、误差修正模型(ECM)和向量自回归模型(VAR)对于我国香港入境客流量的预测效果。

国内研究方面, 叶涛(1986)首次提出运用计量经济学的方法进行旅游市场预测, 并使用回归和滑动平均结合模型对黄山旅游市场进行了预测。陆林（1988）采用回归模型对黄山的国内客流量进行了预测。曾忠禄和郑勇（2009）也采用了回归模型来预测我国内地赴澳门地区的游客量。除了回归模型较常用之外，引力模型（重力模型）的应用也较广。韩德宗（1986）最早将引力模型引入国内。其后，保继刚（1992）进一步介绍了引力模型，推动了引力模型在旅游市场预测中的应用。目前，已有不少学者采用了引力模型来预测旅游市场（王亚辉 等，2017；刘少湃 等，2016；万年庆 等，2010）。

3.人工智能方法

人工智能方法是通过采用神经网络和支持向量机模拟非线性数据系列来预测旅游市场。Law 和 Au（1999）运用神经网络模型预测日本到我国香港的旅游需求。Pai 和 Hong（2005）介绍了一种改进的神经网络模型用于游客量预测。Chen（2015）在预测美国入境和国内游客量时采用了人工神经网络（artificial neural networks）方法。Cho（2003）在游客量预测研究时用到了人工神经网络的埃尔曼模型。Li 等（2018）采用了主成分分析—自适应差分进化算法—反向传播神经网络（PCA-ADE-BPNN）来预测旅游市场。Hadavandi 等（2011）采用模糊系统方法来预测游客量。人工智能方法在国内的旅游市场预测研究中同样有较为广泛的应用（李君轶 等，2012；沈世琪，2015），积累了较为丰富的研究成果（陆利军 等，2019；孙燕平 等，2002；贾鹏 等，2013；张郴 等，2011；杨立勋 等，2008；赵黎明 等，2006；雷可为 等，2007；王琳 等，2015；黄银珠 等，2009）。

值得一提的是，随着互联网技术的不断发展，以及数据挖掘技术的发展，近年来有不少研究者借助用户搜索引擎查询数据来预测旅游市场。Bangwayo-Skeete 和 Skeete（2015）提出了一种基于谷歌趋势搜索查询时间序列数据构建的旅游需求预测新指标。Huang 等（2016）采用了一种基于百度指数的客流预测方法，该方法基于协整理论和格兰杰因果分析法来探究互联网搜索数据与实际客流之间的关系。研究表明，游客数量的观测值与百度指数中的一组相关关键词之间存在长期均衡关系和格兰杰因果关系。百度关键字搜索指数的增加与游客流量的增加呈正相关。Xin 等（2015）使用网络搜索查询量来预测中国海南的游客数量，对比了谷歌和百度两种搜索引擎数据的预测能力，验证了搜索引擎数据与海南省客流量之间的协整关系，且由于百度在中国的市场份额更大，其表现更好。Zhang 等（2017）也采用百度搜索数据来预测中国海南的游客数量。黄先开等（2013）以北京故宫为例，基于百度指数，分析了百度关键词与北京故宫实际游客量间的关系，分别建立了没有百度关键词和加入百度关键词的两种预测模型。孙烨等（2017）分析了 PC 端和移动端百度指数与实际游客量之间的关系，发现移动端比 PC 端百度指数模型具有更好的预测效果。沈苏彦等（2015）基于"谷歌趋势"提供的涉及旅游活动食、住、行、游、购、娱等环节的相关关键词搜索数据，构建了入境外国游客量预测模型。周晓丽和唐承财（2020）基于百度指数平台获取搜索大数据，以国家 5A 级景区皇城相府为例，分析了网络搜索大数据对客流量预测的科学性和准确性。陆利军（2019）基于百度指数，对张家界的游客量进行了预测。谢谦等（2023）结合时空大数据技术和深度神经网络技术对旅游景区客流量的高时频进行预测。董春娇等（2023）构建了基于网络搜索引擎的大型活动客流规模预测模型。

虽然上述模型被广泛地应用于目的地游客接待量预测研究，但也存在着不足之处。时间序列模型过于依赖游客接待量的历史统计数据，而一些欠发达地区的或新兴的旅游目的地很可能缺少历史统计数据,因此可能会限制时间序列模型预测的广泛性和有效性。计量经济模型的缺陷在于需要有大量的观察数据才能达到较高的预测精度。人工智能方法最大的不足在于缺乏建模的理论基础,无法解释每个自变量对因变量的详细影响。借助搜索引擎查询数据来预测游客接待量的局限性在于,网络数字足迹数据只能代表习惯于网络搜索的人群,而网络普及率低的地区以及某些群体在出游时并非都有网络搜索的习惯,仅凭借数字足迹数据很难实现游客接待量的精准预测。

总体而言,既有的游客接待量预测模型大都需要依赖历史统计数据,且需要通过复杂计算才能得出函数关系式,但是最终建构的预测模型只适用于实证的案例地,只能预测目的地游客接待总量,无法预测来自某个特定客源地的游客接待量。Song 等(2019)指出没有一种方法可以适用于所有情况。准确预测旅游客流量仍然是旅游研究者和管理者面临的挑战之一(Zhang et al.,2017;Li et al.,2018)。

因此,需要继续探索游客接待量的预测方法。旅游市场转化可以为旅游市场预测研究提供一种新的视角。倘若能计算出从潜在旅游市场到现实旅游市场的转化率,结合客源市场的人口规模,便能计算出旅游目的地的游客接待量。本书试图构建旅游市场总转化率计算模型,为旅游市场预测提供一种新方法。

四、旅游市场转化研究

1.国外研究进展

旅游学界对转化问题的研究主要集中在关于旅游营销效果的讨论上(Faulkner,1997)。国外对这一问题的关注早于国内,积累的研究成果也多于国内。

1974年，美国南卡罗来纳大学的Woodside和时任南卡罗来纳州旅游司司长Reid开始关注旅游杂志的宣传回报问题，从寄回优惠券的咨询者中随机选取了1657名调查者，以问卷调查的形式获取询问者后来是否访问了南卡罗来纳等信息，将游客访问量占问卷回收量的比例作为评价旅游杂志营销效果的一项参考依据（Woodside et al.，1974）。这种研究称为优惠券转化研究（coupon conversion study），它其实是一种后续调查，目的是确定在看过广告并收到旅游信息后最终能有多少人访问旅游目的地，以及旅游花费等情况。Ellerbrock（1981）对Woodside等的研究进行了评论，指出了其中的薄弱之处，如没有区分是看到广告之前还是看到广告之后去的南卡罗来纳，以及访问过南卡罗来纳的人更可能参与调查，这些因素可能导致转化的结果偏高。针对Ellerbrock的评论，Woodside（1981）进行了回应，指出转化研究对于比较一个广告与另一个广告、一个媒体载体与另一个媒体载体的相对表现是非常有用的，不断改进转化研究应该是旅游业研究人员的一个积极目标。在此之后，越来越多的国外学者开始关注并开展转化研究。

（1）根据转化研究的评价对象来划分，国外学者开展的研究主要可分为线下旅游广告的转化研究和线上旅游广告的转化研究两大类。

线下旅游广告的转化研究主要评价旅游杂志、旅游宣传手册等传统纸质媒体旅游广告的营销效果。这些旅游广告通常附有优惠券，看广告的人可以撕下优惠券，填写姓名和联系方式之后寄回，以获得更为详细的旅游信息（Ellerbrock，1981）。研究者通过调查这些寄回优惠券的咨询者是否最终访问旅游目的地来评价广告的效果。Woodside和Reid（1974）就是通过对寄回优惠券的咨询者的调查，得出有53.4%的咨询者访问了南卡罗来纳。Woodside等（1984）又对比了南卡罗来纳州使用的三种不同广告策略的转化效果,三种广告策略分别为5个独立的图像广告被定向投放到独特的旅游目标市场;70份杂志插入黑白优惠券广告,提供免费的旅行装备;在加拿大报纸和杂志的33个插页上刊登黑白的旅行工具广告。Hunt和Dalton(1983)从犹他州旅行委员会冬季杂志广告宣传活动收到的约67000张优惠券中随机抽取样本,调查了优惠券的转化率。Ballman等(1984)以明尼苏达州营销项目为例,调查了芝加哥论坛报、得梅因纪事报等不同媒体广告的转化率。Cai(1998)通过杂志广告咨询者的转化率来评价美国西南地区一个广告项目的效果。

线上旅游广告的转化研究兴起于2000年之后。随着互联网逐渐成为一种被普遍接受的交流方式,其为市场调查提供了一种新的手段(Dossa et al.,2002)。Mclemore和Mitchell(2001)对美国阿肯色州旅游官方网站开展了效果评估研究,通过电子邮件调查法获取了8499份有效问卷,调查数据显示该网站超过60%的浏览者转变为阿肯色州的访问者;研究还发现没有时间、经济条件不足、个人或家庭的复杂情况是阻碍网站浏览者去阿肯色州旅游的常见原因。Dossa和Williams(2002)以加拿大育空地区的冬季旅游广告为例,对比了互联网调查与传统调查(邮件/电话)受访者的未来转化潜力,并倡导应该有效地利用互联网技术的互动特性健全广告跟踪调查形式。So和Morrison(2003)认为随着互联网的日益普及,DMOs了解网站用户和非用户的旅游行为是很重要的,还研究发现网站用户向阿肯色州访问者的转化率明显比非网站用户高。Stergiou和Airey(2003)调查了英国伯恩茅斯旅游服务部网站查询者的转化率。Pan等(2013)探讨三种语境线索(研究者认同、赞助认同和激励类型)对旅游网站访问者的在线转化调查响应和转化率的影响,发现这三种语境线索对转化率的影响不显著。

Clarke 和 Jansen(2017)提出了用转化潜力指标(conversion potential)来衡量搜索引擎广告(search engine advertising)的业绩。

除上述两大类研究之外,也有一些研究综合考虑了线下和线上广告。例如:Messmer 和 Johnson(1993)探讨了电视和印刷媒体广告对弗吉尼亚州威廉斯堡市的威廉斯堡殖民基金会经营的历史修复项目所带来的问询与参观的影响。Kim 等(2005)在评估伊利诺伊州旅游广告的影响时,同时考虑了电视、杂志、报纸、广播、互联网多种媒体渠道,得出旅游广告转化率是多种媒体宣传的综合结果的结论。Pratt 等(2010)采用转化率指标对英国东米德兰兹地区 18 个旅游营销活动效果进行了评价。Roult 等(2016)分析了蒙特利尔奥林匹克公园的旅游转化。

(2)从转化研究的调查方法来看,国外学者主要采用邮寄调查、电话调查和在线调查法来获取转化数据。

邮寄调查和电话调查是早期旅游转化研究最常使用的两种调查法。Woodside 和 Reid(1974)以邮寄问卷的方式来调查南卡罗来纳的旅游信息咨询者后来是否访问了南卡罗来纳。Ellerbrock(1981)指出到访目的地的受访者更有可能回复邮件,因为他们认为自己的回复对目的地更有帮助,而未到访目的地的受访者更有可能不回邮件,这可能导致调查的转化结果偏高。这种担忧获得了研究者们的认同。Woodside 和 Ronkainen(1984)采用邮件问卷的方式,先后 3 次给调查者发送邮件(第 2 次和第 3 次发送邮件给前一次未回复的调查者),并根据每次的邮件回复情况计算广告转化率,发现不同批次邮件的广告转化率确实可能存在较大差异。为了尽量减小无响应偏差(nonresponse bias),应该提高邮件回复率,要求回复率在 70% 以上,甚至 80% 以上。Hunt 和 Dalton(1983)指出,大多数转化研究是通过邮件问卷调查完成的,很少有人进行比较测试或验证。他们从犹他州旅行委员会冬季杂志广告宣传活动收到的约 67000 张优惠券中随机抽取 2 组样本,每组大约有 500 张优惠券,对比了邮件问卷和电话调查两种不同方式的优惠券转化率,发现电话调查的转化率明显低于邮件问卷调查的转化率。Cai(1998)以美国西南地区一个广告项目为例,对比了电话问询组和读者卡查询组的转化率。

在较长时期内,转化研究大都采用邮件调查或者电话调查法进行。进入 21 世纪后,随着互联网技术的快速发展,互联网逐渐成为一种被普遍接受的交流方式,为市场调查提供了新的手段。Mclemore 和 Mitchell(2001)通过电子邮件调查法获取了 8499 份有效问卷,调查美国阿肯色州旅游官方网站的浏览者转化为阿肯色州的访问者的情况。Dossa 和 Williams(2002)以加拿大育空的冬季旅游广告为例,对比了互联网调查与传统调查(邮件/电话)受访者的未来转化潜力,并倡导应该有效地利用互联网技术的互动特性健全广告跟踪调查形式。此外,Frew 等(2002)、Stergiou 和 Airey(2003)、Pan 等(2013)、Stienmetz 和 Maxcy(2015)、Roult 等(2016)、Choe 等(2017)等的研究也采用了在线调查法。

(3)针对转化研究的有效性,国外学者有许多评论。早期的转化研究大都测量的是旅游广告的总转化率,即旅游资料询问者人数与获取资料后实际访问目的地的人数之比(Zhou,1997),在实际调查中用游客访问量与问卷回收量的比例来衡量。这种方法为旅游广告效果评价提供了参考价值,获得了不少认可。但也有不少研究者对该方法的有效性提出了质疑。Ballman 等(1984)指出,如果在广告曝光前就决定去某个目的地的受访者没有被剔除,或者目的地没有被精确定义,那么转化结果就会被夸大。Burke 和 Gitelson(1990)认为该方法存在一些潜在的假设问题,如默认个人请求信息包是为了选择目的地,但事实上许多人在请求信息包之前就已经有了计划;将个人收到信息包后访问目的地的行为完全归因于旅游广告,忽视了其他因素对个人目的地决策的影响;用因果关系而不是描述性方式来解释转化概念,认为如果没有广告宣传,人们就不会到访这个目的地。Siegel 和 Ziff-levine(1990)同样认为该方法存在弊端,容易被滥用,使用误导性或夸大的统计数字,为旅游营销项目的资助机构提供正当理由。Woodside(1990)回顾了转化研究的局限性,如赞助商信息的存在,回复者与未回复者之间的差异,以及没有剔除在广告曝光前就决定访问目的地的询问者,等等,可能导致转化结果出现较大偏差。Woodside 和 Dubelaar(2003)的研究表明,赞助研究的品牌被识别的情况下的购买者(询问者)的转化率,高于赞助研究的品牌未被识别的情况下购买者(询问者)的转化率。这些评论推动了转化研究的不断发展和完善。

Mcwilliams 和 Crompton(1997)提出了一个用于衡量目的地广告效果的扩展框架,该框架中的转化分为总转化和净转化。总转化指目的地旅游资料(travel literature)咨询者转化为目的地旅游者,不考虑是否受旅游资料信息的影响,而净转化强调的是受旅游资料信息影响的转化。Johnson 和 Messmer(1997)讨论了三种转化模型:净转化模型、虚假的转化模型、有争议的转化模型。Kim 等(2005)在评估伊利诺伊州旅游广告的影响时,使用调整后的转化率,即知道广告的受访者的转化率与不知道广告的受访者的转化率的差值。Stienmetz 等(2015)认为需要考虑旅游广告对不同出行决策的影响。Choe 等(2017)认为仅凭总转化和净转化评价营销效果具有局限性,需要基于目的地广告响应模型(destination advertising response model)加以分析。

2.国内研究进展

国内学者对旅游营销的研究兴起于 21 世纪初,对旅游营销绩效评价的研究较为薄弱(宋慧林 等,2016;妥艳嫃 等,2015;刘丽娟 等,2013)。国内有关旅游市场转化的研究较少,只有少数研究者关注了这一问题。张佑印(2016)在研究中国潜在海洋旅游者决策行为与预期偏好中发现,制约潜在海洋旅游市场转化为现实市场的因素主要表现为游客自身的内在制约(旅游花费、闲暇时间、空间距离)和目的地发展的外在制约(生态环境、景区秩序、服务水平)两个方面。向婧等(2011)实证研究了如何促使异地参会(展)者转化为会展举办地的现实旅游者,并构建了会展业的游客转化机制模型。常承明(2009)探讨了旅游准市场向现实市场转化的条件和有效途径,包括引导型转化、重复型转化、自然转化、增长或降低型转化、改善型或扭转型转化、促进或刺激型转化和逆向转化。蓝雪等(2023)关注旅游者"心动"是否"行动",构建了旅游景区网络关注市场转化度指标。

其他研究者仅是在相关研究中强调了将潜在旅游市场转化为现实旅游市场对旅游业的发展具有重要意义,但未做进一步的分析。于荀等(2015)在讨论沈阳市旅游产品开发现状及对策中,提出了旅游经营者要挖掘潜在的旅游市场,将潜在旅游市场转化成现实旅游需求的观点。张慧霞和刘斯文(2007)对青藏高原旅游带的开发进行了 SWOT 分析,认为青藏铁路的开通迅速扩展了其旅游市场,能够加速潜在旅游市场向现实旅游市场的转化。吴志才(2007)在探讨清远市旅游发展思路时,提出了清远市要共享珠三角客流市场,将珠三角旅游市场转化为本地市场,把珠三角商务会议旅游者转化为河源观光度假旅游者的观点。郑正(2013)在分析大围山森林公园的客源市场发展趋势时,指出阻碍大围山潜在游客前往旅游的主要因素在于景区缺乏先进的接待设施和缺乏游客所需个性化服务两个方面。李爱萍(2006)、张燕(2011)指出生态旅游是一种新的旅游产品,必须通过宣传推销引起旅游者的注意和兴趣,使潜在的旅游市场转化为现实的市场。刘震等(2022)认为,星级酒店可通过互联网挖掘游客的衍生需求、精准改善服务,从而提升既有客群的产品黏性和潜在游客的转化率。

从对国内外文献梳理的结果来看,相比国外,国内关于旅游市场转化研究的成果较为匮乏,缺乏专项研究。尽管国外已经积累了一定的旅游市场转化研究成果,转化率也成了衡量旅游营销效果的常用指标,但是研究大都止步于转化率的调查,很少做深入的分析。其一,未对旅游市场做客源地区分,没有分析相同客源市场对不同旅游目的地的转化率,以及不同客源市场对相同旅游目的地的转化率。其二,只关心从潜在旅游市场到现实旅游市场的转化率,没有分析从潜在旅游市场到现实旅游市场的转化阶段,以及每个转化阶段的转化率;鲜有分析影响转化率的因素及其作用机制。其三,多以某个旅游营销活动为例来调查转化率,缺少对一般情况下(各种营销活动以及非营销活动综合作用时)旅游市场的转化率分析。因此,需要进一步丰富和深化旅游市场转化研究的内容,尤其是加强对国内旅游市场的转化研究,以弥补相关研究的不足。

第四节 研究设计

一、数据来源

1.案例地的选取

城市是最主要的旅游客源地。本书以北京、武汉、西安和成都4个城市为客源地案例。其中,北京位于我国华北地区,是我国首都、直辖市,2017年常住人口为2171万,居民人均可自由支配月收入为4769元;武汉是我国中部地区的中心城市之一,2017年常住人口为1091万,居民人均可自由支配月收入为3220元;西安是我国西部地区的中心城市之一,2017年常住人口为962万,居民人均可自由支配月收入为2716元;成都是我国西南地区的中心城市之一,2017年常住人口为1604.5万,居民人均可自由支配月收入为3243元。

以上述4个城市为客源地案例,主要基于以下考虑:首先,这4个城市均是我国中心城市,经济发展水平较高,城市居民的收入水平较高,是重要的旅游客源地。其次,这4个城市呈自东向西分布,北京位于中国东部地区、武汉位于中部地区,西安和成都位于西部地区,案例地覆盖中国东、中、西部,具有一定代表性。最后,这4个城市的地理位置、经济发展水平、交通条件等存在差异,有利于开展不同客源地的比较研究。

2.目标景区的选取

在我国的旅游业发展中,A级景区作为重要的旅游目的地,发挥了十分重要的作用(贾垚炎 等,2019;朱竑 等,2008)。根据《2017年度中国A级旅游景区统计便览》的数据,2017年我国的A级景区共9450家,共接待53.95亿人次,总收入4339.83亿元,其中5A级景区共246家,共接待9.49亿人次,总收入1692.9亿元。[①] 因此,本书选取A级景区作为案例目的地。

目标景区的选择标准如下:(1)高级别旅游景区是最重要的旅游吸引物,是吸引旅游者到访的主要驱动力,因此目标景区以高级别景区为主。(2)我国的5A级景区有250多家,4A级景区有3000多家(邓纯纯 等,2020),显然调查问卷不能囊括所有景区。为确保目标景区的代表性,以及控制合理的问卷填写时间,本书以案例城市为中心,以每100km为半径向外画圈层,在每个圈层内优先选取5A级景区(或城市标志性景区,如西安钟楼景区),没有5A级景区的选4A级景区,选择原则是保证每个圈层内的景区空间分布比较均匀。最终,以北京、武汉、西安和成都为中心,分别选取了85家、83家、83家和92家目标景区,其中共同的目标景区有70家,分别占4个客源城市目标景区总数的82.35%、84.34%、84.34%和76.09%。之所以选择尽可能多的共同景区,是因为需要对比不同客源地潜在旅游市场对相同景区的转化率。由于每个案例客源地有其各自的特点,因此4个客源地所选取的目标景区中有少数非共同的目标景区,例如针对成都选取了较多四川省的景区(成都武侯祠、三星堆博物馆、青城山、九寨沟、光雾山、剑门关、阆

---

① 品橙旅游.2017年度中国A级旅游景区统计便览[EB/OL].(2019-01-09)[2023-04-09].https://www.pinchain.com/article/181248.

中古城 7 家景区),而针对其他客源地只选取了青城山和九寨沟作为四川省的代表景区。针对不同客源地选择部分非共同旅游景区,是为了更好地分析同一客源地潜在旅游市场对不同旅游景区的转化率。对 4 个客源地选取的目标景区名录见表 1-1。

表 1-1　目标景区名录

目标景区	客源地			
	北京	武汉	西安	成都
非共同景区	天津古文化街、白洋淀、西柏坡、雁门关、太行大峡谷风景区、尧山—中原大佛、成吉思汗陵、天下第一泉、安庆天柱山、武隆喀斯特、崇圣寺三塔、兵马俑博物馆、西安钟楼、汉中武侯祠、吐鲁番葡萄沟	鄂州莲花山、三国赤壁古战场、九华山、太行大峡谷风景区、嵩山少林寺、金丝峡、汉中武侯祠、红碱淖、衡山、西柏坡、天津古文化街、成吉思汗陵、吐鲁番葡萄沟	西安钟楼、金丝峡、汉中武侯祠、红碱淖、武隆喀斯特、太行大峡谷风景区、嵩山少林寺、衡山、成吉思汗陵、西柏坡、安庆天柱山、九华山、吐鲁番葡萄沟	成都武侯祠、三星堆博物馆、光雾山、剑门关、阆中古城、洪崖洞、武隆喀斯特、荔波樟江、昆明石林、崇圣寺三塔、元阳哈尼梯田景区、兵马俑博物馆、红碱淖、崆峒山、天津古文化街、茶卡盐湖、清明上河园、岳麓山—橘子洲、岳阳楼、景德镇古窑民俗博览区、肥西三河古镇、安庆天柱山
共同景区	八达岭长城、巴丹吉林沙漠旅游区、巴里坤古城、北戴河、北京故宫、博斯腾湖、布达拉宫、承德避暑山庄、敕勒川、大足石刻、东方明珠电视塔、敦煌鸣沙山、多彩贵州城、峨眉山、法门寺、甘南草原、鼓浪屿、广州白云山、漓江、太阳岛、杭州西湖、洪洞大槐树、华山、黄果树瀑布、黄鹤楼、黄山、金石滩、井冈山、净月潭、九寨沟、喀纳斯、喀什噶尔老城、崂山、龙门石窟、庐山、麦积山、中俄边境旅游区、北极村、蓬莱阁、平遥古城、普达措国家公园、普陀山、青城山、青海湖、青秀山、曲阜三孔、天涯海角、银川沙湖、韶山、深圳华侨城、神农架、沈阳故宫、苏州园林、塔尔寺、晋祠、泰山、汤旺河、滕王阁、天山天池、五台山、武当山、武夷山、宝塔山、云冈石窟、云台山、张家界、张掖丹霞地质公园、西双版纳热带植物园、中山陵、遵义会议会址			

3.问卷设计与实施

本书使用大样本问卷调查法来获取研究数据,问卷内容包括两大部分:第一部分为基础问题(包括的问题如您是否听说过该旅游景区,您是否想去该旅游景区,您是否曾经到访过该旅游景区);第二部分为人口统计学特征,包括性别、婚姻、年龄、受教育程度、职业、收入水平等。调查时间为2017—2019年;调查地点为北京、武汉、西安和成都城市居民日常活动的场所,例如图书馆、书店、商场、步行街、公园、车站等。样本规模为城市人口规模的万分之一。经统计,向北京市居民发放问卷2300份,收回有效问卷2077份,有效率为90.30%;向武汉市居民发放问卷1200份,收回有效问卷1039份,有效率为86.58%;向西安市居民发放问卷980份,收回有效问卷886份,有效率为90.41%;向成都市居民发放问卷1700份,收回有效问卷1618份,有效率95.18%。样本特征见表1-2。

表1-2 样本特征

单位:%

变量	指标	北京	武汉	西安	成都	总体
性别	男	39.72	39.94	40.52	44.19	41.17
	女	53.15	50.82	51.02	50.49	51.62
	未填写	7.13	9.24	8.46	5.32	7.21
婚姻状况	未婚	44.87	57.84	43.56	54.45	49.82
	已婚	38.18	24.74	42.44	32.69	34.79
	未填写	16.95	17.42	14.00	12.86	15.39
年龄	≤17岁	5.20	2.60	3.39	9.52	5.68
	18~27岁	47.14	62.46	43.57	43.51	48.36
	28~37岁	30.81	22.43	32.73	29.11	29.07
	38~47岁	10.54	6.35	10.27	9.15	9.32
	48~57岁	2.99	2.21	5.64	3.09	3.29
	58~67岁	1.40	1.06	1.81	1.24	1.35
	≥68岁	0.53	1.15	0.56	1.24	0.86
	未填写	1.39	1.74	2.03	3.14	2.07

续表

变量	指标	北京	武汉	西安	成都	总体
学历	初中及以下	3.66	2.60	5.30	3.28	3.61
	高中	8.67	9.82	9.14	12.92	10.18
	专科	16.13	22.91	21.78	17.55	18.68
	本科	52.19	50.53	40.41	47.28	48.61
	硕士研究生及以上	16.42	10.68	20.32	13.54	15.14
	未填写	2.93	3.46	3.05	5.43	3.78
月收入	≤1500元	4.09	6.06	8.69	5.07	5.46
	1501～4500元	13.24	28.10	29.91	16.87	19.66
	4501～9000元	33.80	26.28	30.02	30.29	30.8
	9001～35000元	24.60	6.83	10.05	14.77	16.19
	35001～55000元	1.64	0.87	0.23	1.11	1.12
	55001～80000元	0.91	0.48	0.23	0.06	0.48
	>80000元	0.63	0.67	0.23	0.68	0.59
	无收入	14.68	20.12	14.67	20.52	17.37
	未填写	6.41	10.59	5.97	10.63	8.33

注：表中最后一列"总体"是指北京、武汉、西安、成都4个客源城市问卷汇总之后的总体样本特征。

从表1-2可以看出，性别方面，本次问卷调查所采集的样本中女性受访者的比例略高于男性受访者的比例；婚姻状况方面，未婚受访者的比例高于已婚受访者的比例；年龄方面，18～27岁受访者的比例最高，其次是28～37岁受访者的比例，两者比例之和超过70%；学历方面，本科学历的受访者比例最高，约占50%，其次是专科和硕士研究生以上学历的受访者；月收入方面，4501～9000元受访者的比例最高，其次为9001～35000元的受访者。此外，无收入受访者的比例也较高，这部分受访者以学生为主。

二、研究方法

1.文献分析法

通过对文献的分析,可以了解哪些知识是已知的,哪些知识是未知的(艾尔·巴比,2016)。本书采用文献分析法,对既有的旅游市场研究成果进行回顾,对旅游市场转化研究的现状进行梳理,深入分析前人研究中的不足以及尚未解决的问题,以明确本书开展潜在旅游市场到现实旅游市场转化研究的理论贡献和实践价值。

2.统计分析法

对数据的分析通常是从基本统计分析入手的。借助统计,可以总结资料,掌握数据的基本统计特征,测量变量之间的相互关系,把握数据的总体分布形态(薛薇,2013;储节旺 等,2012)。本书采用统计分析法,运用SPSS、ORIGIN、EXCEL等数据分析软件,对问卷调查数据进行统计分析,包括频率分析、相关分析、回归分析、对应分析等。

3.空间分析法

空间分析是地理学常用的研究方法,它是从地理空间的视角来描述和分析问题,该方法也日益受到其他相关学科的重视(赵永 等,2011)。本书采用ArcGIS空间分析模块中的反距离权重插值法(inverse distance weighting,IDW),分别绘制北京、武汉、西安和成都4个客源地城市的旅游市场转化率空间分布图,通过对比不同客源地的旅游市场转化率空间分布情况,总结我国旅游市场转化率的空间分布特征。

4.假设演绎法

法国社会哲学家奥古斯特·孔德（Auguste Comte）指出，科学方法（实证主义）可以应用于社会现象的研究。这意味着社会科学中可以发展自然规律，这些自然规律提供了预见或预报的基础（约翰斯顿，2010）。实证主义认为一种科学理论由特定的演绎系统构成，该系统包括两组因素：一组是初始命题或假设；另一组是因系统内规律的作用，从初始命题中导出的演绎命题。假设演绎法是实证主义的方法论。假设是一种经验命题，每个经验假设都必须与某些实际的或可能的经验相关，它是从已知或预设的东西中演绎出来的。模型是导出假设的一种常用手段，其目的是深化描述和检验假设。另外，必须通过搜集经验证据来评估和检验假设的真实性。

本书采用假设演绎法，在对旅游市场转化率影响因素分析的基础之上，提出模型假设，构建从潜在旅游市场到现实旅游市场的转化率计算模型，并用在北京、武汉、西安和成都4个案例城市获取的旅游市场转化率调查值来检验模型计算值的有效性。

5.比较研究法

比较是科学研究中的一种常用方法（黄骏，2011）。比较研究法也称类比分析法，是对两个及以上的事物或对象加以对比，以找出它们之间的相似性与差异性的一种分析方法（林聚任 等，2008）。本书采用比较分析法，通过相同客源地旅游市场对不同目标旅游景区的转化率的对比，不同客源地旅游市场对相同目标旅游景区的转化率的对比，不同转化阶段的旅游市场转化率的对比，旅游市场转化率模型计算值与调查值的对比，分析我国旅游市场转化率的主要影响因素及其作用机制。

三、技术路线

本书的技术路线主要为"提出问题—分析问题—解决问题",具体见图1-1。

首先是提出问题。本书问题的提出主要基于三个背景:其一是旅游市场竞争日益激烈,需要精准识别目标市场;其二是旅游市场营销成本较高,需要有效增强营销效果;其三是旅游目的地存在"叫好不叫座"现象。基于此,本书将主要研究问题聚焦在潜在旅游市场到现实旅游市场的转化过程与转化率上。

其次是分析问题。第一,基于市场营销理论、旅游系统理论、旅游目的地选择过程理论、旅游区位理论,提出旅游市场转化的概念,将潜在旅游市场到现实旅游市场的转化过程划分为三个阶段:静默市场到知名市场的转化、知名市场到向往市场的转化、向往市场到现实市场的转化。第二,提出旅游市场转化率概念,包括旅游市场总转化率和阶段转化率(知名化率、意向化率、实地化率),用来衡量旅游市场的转化程度。第三,从客源地、目的地、O-D(客源地—目的地)距离三个方面分析影响我国旅游市场转化率的因素。

最后是解决问题。以北京、武汉、西安和成都4个城市为案例地开展实证研究,依次对静默市场到知名市场的转化率、知名市场到向往市场的转化率、向往市场到现实市场的转化率、潜在市场到现实市场的总转化率进行分析,通过相同客源市场对不同目标景区的转化率对比、不同客源市场对相同目标景区的转化率对比、不同转化阶段的旅游市场转化率对比,确定影响我国旅游市场转化率的主要因素及作用机制。

```
┌─────────────────────────────────────────────────────────────┐
│                         研究背景                             │
│         ┌──────────────┬──────────────┬──────────────┐      │
│ 提     │ 旅游市场竞争 │ 旅游市场营销 │ 旅游目的地存 │      │
│ 出     │ 日益激烈需要 │ 成本较高需要 │ 在"叫好不叫  │      │
│ 问     │ 精准识别目标 │ 有效增强营销 │ 座"现象      │      │
│ 题     │ 市场         │ 效果         │              │      │
│         └──────────────┴──────────────┴──────────────┘      │
│              潜在旅游市场到现实旅游市场的转化过程与转化率    │
└─────────────────────────────────────────────────────────────┘

┌─────────────────────────────────────────────────────────────┐
│   市场营销    旅游系统   旅游目的地   旅游区位              │
│   理论        理论       选择过程理论  理论                  │
│                                                              │
│ 分 旅游市场转化定义和过程  旅游市场转化率  旅游市场转化率影响因素 │
│ 析                                                            │
│ 问 静默→知名→向往→现实  知名化率 意向化率 实地化率 总转化率 │
│ 题  市场 市场 市场 市场     客源地因素 目的地因素 O-D距离   │
└─────────────────────────────────────────────────────────────┘

┌─────────────────────────────────────────────────────────────┐
│                         实证分析                             │
│   相同客源市场对不同  不同客源市场对相同  不同转化阶段的旅游 │
│   目标景区的转化率对比 目标景区的转化率对比 市场转化率对比   │
│ 解                                                            │
│ 决       确定旅游市场转化率的主要影响因素及其作用机制        │
│ 问                                                            │
│ 题            构建旅游市场总转化率计算模型                   │
│                                                              │
│   旅游市场总转化率模型  累计旅游市场总转化率模  旅游市场总转化率模型值│
│   值与调查值的对比      型值与调查值的对比      与调查值的地理分布对比│
│                                                              │
│                    研究结论和实践指向                         │
└─────────────────────────────────────────────────────────────┘
```

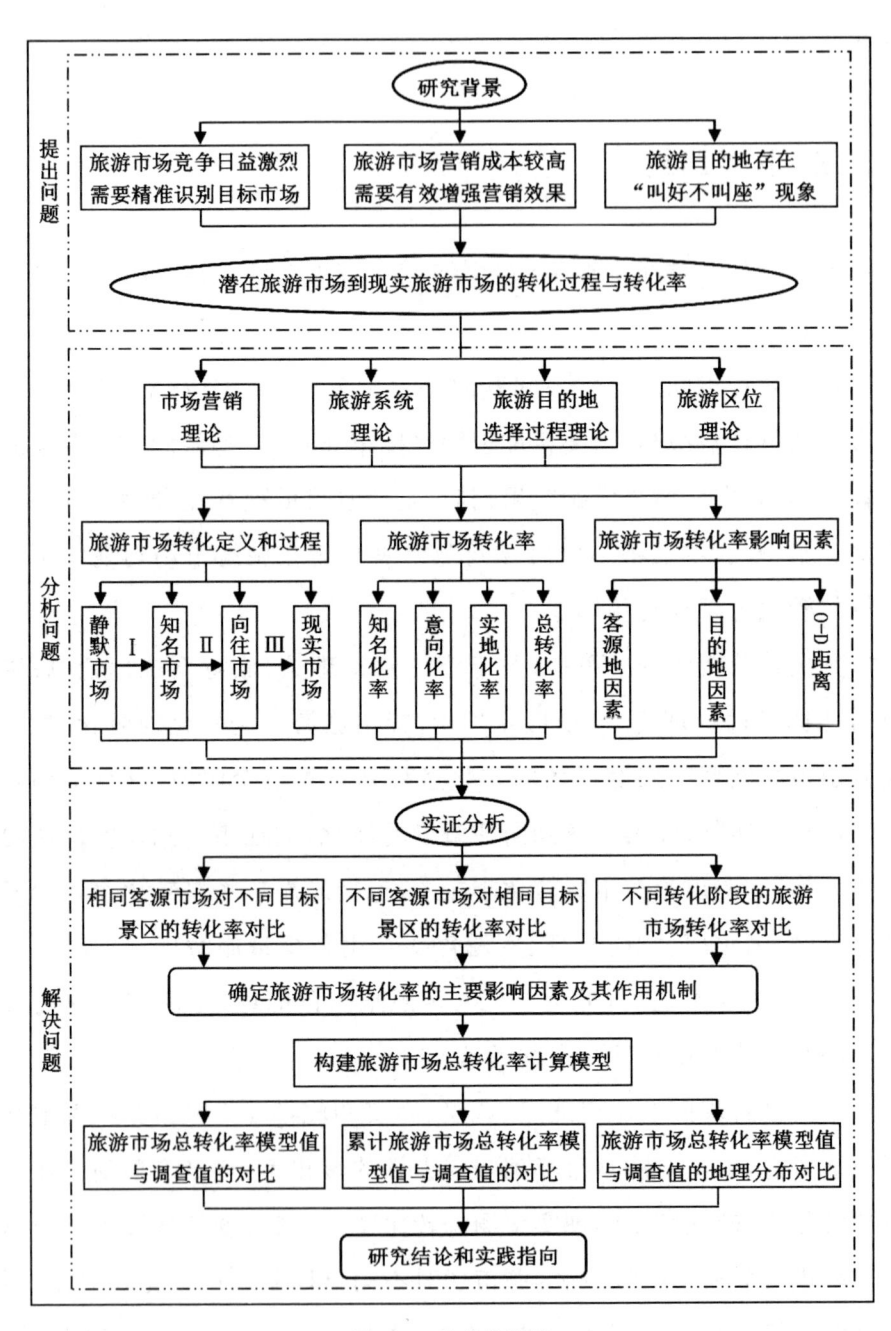

图 1-1 技术路线图

据此,构建旅游市场总转化率计算模型,通过旅游市场总转化率模型值与调查值的对比、累计旅游市场总转化率模型值与调查值的对比、旅游市场总转化率模型值与调查值的地理分布对比,验证旅游市场总转化率计算模型。然后,基于研究结论,提出实践指向。

第二章 旅游市场转化研究理论基础

第一节 市场营销理论

一、市场营销理论概述

1. "4P"理论

1960年,著名营销学大师、美国密歇根大学教授杰罗姆·麦卡锡(E. Jerome McCarthy)在《市场营销学基础:一种管理视角》(*Basic Marketing: A Managerial Approach*)一书中,提出了著名的"4P"营销组合理论,即产品(product)、价格(price)、渠道(place)和促销(promotion)。其中:产品指企业提供给目标市场的货物、服务的集合;价格指企业出售产品所追求的经济回报,又称为定价;渠道指企业为使目标顾客能接近或得到其产品而进行的各种活动,包括仓储、运输等;促销指企业利用各种信息载体与目标市场进行沟通的传播活动,包括发布广告、人员推销、营业推广与公关等。麦卡锡认为,营销是根据市场需要决定生产什么产品,制定怎样的价格,在什么地方以及为何出售产品或做广告，以满足顾客需要和实现企业的各种目标（吴长顺 等，2007）。"4P"理论提出后被营销学界广泛接受（Shaw，2005；李飞 等，2006），被奉为营销理论中的经典（魏中龙，2006）。

20世纪80年代，随着市场竞争的加剧和国际营销的迅速发展，营销理论界认识到原有的"4P"理论忽视了对企业经营活动具有重大影响的政府和各个社会集团的作用。为弥补"4P"理论的不足，菲利普·科特勒（Philip Kotler）提出了"大市场营销"理论，即"6P"营销策略理论（谢春昌，2009）。"6P"营销策略理论增加了公共关系（public relationship）和政治权力（political power）两个要素，强调要运用公共关系和政治力量打破国际或国内市场上的贸易壁垒，为企业的市场营销开辟道路（梁东 等，2003）。在此基础上，他又提出了再加上战略"4P"，即探查（probing）、细分（partitioning）、优先（prioritizing）、定位（positioning），形成"10P"营销组合理论。后来，他又增加了员工（people）这一要素，形成了"11P"理论（孟慧霞，2009；张蕴如，2001）。

2."4C"理论

1990年，美国营销专家罗伯特·劳特朋（Robert F. Lauterborn）在 *Advertising Age* 上发表了一篇文章，以消费者需求为导向提出了与"4P"理论相对应的"4C"理论，即消费者（customer）、成本（cost）、便利（convenience）和沟通（communication）。后来，他与美国营销学家唐·舒尔茨（Don E. Schuhz）等人合著了《整合行销传播》（*Integrated Marketing Communications*）一书，该书强化了"4P转向4C"的观点。

"4C"理论强调顾客是企业经营活动的核心，创造顾客比开发产品更为重要。企业要努力降低顾客的购买成本，为顾客提供购买过程中的便利性，要重视与顾客的双向沟通，以积极的方式满足顾客的情感需求,建立基于共同利益之上的新型企业—顾客关系。"4C"理论之后成为顾客满意管理的理论基础(魏中龙,2006)。

3. "4R"理论

关于"4R"理论的表述有两种说法:一种说法是由美国营销学家唐·舒尔茨于1996年提出的,"4R"包括市场反应(reaction)、顾客关联(relativity)、关系营销(relationship)和利益回报(retribution)(孟慧霞,2009),之后又完善形成了"5R"理论。另一种说法是,2001年,美国营销学者艾略特·艾登伯格(Elliott Ettenberg)在《4R营销》一书中提出"4R"营销理论,即关系(relationship)、节省(retrenchment)、关联(relevancy)、报酬(reward)。其中,关系强调要在企业和目标市场之间构筑一种独特的关系,将"卖出去"作为与顾客关系的开端,而不是终点,是以目标顾客为中心,而不是以一次销售为中心,这要求企业为顾客提供优质的服务和独特的、有价值的、令人难忘的经历。节省指节省时间,它要求企业去接近消费者而不是诱使他们来接近企业;企业要努力通过使用技术,为顾客提供便利。关联指将企业的品牌资产直接与顾客主要的购买动机相联系,并通过专业技能和商品来实现。报酬指企业要酬谢顾客,企业要详细了解顾客的品位,将企业品牌与顾客追求的生活方式和个性联系在一起,让顾客觉得选择企业品牌是值得的、有价值的、快乐的和有效的。

4. "4V"理论

2001年,中南大学吴金明教授发表了《新经济时代的"4V"营销组合》一文,提出了"4V"营销组合理论,即差异化(variation)、功能化(versatility)、附加价值(value)、共鸣(vibration)。"4V"营销组合理论强调:

(1)顾客是千差万别的,因此实施差异化市场营销是必要的,差异化市场营销一般包括产品差异化、市场差异化和形象差异化。(2)功能弹性化,产品通常具有核心功能、延伸功能、美学功能,企业要根据消费者消费需求的不同,提供不同功能的系列化产品。(3)提高产品的附加价值。例如,提高技术创新在产品中的附加价值、创新营销与服务在产品中的附加价值、企业文化或品牌在产品中的附加价值。(4)需要实现共鸣,使消费者获得价值最大化,企业获得利润极大化。

5.STP 理论

1956年,美国营销学家温德尔·史密斯(Wendell R. Smith)提出市场细分(market segmentation)的概念。之后,经美国营销学家菲利普·科特勒(Philip Kotler)的进一步发展和完善,最终形成了 STP 理论,即市场细分(market segmentation)、目标市场选择(market targeting)、市场定位(market position)。STP 理论体现的是企业在目标市场营销过程中的3个步骤。第一步是市场细分,企业采用各种细分方法将市场分成不同的购买者群体。第二步是目标市场选择,企业对细分市场进行评价,选择一个或者几个细分市场。第三步是市场定位,是指企业针对每个细分市场的特点塑造自身与众不同的形象,并制定适当的营销组合策略(菲利普·科特勒 等,2017)。

二、市场营销理论在本书的应用

市场营销理论可以为旅游市场营销工作的开展提供有力的指导,已经被广泛地运用在旅游市场营销策略研究中。本书综合运用了相关的市场营销理论:其一,在市场细分理论的指导下,本书从"静默市场—

知名市场—向往市场—现实市场"的转化视角,将整个旅游客源市场细分为现实市场、向往非现实市场(Ⅰ级潜在市场)、知名非向往市场(Ⅱ级潜在市场)、静默市场(Ⅲ级潜在市场),并指出:Ⅰ级潜在市场转化为现实旅游市场的可能性最大,是最重要的机会市场;其次是Ⅱ级潜在市场;最后是Ⅲ级潜在市场;现实市场是未来旅游市场的重要来源。其二,在差异化营销理论的指导下,本书依据旅游市场转化率的距离分布特征,提出了针对不同距离旅游市场的营销策略,包括近距离核心市场(球面距离＜200km,交通距离＜200km,时间距离＜2h,经济距离＜200RMB)、较近距离次核心市场(球面距离200～500km,交通距离200～500km,时间距离2～5h,经济距离200～400RMB)、中远距离拓展市场(球面距离501～1500km,交通距离501～2000km,时间距离6～15h,经济距离401～1000RMB)和遥远距离机会市场(球面距离＞1500km,交通距离＞2000km,时间距离＞15h,经济距离＞1000RMB)的营销策略。其三,市场营销理论为有针对性地提高不同阶段的转化率提供了方法,例如可以借助合适的营销渠道和促销手段提高知名化率和意向化率,可以通过降低旅游经济成本、节省交通时间、提高便利性等提高实地化率。

第二节　旅游系统理论

一、旅游系统理论概述

系统在自然界和人类社会中普遍存在,它是由相互作用、相互依赖的若干组成部分结合而成的具有特定功能的整体,强调整体由相互关联、相互制约的各个部分所组成(钱学森 等,1990;苗东升,2012)。人类的旅游活动同样是一个系统(郭长江 等,2007;吴必虎,1998)。旅游系统是研究旅游活动的有力手段和方法,有助于描述和理解旅游活动的基本特征,并规范旅游科学研究(吴必虎,1998;吴晋峰 等,2002)。学界对旅游系统的研究开始于20世纪70年代(郭长江 等,2007),不同学科背景的研究者基于不同的研究目的,从不同的角度提出了不同的旅游系统模型(郭长江 等,2007;李文亮 等,2005),并形成了两类较具影响力的旅游系统模型:旅游功能系统模型和旅游空间结构模型(邹统钎,2013)。

1.旅游功能系统模型

(1)Gunn提出的旅游功能系统模型

1972年,美国著名旅游规划学者克莱尔·冈恩(Clare A. Gunn)提出了旅游功能系统模型(郭长江 等,2007;李文亮 等,2005;Gunn et al.,2002),即旅游系统由需求和供给两大板块组成,其中供给板块由吸引物、服务、信息与促销、交通构成,需求板块由旅游者构成,五个要素相互作用,组成一个有机整体,见图2-1(a)。2002年,Gunn对该模型进行了修正,提出了一个新的旅游功能系统模型,见图2-1(b)。在新的模型中,Gunn将供给板块中的5个要素的关系描述为两两互相依赖的关系,体现了旅游产品作为一种组合产品的特点。

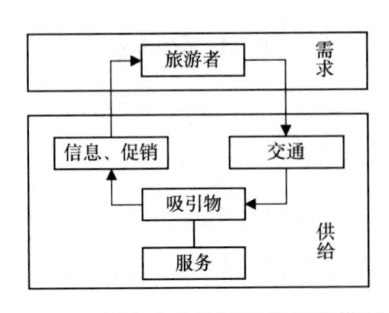

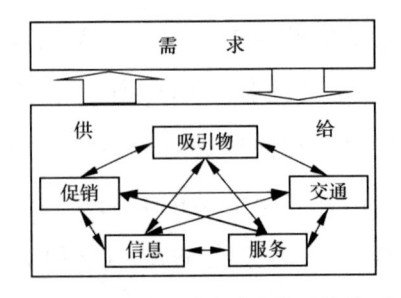

(a)1972年提出的旅游功能系统模型　　(b)2002年提出的旅游功能系统模型

图 2-1　旅游功能系统模型(Gunn,1972,2002)

(2)Mill 和 Morrison 提出的旅游功能系统模型

Mill 和 Morrison(1985)提出了与 Gunn(1972)提出的模型相似的旅游功能系统模型(郭长江 等,2007;李文亮 等,2005),见图 2-2。该模型把 Gunn 提出的模型中的吸引物和服务两个要素合并为旅游目的地,与旅游市场、旅行、营销共同构成一个系统。Gunn 以及 Mill 和 Morrison 提出的旅游功能系统模型又被合称为 G-M-M 模型(郭长江 等,2007;李文亮 等,2005;邹统钎,2013)。

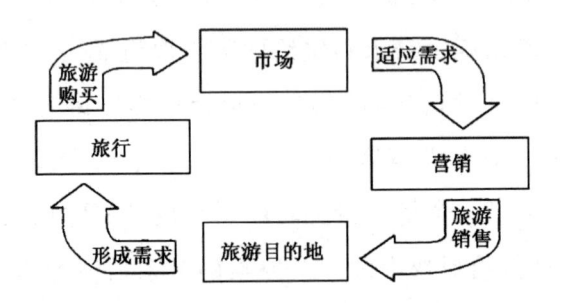

图 2-2　旅游功能系统模型(Mill,Morrison,1985)

(3)杨新军等提出的旅游功能系统运行模型

1998年,杨新军等对 Gunn(1972)提出的模型进行了改进和发展,将旅游吸引物、相关服务设施与其他关联产业归为旅游地(杨新军 等,1998),提出旅游功能系统运行模型,见图 2-3。该模型强调旅游供给规划应以市场需求为导向,在现代旅游竞争激烈的情况下,旅游需求决定旅游供给,市场需求是旅游目的地制订开发规划的依据。

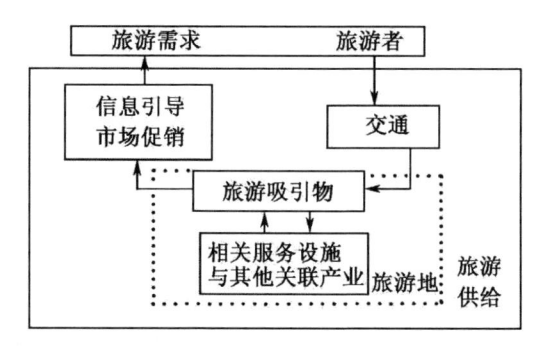

图 2-3　旅游功能系统运行模型(杨新军,刘家明,1998)

(4)吴必虎提出的旅游系统模型

吴必虎(1988)提出,将游憩活动(旅游活动)视为一个开放的复杂系统,它包括 4 个子系统:客源市场系统、出行系统、目的地系统和支持系统,具体见图 2-4。其中:客源市场系统包括本地市场、国内市场和国际市场;目的地系统包括吸引物、设施和服务;出行系统包括交通、旅行服务、信息服务和目的地营销;支持系统包括政策法规、环境保证和人力资源教育。吴必虎(1988)将 Gunn 提出的模型中的交通、信息和促销,以及 Mill 和 Morrison(1985)提出的模型中的旅行和营销合并为出行系统。此外,他还增加了一个支持系统,强调了政策法规、环境保证以及专门人才教育和培训的重要性。

(5)王家骏提出的旅游系统模型

1999 年,王家骏在西方旅游研究的基础上提出了一个由市场系统、旅行系统、目的地系统、营销系统和支持系统五部分组成的旅游系统模型(王家骏,1999),见图 2-5。与其他旅游系统模型不同的是,该模型将旅游系统视为一个有输入和输出,受政治、经济、社会、文化、技术、自然等外部因素影响的开放系统。

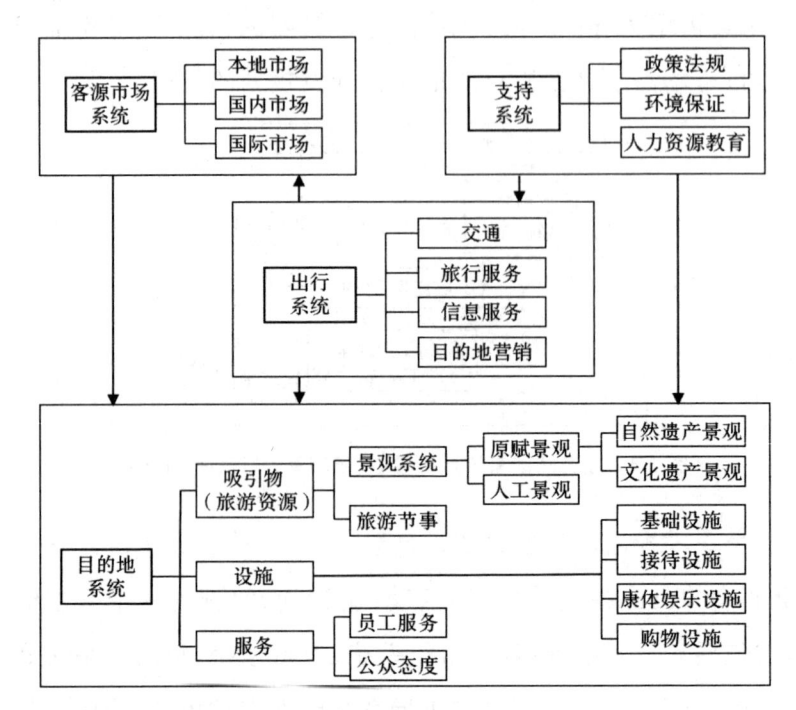

图 2-4　游憩系统(旅游系统)(吴必虎,1998)

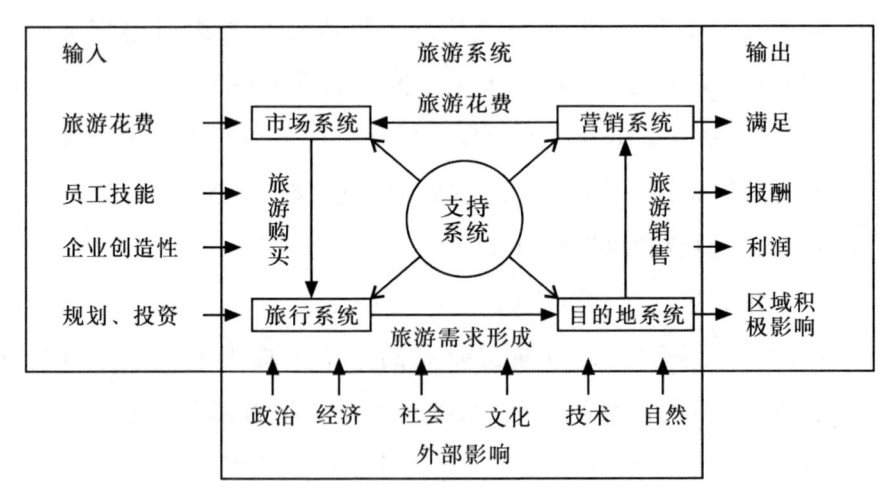

图 2-5　旅游系统模型(王家骏,1999)

2.旅游空间结构模型

(1)Leiper 提出的旅游系统模型

1972 年,澳大利亚著名学者尼尔·雷珀(Neer Leiper)基于地理学视角,将旅游作为人类活动的一种空间表现形式来研究(保继刚 等,2008),构建了旅游系统模型,见图 2-6。该模型抓住了旅游者的空间位移特征,突出了旅游客源地、旅游目的地和旅游通道 3 个空间要素,将旅游视为旅游客源地与旅游目的地通过旅游通道相互作用的一个空间系统(赵荣 等,2009)。该模型也常被称为 O-D 对(origin-destination pairs)模型(郭长江 等,2007)。

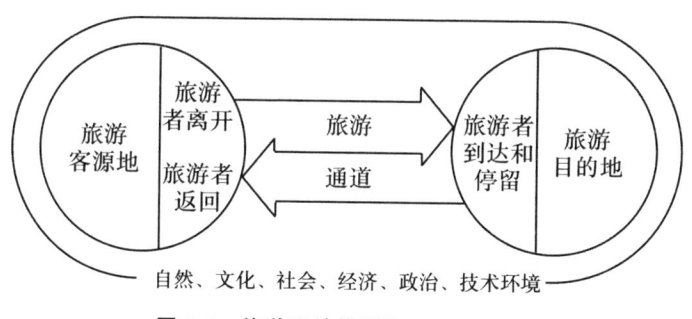

图 2-6 旅游系统模型(Leiper,1972)

(2)吴晋峰等的旅游系统模型

2001 年,吴晋峰等将旅游系统定义为由客源地、目的地和媒介三部分组成的、有特定结构和功能的旅游活动系统,见图 2-7,它是自然—经济—社会复杂系统的子系统(吴晋峰 等,2001)。客源地系统由游客系统和环境系统组成;目的地系统由旅游吸引系统和支持系统组成;媒介系统由旅游交通系统和旅行社系统组成。旅游系统具有整体性、层次性、复杂性、开放性、动态性和地域性的特征。

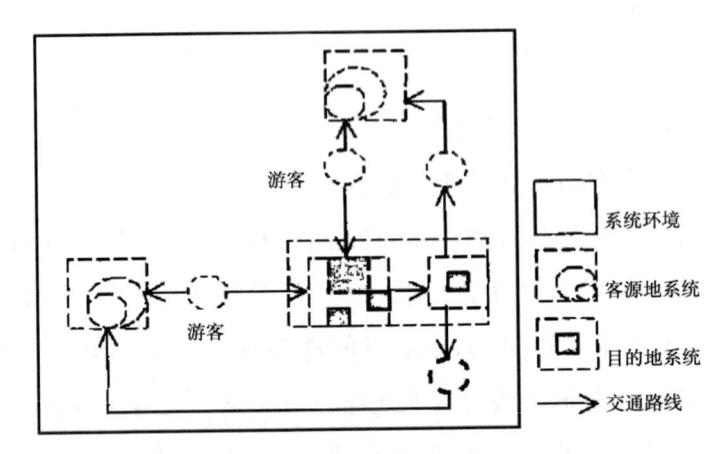

图 2-7　旅游系统结构模型(吴晋峰，段骅，2001)

2002年，吴晋峰和包浩生又提出了旅游系统的网络空间结构模型(吴晋峰 等，2002)，见图2-8。该模型将旅游系统空间结构模式界定为以目的地和客源地为结点、以交通线路为连接所形成的、占据一定空间范围的网络。

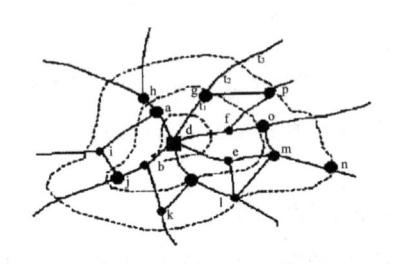

图 2-8　旅游系统的网络空间结构模型(吴晋峰，包浩生，2002)

在此基础上，2020年，吴宝清等提出旅游系统可以分为入游系统和出游系统，见图2-9。入游系统指以目的地为中心结点、以其余结点为目的地吸引客源地居民，不同客源地的居民流入同一个目的地形成的网络；出游系统指以客源地为中心结点，以客源地居民访问的全部目的地为其他结点，以交通线路为连接组成的网络。

(a)入游系统　　　　　　　(b)出游系统

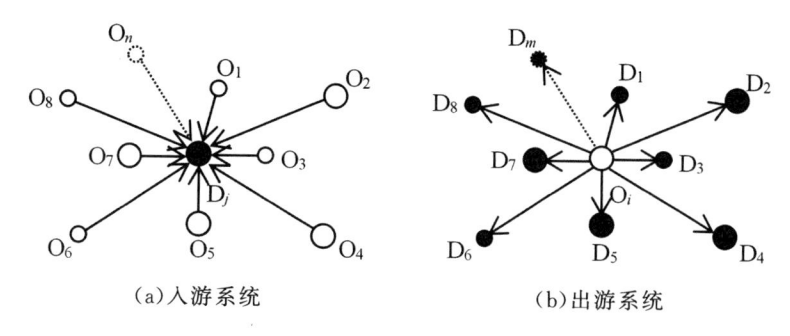

图 2-9　旅游系统模型(吴宝清 等，2020)

二、旅游系统理论在本书的应用

旅游系统理论为本书开展旅游市场转化研究提供了理论基础。从以目的地为中心的入游系统[见图 2-9(a)]看，目的地接待的旅游者来自不同的客源地，倘若某个客源地居民离开客源地访问了该旅游目的地，即表明这个客源地居民从潜在旅游者转化成为该旅游目的地的现实旅游者。从以客源地为中心的出游系统[见图 2-9(b)]看，客源地居民可以选择访问不同的旅游目的地，倘若该客源地居民访问了某个旅游目的地，即表明该客源地居民从潜在旅游者转化成为某个旅游目的地的现实旅游者。由于受客源地居民的出游能力、目的地的旅游吸引力、O-D 距离等诸多影响因素的综合作用，不同客源地潜在旅游者转化成为同一个旅游目的地现实旅游者的难易程度存在差异，相同客源地潜在旅游者转化成为不同旅游目的地现实旅游者的难易程度也存在差异。

出游系统和入游系统为研究旅游市场转化问题提供了两个互为对应的分析视角。本书基于出游系统，以北京、武汉、西安和成都为案例客源地，以我国部分高级别旅游景区为案例旅游目的地，分别分析 4 个客源地居民从潜在旅游者转化成为不同旅游目的地现实旅游者的特征和规律;基于入游系统,分析4个不同客源地居民从潜在旅游者转化成同一个旅游目的地现实旅游者的特征和规律。

第三节 旅游目的地选择过程理论

一、旅游目的地选择过程理论概述

旅游目的地选择研究是旅游者消费行为研究的重要组成部分,任何一个旅游者都面临着旅游目的地的选择问题(白凯,2013)。由于旅游目的地是旅游活动的中心,且对旅游目的地的选择通常关系到其他相关决策的产生,旅游目的地选择被认为是最核心的旅游消费决策(李玮娜,2011)。正因为如此,旅游目的地选择问题受到了学界的广泛关注。自20世纪70年代起,学者们基于不同的视角提出了许多经典的旅游目的地选择模型,为旅游者消费行为研究提供了理论和实践指导。现有的旅游目的地选择模型多以微观经济学、认知心理学和市场营销学理论为基础,以揭示旅游者从众多备选旅游目的地中进行筛选的行为规律的目的(琼达 等,2016)。总体而言,旅游目的地选择过程模型可以划分为基于消费者行为的目的地选择过程模型和以选择域为核心的目的地选择过程模型。

1.基于消费者行为的旅游目的地选择过程模型

主要的代表模型如下。

(1)瓦哈布(Salah Wahab)等(1976)提出的九阶段旅游者购买决策

过程模型。九阶段包括建立最初构架、形成初步备选方案、收集信息、界定假设条件、设置刺激因素、预测结果、利弊选择、购买决定、购买结果(克里斯·库珀 等,2004)。

(2)马西森(Alister Mathieson)和沃尔(Geoffrey Wall)(1982)提出的五阶段旅游者购买决策过程模型。五阶段包括需要感知或旅游愿望、信息收集并根据形象进行评估、旅游决策(在备选方案中选择)、旅游准备和旅游经历、旅游满意程度结果和评估(约翰·斯沃布鲁克 等,2004)。

(3)李天元(2009)提出的七阶段模型。七阶段包括认识需求、收集和评价有关信息、形成态度、评价和比较、实施购买、实际开展旅游活动、消费后的感受。

(4)王家骏(1994)提出旅游目的地决策过程的六个方面:全部机会、现实机会、考虑机会、选择机会、决策机会、最终决定。

2.以选择域为核心的旅游目的地选择模型

该类模型主要将旅游者的目的地选择行为描述为"漏斗过程",认为旅游者总是试图逐步减少备选旅游目的地的数量,直至作出最终决策。其中,影响较广泛的模型主要如下。

(1)Woodside 和 Lysonski 的旅游目的地选择过程模型

1989 年,美国学者伍德赛德(Arch G. Woodside)和李斯基(Steven Lysonski)提出了一个旅游者目的地选择的通用模型(Woodside et al.,1989),见图 2-10。该模型包括 8 个变量和 9 个关联。其中,旅游者个体影响因素(以前的旅游经历;生命周期、收入、年龄;生活形态、价值系统)和营销变量(产品设计、价格、广告/人员销售、渠道选择)共同影响旅游者对目的地的知晓情况。旅游者出于本能会将已知晓的目的地划分为考虑域、冷淡域、不可行但知道域、拒绝域。通常情况下,旅游者会对考虑域中的旅游目的地进行评估选择。在评估时,受到旅游者个体因素和情感联想的影响,旅游者会形成旅游目的地偏好和旅游意图,最后结合情境变量,完成对旅游目的地的最终选择。

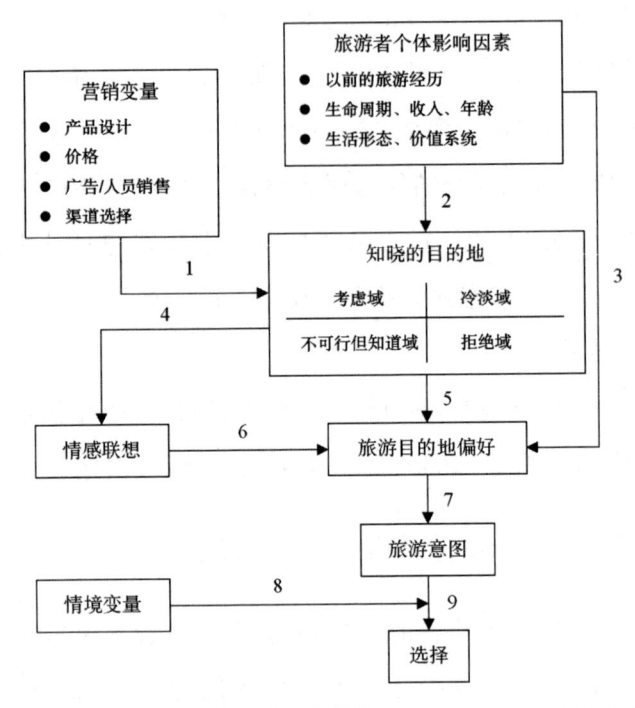

图 2-10　旅游目的地选择的通用模型(Woodside, Lysonski, 1989)

(2) Um、Crompton、Ankomah 等的旅游目的地选择过程模型

恩(Seoho Um)和克朗普顿(John L. Crompton)认为潜在旅游者对旅游目的地的印象和态度可能是影响其旅游目的地选择的重要因素,并提出了娱乐型旅游目的地选择过程模型(Um et al.,1990),见图 2-11。该模型包括 2 个输入(外部的输入、内部的输入)、3 个认知架构(已知域、激活域、旅游目的地),由 5 个过程连接形成:①旅游者消极被动地从外部输入获取资料,形成信念,构成已知域;②旅游者在内部输入的影响下,基于情境限制的考虑,开始选择旅游目的地;③已知域在内部

输入的影响下转变成激活域;④旅游者通过积极主动地从外部输入获取资讯,形成信念,构成激活域;⑤旅游者在激活域中选择旅游目的地。

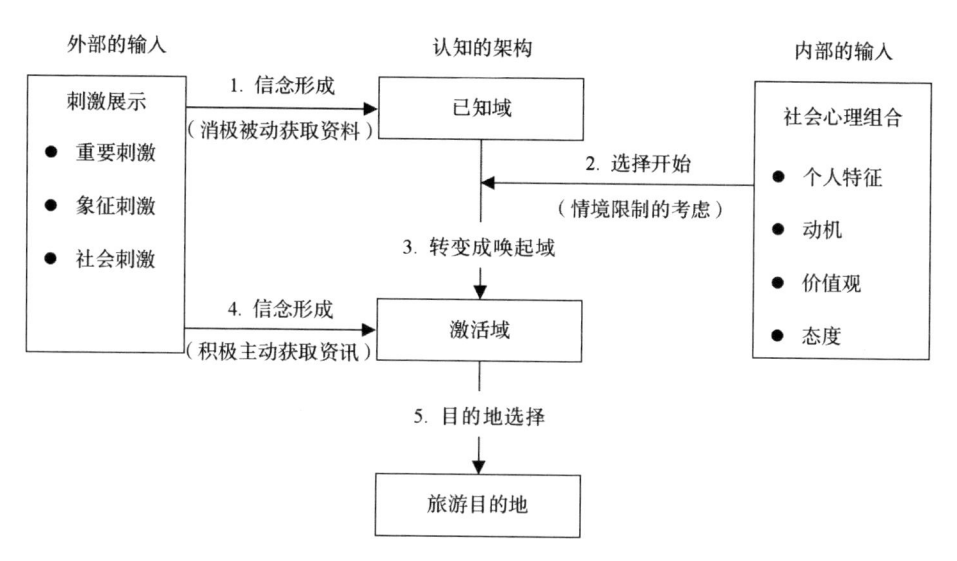

图 2-11 娱乐型旅游目的地选择过程模型(Um, Crompton, 1990)

1992年,Crompton 在前期研究的基础上,提出了三阶段的旅游目的地选择模型,直观显示了目的地决策过程(Crompton,1992),见图 2-12。

第一阶段(图中的阶段1),旅游者在所有的潜在旅游目的地中形成已知域和未知域。第二阶段(图中的阶段2),旅游者对已经域中的目的地进行排除,形成初期考虑域,而后形成后期考虑(激活)域。第三阶段(图中的阶段3),旅游者将后期考虑(激活)域进一步区分为行动域和未行动域,又将行动域分为交互行动域和平静域,最后在交互行动域中选择旅游目的地。

Crompton 和 Ankomah(1993)进一步分析了核心选择域之间的关系,见图 2-13。1996年,Ankomah、Crompton 和 Baker 在模型中增加了评估标准(Ankomah et al.,1996)。

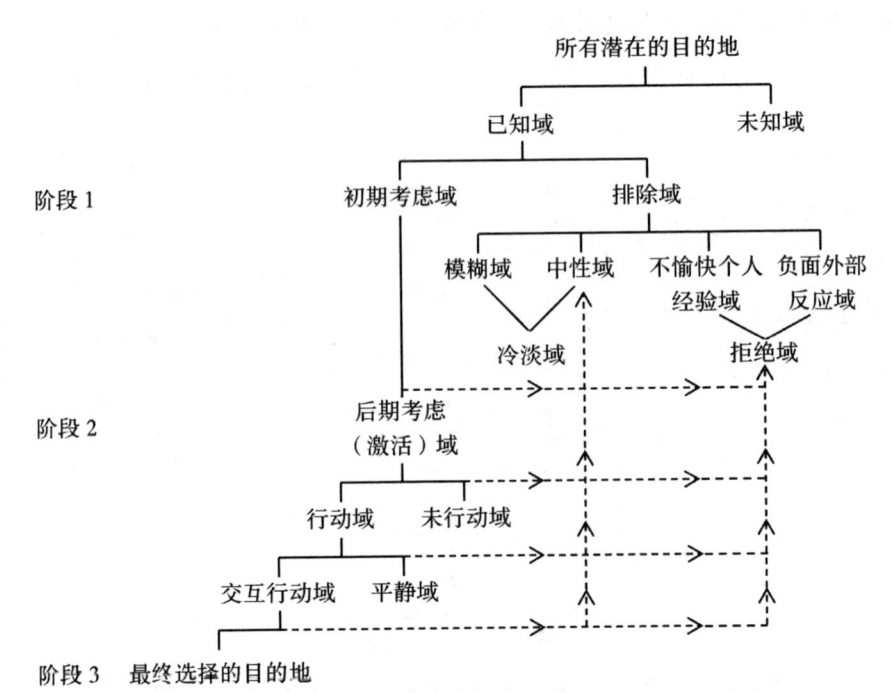

图 2-12　三阶段的旅游目的地选择模型（Crompton，1992）

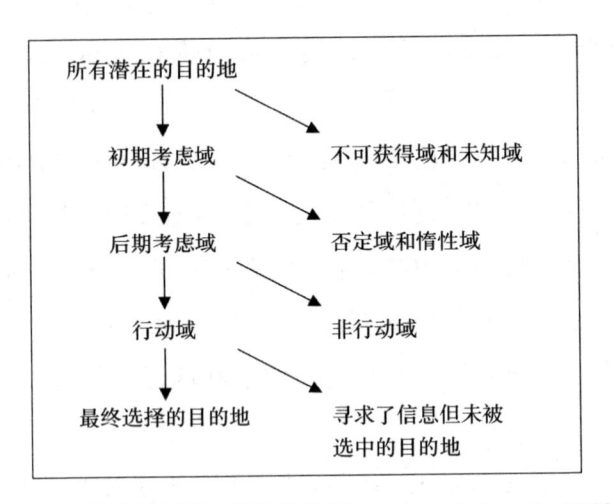

图 2-13　核心选择域之间的关系（Crompton，Ankomah，1993）

(3)Prentice 和 Andersen 的旅游目的地选择过程模型

2000年,英国学者 Prentice 和 Andersen 在前人研究的基础上,对基于选择域的旅游目的地选择过程模型进行了继承和补充,形成了较为完善的旅游目的地选择过程模型(Prentice and Andersen,2000),见图 2-14。

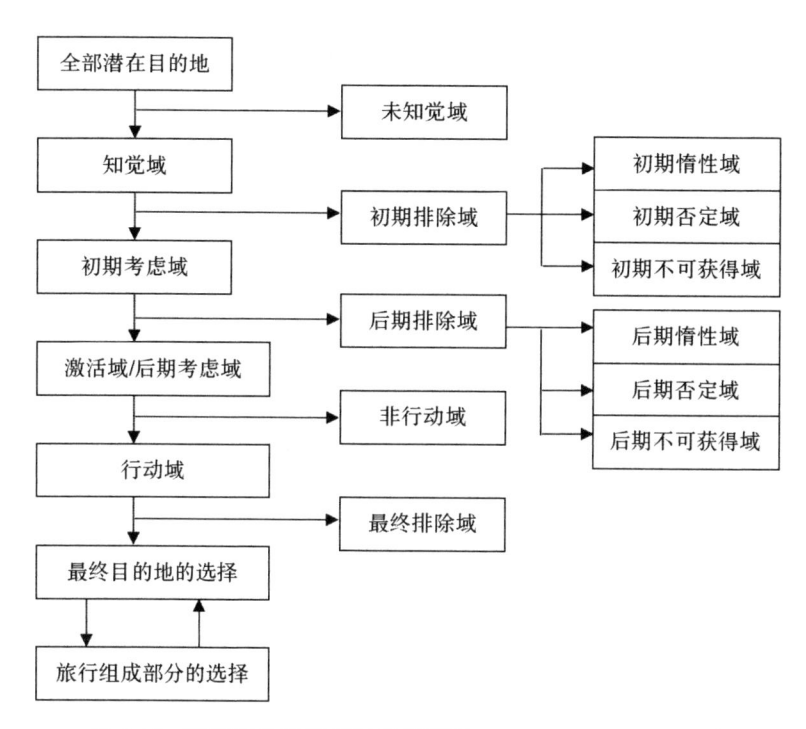

图 2-14　旅游目的地选择过程模型(Prentice, Andersen, 2000)

二、旅游目的地选择过程模型在本书的应用

既有的旅游目的地选择过程模型大都强调旅游者对目的地的选择是经过理性思考之后的结果,且选择过程具有阶段性。虽然不同的学者对旅游目的地选择过程的阶段划分不尽相同,但有三个阶段出现在

大多数模型之中,为学界所认可。第一个阶段是旅游者从不知道到知道某个旅游目的地;第二个阶段是旅游者从知道到产生访问这个旅游目的地的意愿;第三个阶段是旅游者从有访问意愿到实际访问这个旅游目的地。诚然,尽管有些旅游者也有可能访问某些不曾知道或者未有访问意愿的旅游目的地,但这种情况发生的概率一般很低(李玮娜,2011)。通常情况下,旅游者的目的地选择均需要经历上述三个阶段。

本书认为"不知道—知道"、"知道—向往"、"向往—访问"可以很好地概括旅游者目的地选择过程具有区分度的三个阶段。首先,知道某个旅游目的地的存在是旅游者选择访问该目的地的第一步,旅游者一般是在自己知晓的旅游目的地中挑选目的地进行访问,那些未被知晓的旅游目的地则无机会被选中访问。其次,产生访问意愿是旅游者访问该旅游目的地的直接驱动力,它会不断地驱使旅游者去创造和满足各种条件以实现访问意愿。最后,实际访问是关键,旅游者只有抵达旅游目的地,才真正意味着该旅游目的地被选中,否则该旅游目的地仍然只是旅游者向往的目的地。

旅游目的地选择过程模型为本书开展旅游市场转化研究提供了有力的理论支撑。理论上,对任何一个旅游目的地而言,所有潜在的旅游者最初都是不知道该旅游目的地的存在的,本书称其为静默市场。随着后天习得,有一部分潜在旅游者知道了该旅游目的地,而另一部分潜在旅游者依然不知道该旅游目的地。据此,旅游目的地的潜在旅游者可以被分为两类:一类是知道该旅游目的地的潜在旅游者(知名市场),另一类是不知道该旅游目的地的潜在旅游者(非知名市场)。在知道该旅游目的地的潜在旅游者中,有一部分旅游者产生访问意愿(向往市场),而另一部分旅游者未产生访问意愿(非向往市场)。在产生访问意愿的潜在旅游者中,有一部分旅游者实际访问了该旅游目的地(现实市场),而另一部分旅游者并未访问该旅游目的地(非现实市场)。因此,从潜在旅游市场到现实旅游市场的转化需要经过三个转化阶段:静默市场—知名市场、知名市场—向往市场、向往市场—现实市场。

第四节 旅游区位理论

一、旅游区位理论概述

"区位"来源于德语"standort"。1826年,德国农业经济学家杜能(Von J. H. Thünen)出版了《孤立国同农业和国民经济的关系》一书,提出了农业区位的理论模式。1937年,该书被顾绥禄译为中文版,并由上海中正书局出版发行。自此,我国开始使用"区位"一词(陆大道,1988;白光润,2009)。1944年,我国著名地理学家任美锷先生发表在《地理学报》上的《工业区位的理论与中国工业区域》一文拉开了我国对区位问题研究的序幕(任美锷,1944)。一直以来,区位问题与国家经济建设、社会生产力的布局密切相关。区位研究成为地理学,尤其是经济地理学研究的核心内容之一。

我国学者对旅游区位的关注,始于旅游资源评价和区域旅游规划的相关研究。1987年,楚义芳等在《关于旅游地理的几个问题》一文中,将旅游区位纳入旅游地理学的研究范畴,并提出了旅游区位包括三个层次:一是旅游地、旅游通道、客源地所形成的空间组织;二是旅游地和旅游交通的区位选择;三是旅游地内部的旅游点和旅馆的选择(楚义芳 等,1987)。虽然楚义芳并未明确定义旅游区位的概念,但其开创性地指出了旅游区位具有不同的层次。随后,牛亚菲(1988)在论述旅游资源开发条件时提到,旅游区位是指旅游地与客源地及各旅游地之间的位置关系、连接程度和等级层次,并指出旅游区位具有地域差异性,影响着旅游客流的流动。2001年,孙根年进一步丰富和深化了旅游区位的定义,认为应该将旅游区位视为旅游景区与其客源地相互作用中的相关位置和可达性,可以看成是一个旅游目的地对其周围客源地的吸引和影响,或一个客源地对其周围旅游目的地的选择性与相对偏好,并划分为客源区位、资源区位、交通区位和认知区位(孙根年,2001)。该定义的意义在于指出了可以从目的地和客源地两个研究视角来解读旅游区位。不少学者沿用和丰富了牛亚菲和孙根年等提出的旅游区位定义,例如:要轶丽和郑国(2002)、张顺畅和王亚力(2006)认为旅游区位是指旅游地与客源地以及周边目的地的空间关系和交通可达性。谌莉等(2002)、朱银娇和袁书琪(2005)认为旅游区位是某一旅游地相对于其他旅游地的地理位置和空间关系。与以往学者提出的旅游区位定义不同,吴丽云和董锁成(2011)认为旅游区位是研究旅游企业、旅游目的地的空间布局,以及旅游企业、旅游目的地在区位条件约束下的最佳组合方式和空间形态。从既有的旅游区位定义来看,学界对旅游区位的概念认知仍存在分歧,尚未形成共识。总体而言,对旅游区位的概念界定有三种视角:①旅游地视角,即分析旅游地与客源地以及其他旅游地的区位关系;②旅游业视角,即分析旅游企业的区位布局;③旅游者视角,即分析旅游者对旅游地、旅游景点、旅游酒店、旅游饭店等的区位选择。

从旅游者的视角来看,旅游区位理论是旅游者对决策效用与成本进行权衡的结果。对旅游区位因子的讨论是旅游区位研究的主要内容之一。通过对文献资料的梳理可以发现,影响旅游者区位选择的因素是多样的(杨兴柱 等,2011)。首先,目的地的旅游吸引力是决定客源地居民是否选择到访该目的地的客观基础(Prideaux,2005;Leiper,1990;孙根年 等,2011),且决定了客源地居民所能获取的最大旅游效益。其次,O-D距离是影响旅游者目的地选择的另一因素(Nicolau et al.,2006;Eryigit et al.,2010;Santeramo et al.,2015;王德根 等,2015;张捷 等,1999;Deville et al.,2016)。为了克服距离阻碍,旅游者必须支付一定交通成本。O-D交通成本又可以细分为时间成本和经济成本。时间成本和经济成本对不同出游能力的客源地居民的影响程度是不同的。一方面,当乘坐交通工具超过一定时间,客源地居民势必会感到疲惫。若客源地居民的体感疲惫交通时间越长,则O-D交通时间成本对客源地居民的影响越小,其越有可能访问远距离的目的地;反之,若客源地居民的体感疲惫交通时间越短,则O-D交通时间成本对客源地居民的影响越大,其越有可能访问近距离的目的地。另一方面,客源地居民的经济能力也是影响其出游能力和出游范围的重要因素(Eryigit et al.,2010;保继刚 等,2002;赖思振 等,2016)。通常情况下,客源地居民可自由支配月收入越高,则O-D交通经济成本对其影响越小,客源地居民越可能访问远距离的目的地;客源地居民可自由支配月收入越低,则O-D交通经济成本对其影响越大,客源地居民越可能访问近距离的目的地。综上所述,影响旅游者区位选择的因素包括旅游者自身因素、O-D距离因素和旅游目的地因素。

二、旅游区位理论在本书的应用

旅游区位理论可为分析和解释旅游市场转化率的差异性提供理论工具。旅游目的地在客源市场区位、旅游资源区位、旅游交通区位等方面存在的差异，会影响旅游目的地的知名度，进而影响旅游者对目的地的到访情况。区位条件越好的旅游目的地被旅游者访问的可能性越大。

本书选取分布于我国不同地区的目标景区，以深入分析目标景区区位条件对我国旅游市场转化率的影响。本书绘制了4个案例客源地城市对目标景区的旅游市场转化率的空间分布图，从而对比研究不同区位条件景区的旅游市场转化率差异。一方面，按照东部（北京、天津、河北、辽宁、上海、江苏、浙江、福建、山东、广东和海南）、中部（山西、吉林、黑龙江、安徽、江西、河南、湖北、湖南）、西部（四川、重庆、贵州、云南、西藏、陕西、甘肃、青海、宁夏、新疆、广西、内蒙古）的划分标准，对目标景区按地区分类，计算并对比不同地区目标景区的旅游市场转化率均值。① 另一方面，按照直辖市（北京、上海、天津、重庆）、副省级城市（广州、武汉、哈尔滨、沈阳、成都、南京、西安、长春、济南、杭州、大连、青岛、深圳、厦门、宁波）、省会城市、地级市的划分标准，对目标景区按城市行政等级分类，计算并对比不同行政等级城市景区的旅游市场转化率均值。

通过对比相同客源地城市对不同区位条件目标景区的市场转化率，分析目的地区位条件对旅游市场转化率的影响，确定影响旅游市场转化率的因素，为构建旅游市场总转化率计算模型提供依据。

---

① 说明：本书对我国东部、中部、西部地区的划分是基于具体研究需要进行的，未将港澳台地区列入是因为本书并未对港澳台地区的景区展开研究。

第三章　旅游市场转化的概念、过程和测量方法

第一节　旅游市场转化的概念

一、旅游市场的定义

基于前文对旅游市场定义的梳理可知,学界对旅游市场的定义主要基于两个视角:经济学视角和营销学视角。基于经济学视角的研究者通常认为,旅游市场指旅游产品交换关系的总和,既涉及买方也涉及卖方。基于营销学视角的研究者通常将旅游市场视为旅游客源市场,指某一旅游产品的现实购买者和潜在购买者的集合。

本书采用基于营销学视角的研究者对旅游市场的定义,即旅游市场指的是旅游客源市场,包括潜在旅游市场和现实旅游市场两个组成部分。其中,潜在旅游市场由未访问过某个旅游目的地的潜在旅游者组成,现实旅游市场由已经访问过某个旅游目的地的现实旅游者组成。

二、旅游市场转化的定义

在旅游学界中,尽管已经有学者开展了一些与旅游市场转化相关的研究,但是在以往的研究中,尚未有研究者对旅游市场转化概念进行界定,大多数研究只是提出了要将潜在旅游市场转化为现实旅游市场的观点,而忽视了对旅游市场转化这一基础概念的探讨。

本书基于旅游者的目的地选择过程理论,以及前文对旅游市场概念的分析,将旅游市场转化定义为:目的地的旅游市场由某种状态转变成为另一种状态的现象。旅游市场转化可以分为总转化和阶段转化。旅游市场总转化是指旅游目的地的潜在旅游市场转变成为现实旅游市场的现象。旅游市场的阶段转化是指旅游市场总转化过程中,某一阶段旅游市场状态发生改变的现象。旅游市场的总转化取决于阶段性的旅游市场转化,只有实现了阶段性旅游市场转化,旅游目的地的潜在旅游市场才能成功转化成为现实旅游市场。旅游市场转化的定义实际上强调了以下几个方面内容。

(1)旅游市场转化的本质在于旅游市场的状态发生改变,即由某种市场状态变为另一种市场状态。

(2)旅游市场转化是受条件约束的,只有满足了一定的条件,旅游市场才能够发生转化,条件的改变将会影响旅游市场转化的难易程度。从旅游系统的视角看,影响旅游市场转化的因素包括三个方面:旅游目的地自身因素,如旅游吸引力大小、旅游市场营销水平、旅游接待能力等;旅游市场(即旅游者)的自身因素,如收入水平、受教育程度、职业等;旅游目的地与客源地之间的交通因素,如交通时间、交通费用等。

(3)旅游市场转化具有阶段性。旅游市场总转化是阶段性旅游市场转化的串联结果,不论哪个阶段的旅游市场转化出现问题,都会影响旅游市场的总转化。因此,通过对阶段性旅游市场转化的分析,可以诊断旅游市场总转化中存在的问题。

第二节 旅游市场转化的过程

一、旅游市场转化三阶段模型

在以往的旅游市场转化相关研究中,学者们很少讨论潜在旅游市场到现实旅游市场的具体转化过程,大都将其视作一个环节,这限制了研究的深度,削弱了研究的理论和实践价值。

根据 Woodside 和 Lysonski(1989)、Um 和 Crompton(1990)、Crompton(1992)、Crompton 和 Ankomah(1993)、Prentice 和 Andersen(2000)等提出的目的地选择过程模型,旅游者的目的地选择至少需要经历三个阶段。第一个阶段是旅游者从"不知道"到"知道"某个旅游目的地。旅游者是在自己所知道的旅游目的地中挑选目的地进行访问,那些未被知道的旅游目的地则无机会被选中访问。第二个阶段是旅游者从"知道"到产生"向往"。对旅游目的地的向往是旅游者访问该目的地的驱动力,它会不断地驱使旅游者去创造和满足各种条件以实现访问意向。第三个阶段是旅游者从"向往"到"访问"这个旅游目的地。实地访问是非常关键的阶段,旅游者只有抵达旅游目的地,才意味着该旅目的地被真正选中,否则该目的地仍然只是旅游者向往的目的地。可见,可以将旅游者的目的地选择过程划分为具有区分度的三个阶段。

本书在目的地选择过程模型的支撑下,提出了旅游市场转化三阶段模型,见图 3-1。

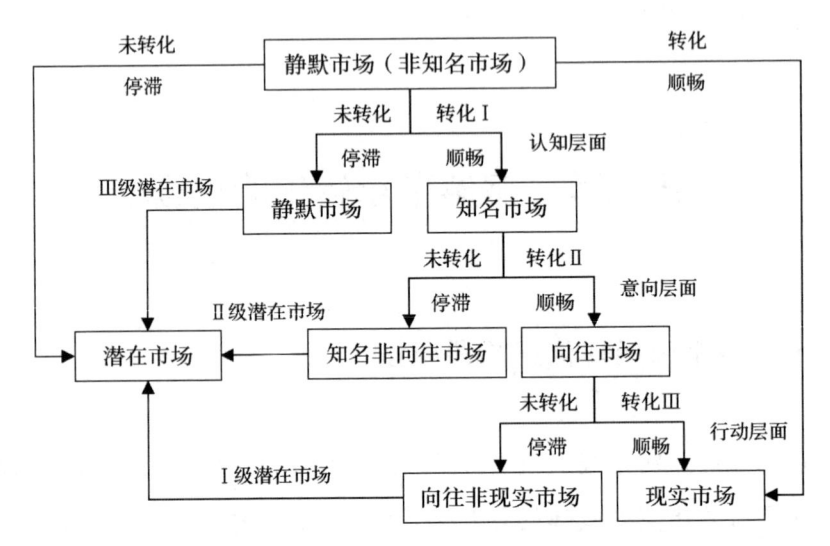

图 3-1 旅游市场转化三阶段模型

从图 3-1 可以直观看出,旅游市场的转化过程模型由总转化和三个阶段转化构成,图的右侧为旅游市场转化顺畅的情形、左侧为旅游市场未转化停滞的情形。

人的知识是后天习得的。理论上,对任何一个旅游目的地而言,所有人最初都不知道它的存在,对其没有任何了解,处于一种静默(非知名)的市场状态。本书将初始的潜在旅游市场称为静默市场,静默市场在各种条件的作用下不断发生转化。

第一阶段的转化:一部分静默市场顺利转化成了知名市场,在认知层面上实现了市场状态的改变,即从未听说过该目的地到知晓该目的地的转化;另一部分静默市场未发生转化,仍然停滞在静默状态,对目的地来说仍是非知名市场,构成了Ⅲ级潜在市场。

第二阶段的转化:一部分知名市场顺利转化成了向往市场,在意向层面上实现了市场状态的改变,即从知晓该目的地到想访问该目的地;另一部分知名市场未发生转化,仍然停滞在知名状态,没有产生访问意向,构成了Ⅱ级潜在市场。

第三阶段的转化:一部分向往市场顺利转化成了现实市场,在行动层面上实现了市场状态的改变,即从想访问该目的地到实际访问该目的地的转化;另一部分向往市场未发生转化,仍然停滞在向往的状态,构成了Ⅰ级潜在市场。

经历了三个阶段的转化之后,一部分静默市场最终转化成为现实市场,顺利完成了总转化,另一部分静默市场在认知层面、意向层面、行动层面出现了转化停滞,形成了Ⅰ级至Ⅲ级潜在市场。由上述分析可知,三个阶段的旅游市场转化是一种层次递进式的转化,它们共同决定了旅游市场的总转化,不论哪一个阶段的旅游市场转化出现停滞,都会影响到旅游市场的总转化。

二、旅游市场转化过程与细分市场

从前文关于旅游市场细分研究的文献回顾可以看出,旅游市场细分的实质是依据某一变量对旅游者进行分类,相同类别的旅游者具有共性,不同类别的旅游者具有差异性。以往的旅游市场细分研究大都基于静态视角,主要依据地理变量(国家、地区、距离等)、人口统计变量(性别、年龄、职业等)、心理变量(个性、动机、生活方式等)、行为变量(消费支出、活动偏好、活动参与度等),大多关注对现实旅游市场的细分。

旅游市场转化过程为旅游市场细分提供了一种动态视角。对旅游目的地而言,在发生转化之前,整个旅游市场处于单一的静默(非知名)

状态。当完成了第一阶段的市场转化时,整个旅游市场被一分为二,形成静默市场和知名市场两个细分市场。当完成了第二阶段的市场转化时,整个旅游市场被一分为三,形成静默市场、知名非向往市场、向往市场三个细分市场。当完成了第三阶段的市场转化时,整个旅游市场被一分为四,形成静默市场(Ⅲ级潜在市场)、知名非向往市场(Ⅱ级潜在市场)、向往非现实市场(Ⅰ级潜在市场)、现实市场四个细分市场。

第三节 旅游市场转化程度的测量

一、旅游市场转化率的定义

图 3-1 的旅游市场转化三阶段模型反映出,旅游市场的转化过程并非顺畅的,也可能会遇到转化停滞的状况。换言之,旅游市场从某一种状态转变为下一种状态时,一部分旅游市场可能满足了转化条件并完成了状态的改变,而另一部分旅游市场可能尚未满足转化条件、无法实现转化,仍然停滞在原来的状态。理论上,如果转化条件足够好,旅游市场可能由某一种状态全部转为另一种状态,但如果转化条件很差,旅游市场也很有可能全部停滞在某一种状态而不能发生改变。不过在现实中,这两种极端情况出现的可能性较低。通常情况下,旅游市场的转化与停滞是并存的,只不过有些旅游市场转化得多些,停滞得少些,而有些旅游市场转化得少些,停滞得多些。也就是说,旅游市场的转化程度是存在差异的,这种差异可能体现在相同旅游市场对不同旅游目的地,不同旅游市场对相同旅游目的地,以及不同阶段旅游市场的转化

上。对旅游目的地而言,如果能掌握旅游市场的总转化程度和各个阶段的旅游市场转化程度,就可以有效地进行旅游市场的营销工作。因此,对旅游市场转化程度的测量具有重要的现实意义。

对转化程度的测量并非学界研究的全新课题,该问题已出现在许多学科领域的研究中。尽管不同学科领域所研究的转化对象是不同的,但是研究者们通常都采用转化率来定量衡量转化程度,只是不同学科领域对转化率的定义有所差异。例如,在化工领域中,研究者将转化率定义为反应物在反应达到平衡时转化的百分比,用来衡量反应物的转化程度(任仁,1980);在广告营销领域中,研究者将转化率定义为在一个统计周期内,完成转化行为的次数占推广信息总点击次数的比例(刘贵容 等,2015;赵曙光,2014;赵曙光,2017),即用户点击广告后产生实际消费行为的概率(赵杨 等,2018),用来衡量广告点击率的转化程度;在科技成果转化研究中,统计者将转化率定义为被转化的成果总数占科技成果总数的比例,用来衡量科技成果的转化程度(胡德胜,1992)。由此可见,转化率已经是衡量转化程度的常用指标。

在以往的旅游研究中,转化率的概念主要出现在旅游营销效果测评研究中,并以国外研究居多。转化率被作为衡量旅游营销效果的常用指标之一(Stienmetz et al.,2015;刘丽娟 等,2013)。有些学者将转化率定义为访问量占旅游杂志浏览量的百分比,也有些学者将转化率定义为访问量占旅游网站浏览量的百分比。尽管如此,转化率研究尚缺乏系统性,转化率定义的普适性仍不够。本书认为前人提出的转化率定义中,访问量实则反映的是现实旅游市场,而浏览量实则反映的是潜在旅游市场。因此,用旅游市场转化率来衡量旅游营销效果更具普适意义。

基于上述分析,本书采用旅游市场转化率来定量衡量旅游市场的转化程度。具体而言,旅游市场转化率是指某种状态的旅游市场转变成为另一种状态的百分比,即状态改变之后的旅游市场规模占状态改变之前的旅游市场规模的百分比。结合旅游市场转化三阶段模型可知,旅游市场转化率可以分为旅游市场总转化率和阶段转化率。

二、旅游市场转化率的计算公式

从图 3-1 所示的旅游市场转化三阶段模型可知,若能计算出静默市场到知名市场的转化率、知名市场到向往市场的转化率、向往市场到现实市场的转化率,便可以知道潜在旅游市场到现实旅游市场的总转化率,同时还可以推算出其他任意两个旅游市场之间的转化率以及未转化率。为了便于表述,本书将静默市场到知名市场的转化率称为知名化率,将知名市场到向往市场的转化率称为意向化率,将向往市场到现实市场的转化率称为实地化率。

1.静默市场到知名市场的转化率——知名化率

知名化率指旅游目的地的某个目标客源市场从最初的潜在状态(非知名状态)转变成为知名状态的程度,即从静默市场转变成为知名市场的百分比。知名化率值越高,说明目标客源市场中从不知晓到知晓该旅游目的地的人数越多;知名化率值越低,说明目标客源市场中从不知晓到知晓该旅游目的地的人数越少。在实际操作中,可以采用大样本抽样调查法,将某客源市场的受访者总人数视为最初的潜在市场规模,将知晓该旅游目的地的受访者人数视为知名市场规模。知名化率的计算公式如下:

$$C_1 = \frac{a}{t} \times 100\% \qquad (3-1)$$

式(3-1)中，C_1表示知名化率，a表示抽样调查中某客源市场知晓该旅游目的地的受访者总人数，t表示抽样调查中某客源市场的受访者总人数。

(2)知名市场到向往市场的转化率——意向化率

意向化率指旅游目的地某个目标客源市场从知名状态转变成为向往状态的程度，即从知名市场转变成为向往市场的百分比。意向化率值越高，说明目标客源市场中从知晓到想访问该旅游目的地的人数越多；意向化率值越低，说明目标客源市场中从知晓到想访问该旅游目的地的人数越少。在实际操作中，可以采用大样本抽样调查法，将某客源市场知晓该旅游目的地的受访者人数视为知名市场规模，将向往该旅游目的地的受访者人数视为向往市场规模。意向化率的计算公式如下：

$$C_2 = \frac{d}{a} \times 100\% \tag{3-2}$$

式(3-2)中，C_2表示意向化率，d表示抽样调查中某客源市场向往该旅游目的地的受访者总人数，a表示抽样调查中某客源市场知晓该旅游目的地的受访者总人数。

(3)向往市场到现实市场的转化率——实地化率

实地化率指旅游目的地的某个目标客源市场从向往状态转变成为到访状态的程度，即向往市场转变成为现实市场的百分比。实地化率值越高，说明目标客源市场中从想访问到实际访问该旅游目的地的人数越多；实地化率值越低，说明目标客源市场中从想访问到实际访问该旅游目的地的人数越少。在实际操作中，可以采用大样本抽样调查法，将某客源市场向往某旅游目的地的受访者人数视为向往市场规模，将实际到访某旅游目的地的受访者人数视为现实市场规模。实地化率的计算公式如下：

$$C_3 = \frac{v}{d} \times 100\% \qquad (3\text{-}3)$$

式(3-3)中,C_3 表示实地化率,v 表示抽样调查中某客源市场实际到访该旅游目的地的受访者总人数,d 表示抽样调查中某客源市场向往该旅游目的地的受访者总人数。

(4)潜在旅游市场到现实旅游市场的转化率——总转化率

旅游市场总转化率指旅游目的地的某个目标客源市场从最初的静默状态(非知名状态)转变成为现实状态(到访状态)的程度,即潜在市场转变成为现实市场的百分比。旅游市场总转化率越高,说明目标客源市场中从不知晓到实际访问该旅游目的地的人数越多;旅游市场总转化率越低,说明目标客源市场中从不知晓到实际访问该旅游目的地的人数越少。在实际操作中,可以采用大样本抽样调查法,将某客源市场的受访者总人数视为最初的潜在市场规模,将实际到访该旅游目的地的受访者人数视为现实市场规模。旅游市场总转化率计算公式如下:

$$C_t = \frac{v}{t} \times 100\% \qquad (3\text{-}4)$$

式(3-4)中,C_t 表示旅游市场总转化率,v 表示抽样调查中某客源市场实际到访该旅游目的地的受访者总人数,t 表示抽样调查中某客源市场的受访者总人数。

根据式(3-1)、(3-1)、(3-3)可知,旅游市场总转化率的计算公式还可以为:

$$C_t = C_1 \times C_2 \times C_3 \times 100\% \qquad (3\text{-}5)$$

式(3-5)中,C_t 表示旅游市场总转化率,C_1 表示知名化率,C_2 表示意向化率,C_3 表示实地化率。

三、旅游市场转化率与市场份额的关系

1.旅游市场份额的计算公式

对 DMOs 而言,精准掌握每一个旅游细分市场在整个旅游客源市场中所占的份额,对开展旅游市场营销工作具有重要的实践指导价值。从前文分析可知,只要掌握了知名市场、向往市场、现实市场在整个客源市场中所占的份额,便可以推算出其他旅游细分市场的份额。本书将分别采用知名度、向往度、到访率来衡量知名市场、向往市场、现实市场在整个客源市场中所占的份额。

(1)知名度

知名度指某旅游目的地的知名市场规模占整个客源市场规模的百分比,即目标客源市场中知晓该旅游目的地的人数占客源市场总人数的百分比,它反映的是旅游目的地在客源市场中的被知晓程度。知名度越高,说明在该客源市场中知晓该旅游目的地的人数越多,即知名市场所占的份额越高;知名度越低,说明在该客源市场中知晓该旅游目的地的人数越少,即知名市场所占的份额越低。在实际操作中,可以采用大样本抽样调查法,用某客源市场中知晓该旅游目的地的人数与受访者总人数的比值来反映知名度,计算公式如下:

$$A = \frac{a}{t} \times 100\% \qquad (3\text{-}6)$$

式(3-6)中,A 表示知名度,a 表示抽样调查中某客源市场知晓该旅游目的地的受访者总人数,t 表示抽样调查中某客源市场的受访者总人数。

(2) 向往度

向往度指某旅游目的地的向往市场规模占整个客源市场规模的百分比,即目标客源市场中向往该旅游目的地的人数占客源市场总人数的百分比,它反映的是客源市场对该旅游目的地的访问意向。向往度越高,说明在该客源市场中向往该旅游目的地的人数越多,即向往市场所占的份额越高;向往度越低,说明在该客源市场中向往该旅游目的地的人数越少,即向往市场所占的份额越低。在实际操作中,可以采用大样本抽样调查法,用某客源市场中向往该旅游目的地的人数与受访者总人数的比值来反映向往度,计算公式如下:

$$D = \frac{d}{t} \times 100\% \qquad (3-7)$$

式(3-7)中,D 表示向往度,d 表示抽样调查中某客源市场向往该旅游目的地的受访者总人数,t 表示抽样调查中某客源市场的受访者总人数。

(3) 到访率

到访率指某旅游目的地的现实市场规模占整个客源市场规模的百分比,即目标客源市场中访问过该旅游目的地的人数占客源市场总人数的百分比,它反映的是客源市场对该旅游目的地的实际访问情况。到访率越高,说明在该客源市场中实际访问过该旅游目的地的人数越多,即现实市场所占的份额越高;到访率越低,说明在该客源市场中实际访问过该旅游目的地的人数越少,即现实市场所占的份额越低。在实际操作中,可以采用大样本抽样调查法,用某客源市场中实际到访过该旅游目的地的受访者人数与受访者总人数的比值来反映到访率,计算公式如下:

$$V = \frac{v}{t} \times 100\% \qquad (3\text{-}8)$$

式(3-8)中,V 表示到访率,v 表示抽样调查中某客源市场实际到访该旅游目的地的受访者总人数,t 表示抽样调查中某客源市场的受访者总人数。

2.旅游市场转化率对市场份额的影响

旅游市场转化使旅游市场的状态不断发生改变,催生出了不同的细分市场。旅游市场的每一次转化,都伴随着新细分市场的出现。不过旅游市场转化是受条件约束的,并非顺畅的。只有满足了一定条件要求,旅游市场转化才能实现,否则旅游市场转化将停滞不前。理论上,旅游市场转化率的最小值为 0,最大值为 100%。通常情况下,旅游市场的转化率大多介于 0~100%,且不同旅游市场之间的转化率一般存在差异。旅游市场转化率的高低直接影响到旅游细分市场份额。知名市场、向往市场、现实市场的市场份额与旅游市场转化率的关系如表 3-1 所示。

表 3-1 旅游市场份额与转化率的关系

市场名称	指标	市场份额与转化率的关系
知名市场	知名度	知名度 $A=$ 知名化率 C_1
向往市场	向往度	向往度 $D=$ 知名化率 $C_1 \times$ 意向化率 C_2
现实市场	到访率	到访率 $V=$ 总转化率 $C_t=$ 知名化率 $C_1 \times$ 意向化率 $C_2 \times$ 实地化率 C_3

(1)旅游市场转化率与知名度的关系

结合图 3-1、式(3-1)、式(3-6)可知,旅游目的地的目标客源市场经过市场转化Ⅰ之后,一部分静默市场从最初的非知名状态转变成为知名状态,组成了知名市场,另一部分静默市场未能完成转化,停滞在非知名状态,依旧为静默市场。也就是说,旅游市场转化Ⅰ使最初的静默市场一分为二,完成转化的为知名市场,未完成转化的仍为静默市场。因此,有多少静默市场完成了市场转化Ⅰ,就有多大规模的知名市场。换言之,知名市场份额取决于知名化率 C_1 的高低,知名度 A 与知名化率 C_1 是相等的。

(2)旅游市场转化率与向往度的关系

结合图3-1、式(3-1)、式(3-2)、式(3-7)可知,旅游目的地的目标客源市场经过市场转化Ⅰ和市场转化Ⅱ之后,形成了非知名市场、知名非向往市场、向往市场。向往市场是连续经过两次转化才形成的。因此,向往市场的份额受知名化率 C_1 和意向化率 C_2 的共同影响,向往度 D 与知名化率 C_1 和意向化率 C_2 的乘积相等。

(3)旅游市场转化率与到访率的关系

结合图3-1、式(3-1)、式(3-2)、式(3-3)、式(3-8)可知,旅游目的地的目标客源市场经过市场转化Ⅰ、市场转化Ⅱ和市场转化Ⅲ之后,形成了非知名市场、知名非向往市场、向往非现实市场、现实市场。现实市场是连续经过三次转化才形成的。因此,现实市场的份额受知名化率 C_1、意向化率 C_2、实地化率 C_3 的共同影响,到访率 V 与知名化率 C_1、意向化率 C_2、实地化率 C_3 的乘积相等。由式(3-5)可知,知名化率 C_1、意向化率 C_2、实地化率 C_3 的乘积即为旅游市场总转化率 C_t,故到访率 V 与旅游市场总转化率 C_t 也相等。

综上所述,旅游市场转化率的高低决定了旅游市场的份额。知名化率 C_1 影响知名市场的份额,知名化率 C_1 越高,则知名度 A 越高。知名化率 C_1 和意向化率 C_2 共同影响向往市场的份额,知名化率 C_1 与意向化率 C_2 的乘积越高,则向往度 D 越高。总转化率 C_t 影响现实市场的份额,总转化率 C_t 越高,则到访率 V 越高。

四、旅游市场转化率对旅游市场结构的影响

深入分析旅游市场结构对旅游市场营销工作具有重要的实践指导作用。从旅游市场转化的三阶段模型以及旅游市场转化率计算公式可知,旅游市场结构受旅游市场转化率(知名化率 C_1、意向化率 C_2、实地化率 C_3、总转化率 C_t)的影响。旅游市场转化率的变化,将改变旅游市场的结构。理论上,由于旅游市场转化率的不同,旅游市场将会呈现出不同的结构,图 3-2 为旅游市场结构演化模型,展示的是 9 种较为典型的旅游市场结构。

从图 3-2 可以看出,旅游市场结构(1)~(4)为"正金字塔形"结构,结构由简单到复杂;旅游市场结构(6)~(9)为"倒金字塔形"结构,结构由复杂到简单;旅游市场结构(5)是正金字塔形结构向倒金字塔形结构转变的"过渡型"结构。

在正金字塔形结构中:市场结构(1)最为简单,由单一的静默市场构成(知名化率 $C_1=0$)。市场结构(2)由静默市场和知名市场构成,且静默市场>知名市场(知名化率 $C_1<1/2$,意向化率 $C_2=0$)。市场结构(3)由静默市场、知名非向往市场和向往市场构成,且静默市场>知名非向往市场>向往市场(知名化率 $C_1 \times$ 意向化率 $C_2 <$ 知名化率 $C_1 -$ 知名化率 $C_1 \times$ 意向化率 $C_2 < 1-$ 知名化率 C_1,实地化率 $C_3=0$)。市场结构(4)最为复杂,由静默市场、知名非向往市场、向往非现实市场、现实市场构成,且静默市场>知名非向往市场>向往非现实市场>现实市场(知名化率 $C_1 \times$ 意向化率 $C_2 \times$ 实地化率 $C_3 <$ 知名化率 $C_1 \times$ 意向化率 $C_2 -$ 知名化率 $C_1 \times$ 意向化率 $C_2 \times$ 实地化率 $C_3 <$ 知名化率 $C_1 -$ 知名化率 $C_1 \times$ 意向化率 $C_2 < 1-$ 知名化率 C_1)。

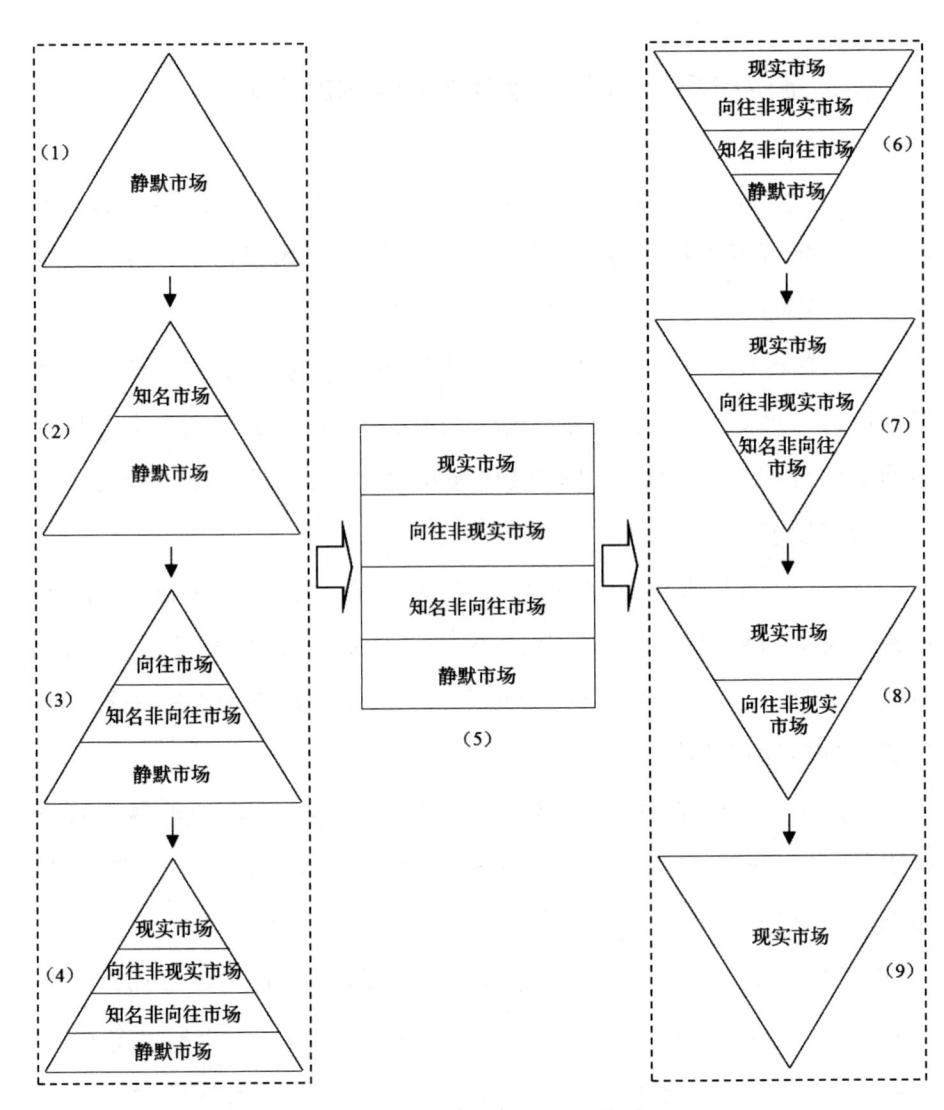

图 3-2 旅游市场结构演化模型

过渡型旅游市场结构(5)由静默市场、知名非向往市场、向往非现实市场、现实市场构成，且静默市场＝知名非向往市场＝向往非现实市场＝现实市场(知名化率 C_1×意向化率 C_2×实地化率 C_3＝知名化率 C_1×意向化率 C_2－知名化率 C_1×意向化率 C_2×实地化率 C_3＝知名

化率 C_1－知名化率 C_1×意向化率 C_2＝1－知名化率 C_1,即知名化率 C_1＝3/4、意向化率 C_2＝2/3、实地化率 C_3＝1/2)。

在倒金字塔形结构中:市场结构(6)最为复杂,由现实市场、向往非现实市场、知名非向往市场、静默市场构成,且现实市场＞向往非现实市场＞知名非向往市场＞静默市场(知名化率 C_1×意向化率 C_2×实地化率 C_3＞知名化率 C_1×意向化率 C_2－知名化率 C_1×意向化率 C_2×实地化率 C_3＞知名化率 C_1－知名化率 C_1×意向化率 C_2＞1－知名化率 C_1)。市场结构(7)由现实市场、向往非现实市场、知名非向往市场构成,且现实市场＞向往非现实市场＞知名非向往市场(意向化率 C_2×实地化率 C_3＞意向化率 C_2－意向化率 C_2×实地化率 C_3＞1－意向化率 C_2,知名化率 C_1＝1)。市场结构(8)由现实市场、向往非现实市场构成,且现实市场＞向往非现实市场(知名化率 C_1＝1、意向化率 C_2＝1、实地化率 C_3＞1/2)。市场结构(9)最为简单,由单一的现实市场构成(知名化率 C_1＝意向化率 C_2＝实地化率 C_3＝1,即总转化率 C_t＝1)。

第四章　静默市场到知名市场的转化率

第一节　知名化率 C_1 与知名度的数值分析

基于前文分析,有多少静默市场完成了市场转化Ⅰ,就有多大规模的知名市场,知名化率 C_1 与知名度是相等的。

经统计,约有 20% 的北京居民对目标景区的知名化率 C_1 和知名度高于 61.92%,约有 60% 的北京居民对目标景区的知名化率 C_1 和知名度为 41.69%~61.29%,其余约 20% 的北京居民对目标景区的知名化率 C_1 和知名度低于 41.26%;约有 20% 的武汉居民对目标景区的知名化率 C_1 和知名度高于 65.45%,约有 60% 的武汉居民对目标景区的知名化率 C_1 和知名度为 42.06%~65.26%,其余约 20% 的武汉居民对目标景区的知名化率 C_1 和知名度低于 42.06%;约有 20% 的西安居民对目标景区的知名化率 C_1 和知名度高于 69.41%,约有 60% 的西安居民对目标景区的知名化率 C_1 和知名度为 46.16%~69.30%,其余约 20% 的西安居民对目标景区的知名化率 C_1 和知名度低于 45.94%;约有 20% 的成都居民对目标景区的知名化率 C_1 和知名度高于 68.05%,

约有60%的成都居民对目标景区的知名化率C_1和知名度为45.61%～67.80%,其余约20%的成都居民对目标景区的知名化率C_1和知名度低于45.61%。根据知名化率C_1和知名度的数值分布情况,本书将知名化率C_1和知名度划分为高(>60%)、中(40%～60%)、低(<40%)3个等级。

根据上述等级划分标准:北京居民的高知名化率C_1和高知名度的景区数量占22.35%,中知名化率C_1和中知名度的景区数量占62.35%,低知名化率C_1和低知名度的景区数量占15.29%;武汉居民的高知名化率C_1和高知名度的景区数量占28.92%,中知名化率C_1和中知名度的景区数量占56.63%,低知名化率C_1和低知名度的景区数量占14.46%;西安居民的高知名化率C_1和高知名度的景区数量占39.76%,中知名化率C_1和中知名度的景区数量占53.01%,低知名化率C_1和低知名度的景区数量占7.23%;成都居民的高知名化率C_1和高知名度的景区数量占31.52%,中知名化率C_1和中知名度的景区数量占66.30%,低知名化率C_1和低知名度的景区数量占2.17%。由此可以看出,相同客源城市居民对不同目标景区的知名化率C_1存在较大差异,不同客源城市之间也有差异。

第二节 知名化率C_1的距离分布特征

距离衰减是一种普遍现象(Toblet,1970)。为了探讨O-D距离因素对知名化率C_1的影响,本书采用球面距离、交通距离、时间距离和经济距离,分析知名化率C_1的不同类型距离分布特征。这主要基于以下考虑:球面距离是 O-D 最短距离,由客源地、目的地的地理坐标决定。交通距离是从客源地到目的地的交通路线长度,受地形影响,通常大于球面距离。时间距离是从客源地到目的地所需花费的交通时间。经济距离是从客源地到目的地所需花费的交通费用。不同类型距离对知名化率 C_1 的影响可能存在差异,通过对比知名化率 C_1 的不同类型距离分布特征,有助于深入分析距离因素对知名化率 C_1 的影响。

一、按球面距离分布

本书借助 ArcGIS10.2 软件,计算了各个客源城市至每个目标景区的球面距离,按照 O-D 球面距离由近及远的顺序,分别绘制了 4 个客源城市居民对各自目标景区的知名化率 C_1 的球面距离分布图,见图 4-1 的(a1)、(b1)、(c1)、(d1)。此外,考虑到累计知名化率 C_1 可以直观反映出知名化率 C_1 在 O-D 球面距离上的分异规律,因此,本书按照 O-D 球面距离由近及远的顺序,对知名化率 C_1 进行累计计算,并按照累计知名化率 C_1 总和为 100% 进行标准化处理,绘制了累计知名化率 C_1 的球面距离分布图,见图 4-1 的(a2)、(b2)、(c2)、(d2)。

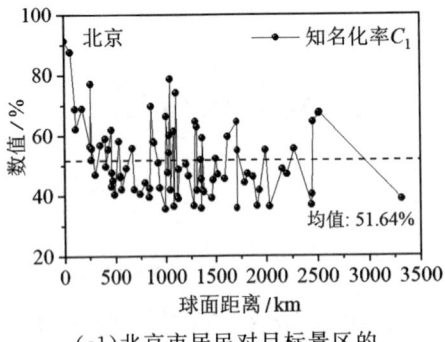

(a1)北京市居民对目标景区的
知名化率 C_1 的球面距离分布

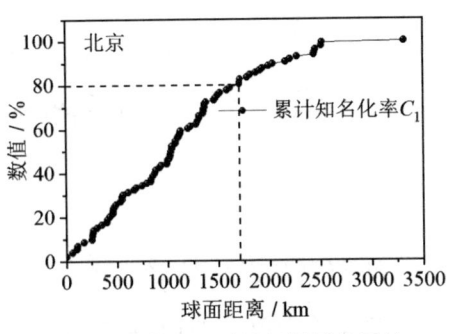

(a2)北京市居民对目标景区的累计
知名化率 C_1 的球面距离分布

(b1) 武汉市居民对目标景区的
知名化率 C_1 的球面距离分布

(b2) 武汉市居民对目标景区的累计
知名化率 C_1 的球面距离分布

(c1) 西安市居民对目标景区的
知名化率 C_1 的球面距离分布

(c2) 西安市居民对目标景区的累计
知名化率 C_1 的球面距离分布

(d1) 成都市居民对目标景区的
知名化率 C_1 的球面距离分布

(d2) 成都市居民对目标景区的累计
知名化率 C_1 的球面距离分布

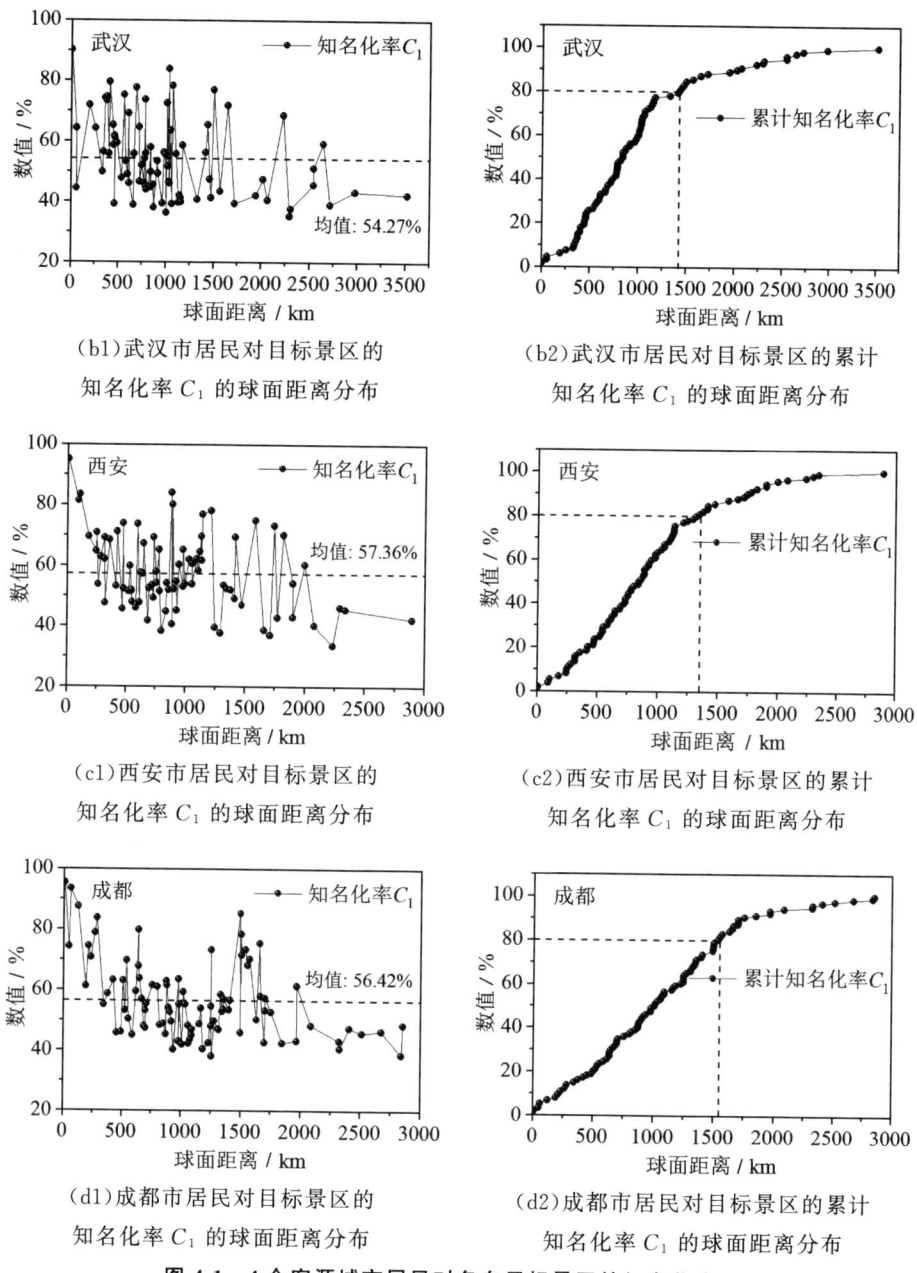

图 4-1　4 个客源城市居民对各自目标景区的知名化率 C_1
和累计知名化率 C_1 的球面距离分布

从图 4-1 的(a1)、(b1)、(c1)、(d1)可以直观地看出,总体上,4 个客源城市居民对不同球面距离景区的知名化率 C_1 均呈现出一定的距离衰减特征。其中,距客源城市球面距离 500km 以内的景区,知名化率 C_1 呈现出较为明显的距离衰减特征,而其他球面距离景区的知名化率 C_1 只呈现出略微波动下降。对比 4 个客源城市可以发现,北京居民对不同球面距离景区的知名化率 C_1 最为平稳,波动最小,其方差为 146.65,武汉、西安、成都居民的景区知名化率 C_1 的方差依次为174.19、162.70、168.13。但是,北京居民的景区知名化率 C_1 的均值最小,为 51.64%;其次是武汉居民的景区知名化率 C_1 的均值,为54.27%;西安和成都居民的景区知名化率 C_1 的均值相对较高,分别为 57.36%、56.42%。

造成这种现象的原因可能是我国的旅游业发展一直呈"东强西弱"的格局,东部地区景区的旅游宣传力度大。西安和成都虽然位于中国西部地区,距东部地区距离较远,但是东部地区景区的旅游宣传信息依然能覆盖到。此外,旅游者的目的地选择除了具有"距离择近"的特点,还具有"经济择富"的特点(孙根年 等,2011)。因此,西安和成都居民除了关注周边近距离景区的信息之外,对东部经济发达地区景区信息的关注度也会较高。相反,北京居民可能更关注的是东部地区景区,而对中西部地区景区的关注或许较少。因此,出现了西安和成都居民的景区知名化率 C_1 均值高于北京居民的景区知名化率 C_1 均值的现象。这也侧面反映出球面距离对知名化率 C_1 的影响相对较小,相关阻碍较容易被克服。

从图 4-1 的 (a2)、(b2)、(c2)、(d2)可以看出,北京居民的80%累计知名化率 C_1 分布在距北京球面距离 1700km 附近,武汉居民的 80%累计知名化率 C_1 分布在距武汉球面距离 1400km 附近,西安居民的 80%

累计知名化率 C_1 分布在距西安球面距离 1300km 附近,成都居民的 80% 累计知名化率 C_1 分布在距成都球面距离 1500km 附近。由此可见,不同城市居民的累计知名化率 C_1 的球面距离分布存在差异,北京居民的 80% 累计知名化率 C_1 分布的球面距离明显远于其他 3 个城市,西安和武汉居民的 80% 累计知名化率 C_1 分布的球面距离相对较近。这与客源城市的地理位置存在一定关系。4 个城市中,北京至大部分目标景区的球面距离较远,而西安和武汉至大部分目标景区的球面距离较近。

为了更加深入地分析球面距离对知名化率 C_1 的影响,本书根据图 4-1 不同球面距离景区知名化率 C_1 的波动情况,按照距客源城市球面距离 <200km、200~500km、501~1000km、1001~1500km、1501~2000km、>2000km 的区间划分,分别计算各球面距离区间内景区的平均知名化率 C_1,结果见表 4-1。

表 4-1 不同球面距离景区的知名化率 C_1 均值对比

单位:%

客源城市	球面距离						全部
	<200 km	200~500 km	501~1000 km	1001~1500 km	1501~2000 km	>2000 km	
北京	75.81	53.36	48.29	50.44	48.15	50.23	51.64
武汉	67.66	62.37	52.76	53.49	49.16	46.38	54.27
西安	82.29	61.18	55.48	58.25	54.87	41.51	57.36
成都	82.32	64.02	55.73	51.39	59.84	44.69	56.42
全部	77.25	59.84	53.68	52.92	54.14	46.40	54.94

注:表中第一列最后一行的"全部"是指 4 个客源城市汇总后计算的均值;表中最后一列第二行的"全部"是指不区分球面距离后计算的均值。下文表格中同样的文字同此含义基本相同,但需要根据每个表格的不同细节进行理解,如表 4-2 中最后一列第二行的"全部"是指不区分交通距离后计算的均值。

从表 4-1 可以看出：(1) 4 个客源城市居民对球面距离小于 200km 的景区知名化率 C_1 均值最高，其中北京为 75.81％、武汉为 67.66％、西安为 82.29％、成都为 82.32％，分别约是各自球面距离 200～500km 景区知名化率 C_1 均值的 1.42 倍、1.08 倍、1.35 倍、1.29 倍，约是各自全部景区知名化率 C_1 均值的 1.47 倍、1.25 倍、1.43 倍、1.46 倍；(2) 4 个客源城市居民对球面距离为 200～500km 的景区知名化率 C_1 均值也较高，其中北京为 53.36％、武汉为 62.37％、西安为 61.18％、成都为 64.02％，分别约是各自球面距离 500～1000km 景区知名化率 C_1 均值的 1.10 倍、1.18 倍、1.10 倍、1.15 倍，约是各自全部景区知名化率 C_1 均值的 1.03 倍、1.15 倍、1.07 倍、1.13 倍；(3) 在距客源城市球面距离大于 500km 的景区中，除了距西安球面距离 1001～1500km 的景区和距成都球面距离 1501～2000km 的景区的知名化率 C_1 均值高于全部景区知名化率 C_1 均值之外，其他球面距离区间的景区知名化率 C_1 均值全部低于全部景区知名化率 C_1 均值；(4) 距客源城市球面距离 501～1000km、1001～1500km、1501～2000km 的景区知名化率 C_1 均值相差不大，接近全部景区知名化率 C_1 均值；(5) 在距客源城市球面距离大于 2000km 的景区中，除了北京的景区知名化率 C_1 均值略低于全部景区知名化率 C_1 均值之外，其他 3 个客源城市的景区知名化率 C_1 均值明显低于全部景区知名化率 C_1 均值，其中武汉低 7.89％、西安低 15.85％、成都低 11.73％。

从上述分析可以看出，客源城市居民对目标景区的知名化率 C_1 存在局部衰减现象，其中 200km、500km、2000km 是较为明显的球面距离衰减分界线。距客源城市球面距离＜200km 的景区知名化率 C_1 均值，明显高于距客源城市球面距离 201～500km 的景区知名化率 C_1 均值；距客源城市球面距离 201～500km 的景区知名化率 C_1 均值，略高于距客源城市球面距离 501～2000km 的景区知名化率 C_1 均值;距客源城市球面距离>2000km 的景区知名化率 C_1 均值,明显低于其他球面距离区间景区的知名化率 C_1 均值。换言之,客源城市居民对景区的知名化率 C_1 在球面距离 500km 以内呈现出较为明显的衰减现象,在球面距离 501～2000km 之间平稳波动,在球面距离超过 2000km 时出现小幅度衰减。

二、按交通距离分布

本书按照 O-D 交通距离由近及远的顺序,分别绘制了 4 个客源城市居民对各自目标景区的知名化率 C_1 的交通距离分布图,见图 4-2 的 (a1)、(b1)、(c1)、(d1)。按照 O-D 交通距离由近及远的顺序,对知名化率 C_1 进行累计计算,并按照累计知名化率 C_1 总和为 100% 进行标准化处理,累计知名化率 C_1 的交通距离分布图见图 4-2 的 (a2)、(b2)、(c2)、(d2)。

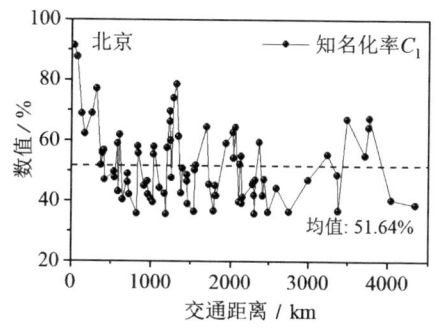

(a1) 北京市居民对目标景区的知名化率 C_1 的交通距离分布

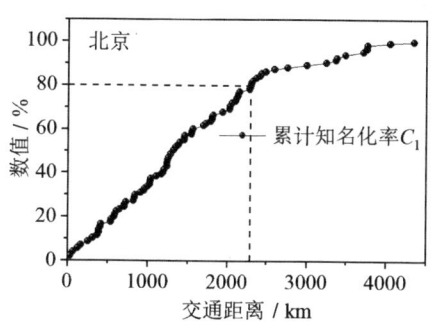

(a2) 北京市居民对目标景区的累计知名化率 C_1 的交通距离分布

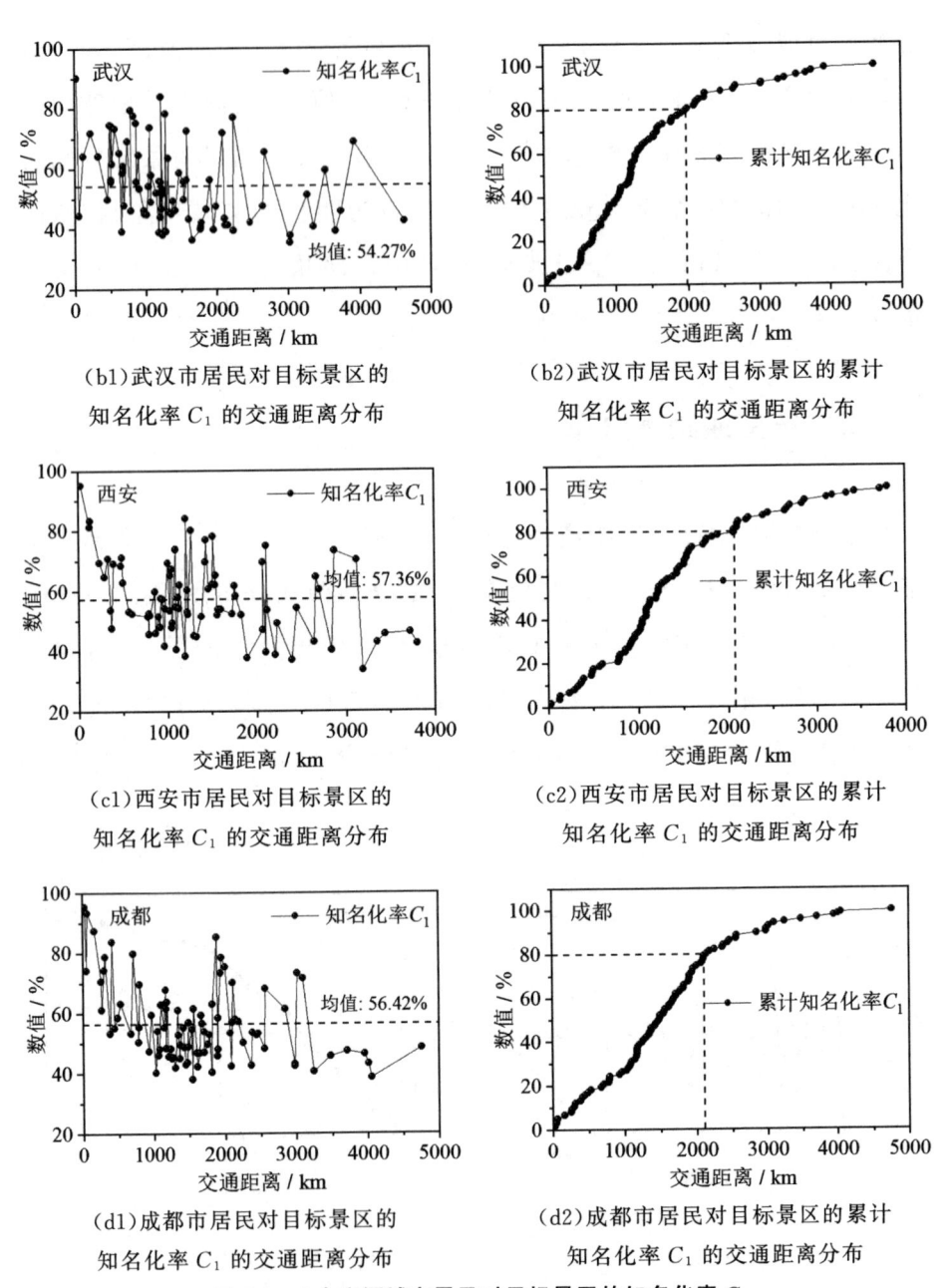

(b1) 武汉市居民对目标景区的
知名化率 C_1 的交通距离分布

(b2) 武汉市居民对目标景区的累计
知名化率 C_1 的交通距离分布

(c1) 西安市居民对目标景区的
知名化率 C_1 的交通距离分布

(c2) 西安市居民对目标景区的累计
知名化率 C_1 的交通距离分布

(d1) 成都市居民对目标景区的
知名化率 C_1 的交通距离分布

(d2) 成都市居民对目标景区的累计
知名化率 C_1 的交通距离分布

图 4-2　4 个客源城市居民对目标景区的知名化率 C_1
和累计知名化率 C_1 的交通距离分布

从图 4-2 的(a1)、(b1)、(c1)、(d1)可以直观地看出,总体上,4 个客源城市居民对不同交通距离景区的知名化率 C_1 均呈现出距离衰减特征,但是衰减并不明显。随着交通距离的增加,景区的知名化率 C_1 总体上围绕均值上下波动,只是略有下降。从图 4-2 的(a2)、(b2)、(c2)、(d2)可以看出,北京居民的 80% 累计知名化率 C_1 分布在距北京交通距离 2300km 附近,武汉居民的 80% 累计知名化率 C_1 分布在距武汉交通距离 2000km 附近,西安居民的 80% 累计知名化率 C_1 分布在距西安交通距离 2100km 附近,成都居民的 80% 累计知名化率 C_1 分布在距成都交通距离 2100km 附近。由此可见,在 4 个客源城市中,北京居民的知名化率 C_1 受交通距离的影响相对较小,80% 累计知名化率 C_1 的交通距离最远;其次是成都和西安;武汉居民的知名化率 C_1 受交通距离的影响相对较大,80% 累计知名化率 C_1 的交通距离最近。尽管不同城市居民的知名化率 C_1 的交通距离分布存在差异,但差异不大。总体上,客源城市居民的 80% 累计知名化率 C_1 分布在距客源城市交通距离 2000~2300km。

为了更加深入地分析交通距离对知名化率 C_1 的影响,本书根据图 4-2 不同交通距离景区知名化率 C_1 的波动情况,按照距客源城市交通距离 <200km、200~500km、501~1000km、1001~1500km、1501~2000km、2001~3000km、>3000km 的区间划分,分别计算各交通距离区间内景区的知名化率 C_1 均值,结果见表 4-2。

表 4-2 不同交通距离景区的知名化率 C_1 均值对比

单位:%

客源城市	交通距离							全部
	<200 km	200~500 km	501~1000 km	1001~1500 km	1501~2000 km	2001~3000 km	>3000 km	
北京	77.50	59.17	47.68	53.57	47.29	46.86	52.68	51.64
武汉	66.28	65.11	60.25	52.69	48.19	52.11	46.60	54.27

续表

客源城市	交通距离							全部
	<200 km	200~500 km	501~1000 km	1001~1500 km	1501~2000 km	2001~3000 km	>3000 km	
西安	86.58	64.21	51.64	59.45	57.45	53.14	46.73	57.36
成都	87.59	66.99	59.82	51.59	56.06	53.33	50.47	56.42
全部	79.93	63.87	54.74	54.36	52.96	51.13	48.63	54.94

从表 4-2 可以看出：(1)4 个客源城市居民对交通距离小于 200km 的景区知名化率 C_1 均值最高，其中北京为 77.50%、武汉为 66.28%、西安为 86.58%、成都为 87.59%，分别约是各自交通距离 200~500km 景区知名化率 C_1 均值的 1.31 倍、1.02 倍、1.35 倍、1.31 倍，约是各自全部景区知名化率 C_1 均值的 1.50 倍、1.22 倍、1.51 倍、1.55 倍；(2)距客源城市交通距离 201~500km 的景区知名化率 C_1 均值也较高，其中北京为 59.17%、武汉为 65.11%、西安为 64.21%、成都为 66.99%，分别约是交通距离 501~1000km 景区知名化率 C_1 均值的 1.24 倍、1.08 倍、1.24 倍、1.12 倍，约是各自全部景区知名化率 C_1 均值的 1.15 倍、1.20 倍、1.12 倍、1.19 倍；(3)在距客源城市交通距离大于 500km 的景区中，除了距北京交通距离 1001~1500km、>3000km 的景区，距武汉交通距离 501~1000km，距西安交通距离 1001~1500km、1501~2000km，距成都交通距离 501~1000km 的景区知名化率 C_1 均值高于全部景区知名化率 C_1 均值之外，其他距离区间的景区知名化率 C_1 均值全都低于全部景区知名化率 C_1 均值；(4)除北京外，其他 3 个城市居民对交通距离 >3000km 的景区知名化率 C_1 均值均最低。

从上述分析可以看出，客源城市居民对景区的知名化率 C_1 随着 O-D 交通距离的增加，呈现出局部衰减特征。客源城市居民对交通距离 <500km 景区的知名化率 C_1 明显高于交通距离 >500km 景区的知

名化率 C_1。当交通距离<500km 时，景区知名化率 C_1 呈现出较为明显的距离衰减；当交通距离>500km 时，景区知名化率 C_1 围绕均值上下波动。可见，O-D 交通距离对知名化率 C_1 的影响是有限的。

三、按时间距离分布

本书按照 O-D 时间距离由近及远的顺序，分别绘制了 4 个客源城市对各自目标景区知名化率 C_1 的时间距离分布图，见图 4-3 的(a1)、(b1)、(c1)、(d1)。按照 O-D 时间距离由近及远的顺序，对知名化率 C_1 进行累计计算，并按照累计知名化率 C_1 总和为 100% 进行标准化处理，累计知名化率 C_1 的时间距离分布图见图 4-3 的(a2)、(b2)、(c2)、(d2)。

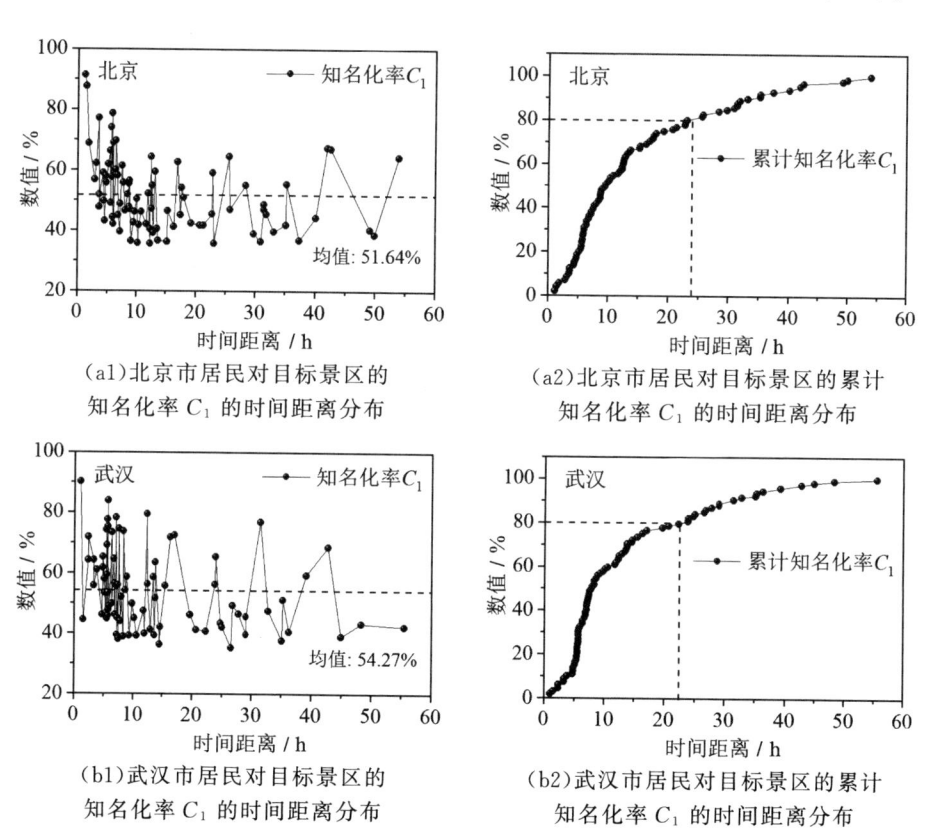

(a1)北京市居民对目标景区的知名化率 C_1 的时间距离分布

(a2)北京市居民对目标景区的累计知名化率 C_1 的时间距离分布

(b1)武汉市居民对目标景区的知名化率 C_1 的时间距离分布

(b2)武汉市居民对目标景区的累计知名化率 C_1 的时间距离分布

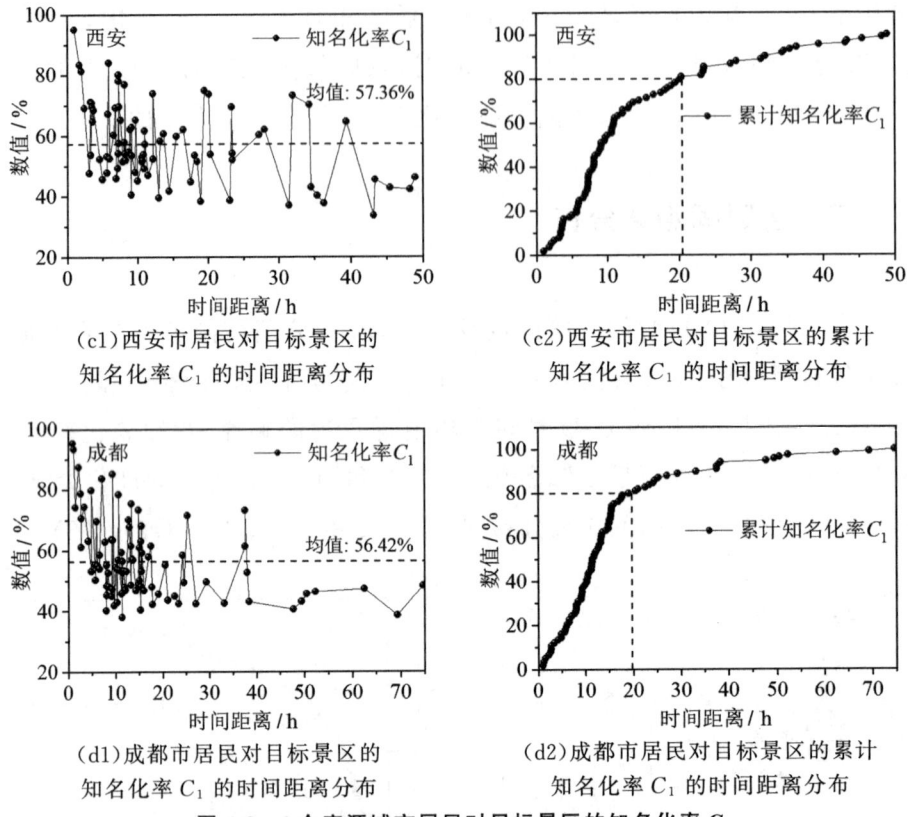

(c1) 西安市居民对目标景区的
知名化率 C_1 的时间距离分布

(c2) 西安市居民对目标景区的累计
知名化率 C_1 的时间距离分布

(d1) 成都市居民对目标景区的
知名化率 C_1 的时间距离分布

(d2) 成都市居民对目标景区的累计
知名化率 C_1 的时间距离分布

图 4-3　4 个客源城市居民对目标景区的知名化率 C_1
和累计知名化率 C_1 的时间距离分布

从图 4-3 的 (a1)、(b1)、(c1)、(d1) 可以直观地看出,总体上,4 个客源城市居民对不同时间距离景区的知名化率 C_1 均呈现出一定的距离衰减特征。随着 O-D 时间距离的增加,景区知名化率 C_1 总体上呈波动下降。从图 4-3 的 (a2)、(b2)、(c2)、(d2) 可以看出,北京居民的 80% 累计知名化率 C_1 分布在距北京时间距离 24h 附近,武汉居民的 80% 累计知名化率 C_1 分布在距武汉时间距离 23h 附近,西安居民的 80% 累计知名化率 C_1 分布在距西安时间距离略超过 20h,成都居民的 80% 累计知名化率 C_1 分布在距成都时间距离接近 20h。总体上,从 80% 累

计知名化率 C_1 所分布的时间距离来看,北京＞武汉＞西安＞成都。这反映出北京居民的知名化率 C_1 受时间距离的影响相对较小,其次是武汉和西安居民,成都居民的知名化率 C_1 受时间距离的影响相对较大。尽管不同客源城市居民对目标景区的知名化率 C_1 的时间距离分布有差异,但差异不大。总体上,客源城市居民的 80% 知名化率 C_1 分布在距客源城市时间距离 20～24h 之间。

为了更加深入地分析 O-D 时间距离对知名化率 C_1 的影响,本书根据图 4-3 不同时间距离景区知名化率 C_1 的波动情况,按照距客源城市时间距离 <2h、2～5h、6～10h、11～15h、16～20h、21～30h、>30h 的区间划分,分别计算各时间距离区间内景区的知名化率 C_1 均值,结果见表 4-3。

表 4-3 不同时间距离的景区知名化率 C_1 均值对比

单位:%

时间距离	<2h	2～5h	6～10h	11～15h	16～20h	21～30h	>30h	全部
北京	82.60	56.12	54.26	45.76	47.44	47.72	48.13	51.64
武汉	67.32	61.26	56.61	49.23	61.60	45.94	50.62	54.27
西安	89.19	64.88	59.04	53.12	54.95	58.03	47.97	57.36
成都	87.64	71.11	56.32	55.67	53.22	50.87	48.53	56.42
全部	82.38	63.03	56.65	51.75	53.20	50.19	48.71	54.94

从表 4-3 可以看出:(1)4 个客源城市居民对时间距离小于 2h 的景区知名化率 C_1 均值最高,其中北京为 82.60%、武汉为 67.32%、西安为 89.19%、成都为 87.64%,分别约是时间距离 2～5h 景区知名化率 C_1 均值的 1.47 倍、1.10 倍、1.37 倍、1.23 倍,约是各自全部景区知名化率 C_1 均值的 1.60 倍、1.24 倍、1.55 倍、1.55 倍;(2)距客源城市时间距离 2～5h 的景区知名化率 C_1 也较高,其中北京为 56.12%、武汉为 61.26%、西安为 64.88%、成都为 71.11%,分别约是时间距离 6～10h 景区知名

化率 C_1 均值的 1.03 倍、1.08 倍、1.10 倍、1.26 倍,约是各自全部景区知名化率 C_1 均值的 1.09 倍、1.13 倍、1.13 倍、1.26 倍;(3)在距客源城市时间距离 6~10h 的景区中,除成都外,其他 3 个城市居民的知名化率 C_1 均值都高于各自全部景区知名化率 C_1 均值;(4)在距客源城市时间距离大于 10h 的景区中,除了距武汉时间距离 16~20h 的景区、距西安时间距离 20~30h 的景区的知名化率 C_1 均值高于全部景区知名化率 C_1 均值之外,其他时间距离区间的景区知名化率 C_1 均值都低于全部景区的知名化率 C_1 均值。

总体上看,客源城市居民对时间距离<10h 的景区知名化率 C_1 较高,并且呈现出较为明显的时间距离衰减特征。时间距离<2h 的景区知名化率 C_1 均值明显高于时间距离 2~5h 的景区知名化率 C_1 均值,时间距离 2~5h 的景区知名化率 C_1 均值略高于 6~10h 的景区知名化率 C_1 均值。当时间距离>10h 时,景区知名化率 C_1 大都较低,各时间距离区间的景区知名化率 C_1 均值大都低于全部景区知名化率 C_1 均值,呈上下波动分布。

四、按经济距离分布

本书按照 O-D 经济距离由近及远的顺序,分别绘制了 4 个客源城市对各自目标景区的知名化率 C_1 的经济距离分布图,见图 4-4 的 (a1)、(b1)、(c1)、(d1)。按照 O-D 经济距离由近及远的顺序,对知名化率 C_1 进行累计计算,并按照累计知名化率 C_1 总和为 100% 进行标准化处理,绘制了累计知名化率 C_1 的经济距离分布图,见图 4-4 的 (a2)、(b2)、(c2)、(d2)。

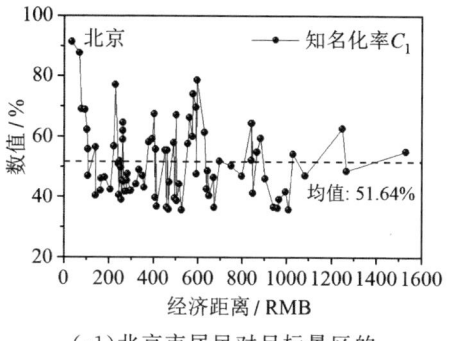

(a1)北京市居民对目标景区的知名化率 C_1 的经济距离分布

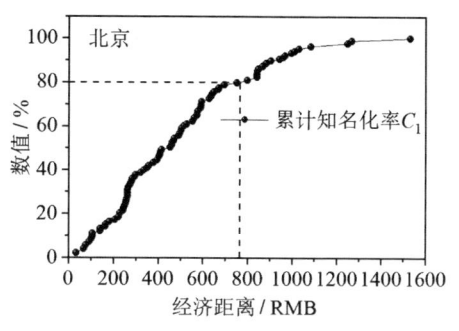

(a2)北京市居民对目标景区的累计知名化率 C_1 的经济距离分布

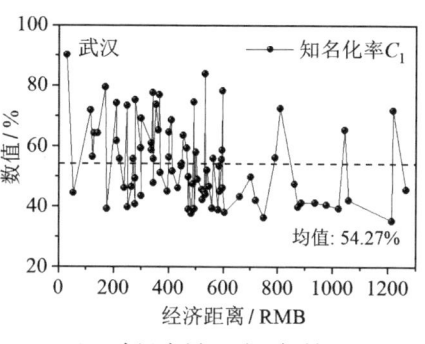

(b1)武汉市居民对目标景区的知名化率 C_1 的经济距离分布

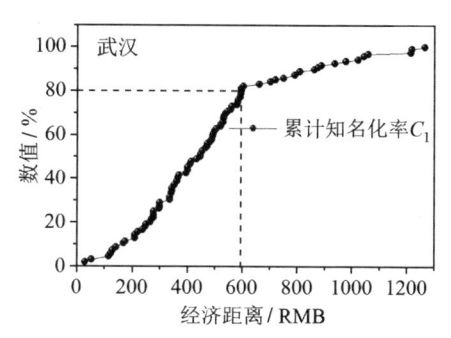

(b2)武汉市居民对目标景区的累计知名化率 C_1 的经济距离分布

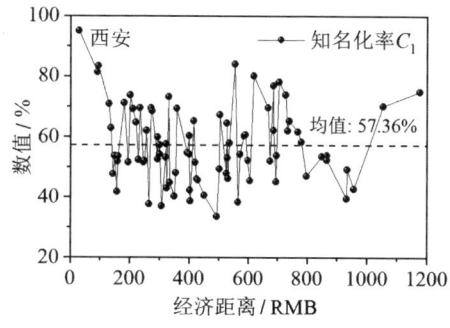

(c1)西安市居民对目标景区的知名化率 C_1 的经济距离分布

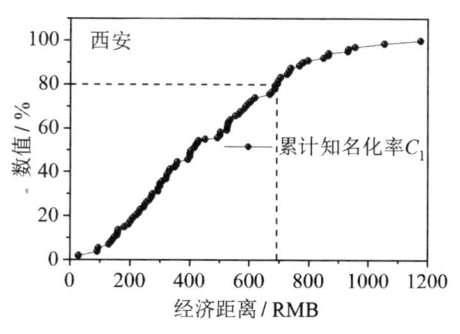

(c2)西安市居民对目标景区的累计知名化率 C_1 的经济距离分布

(d1) 成都市居民对目标景区的
知名化率 C_1 的经济距离分布

(d2) 成都市居民对目标景区的累计
知名化率 C_1 的经济距离分布

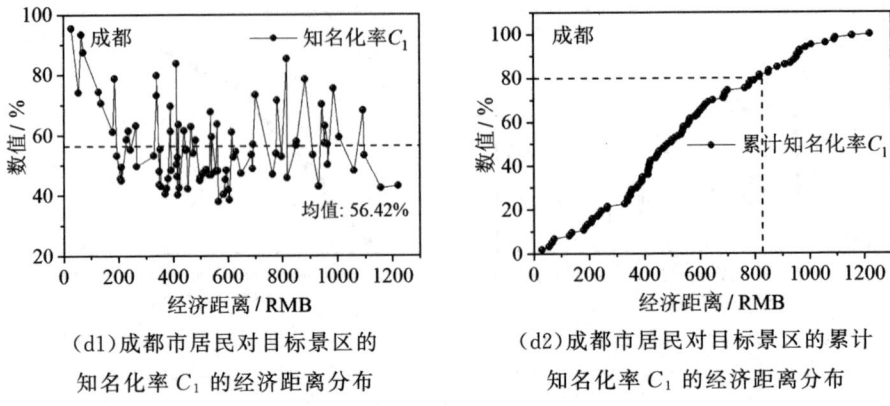

图 4-4 4 个客源城市居民对各自目标景区的知名化率 C_1
和累计知名化率 C_1 的经济距离分布

从图 4-4 的(a1)、(b1)、(c1)、(d1)可以直观地看出，总体上，4 个客源城市居民对不同经济距离景区的知名化率 C_1 均呈现出一定的距离衰减特征，但是衰减并不明显，随着经济距离的增加，景区的知名化率 C_1 围绕均值上下波动，只是略有下降。从图 4-4 的(a2)、(b2)、(c2)、(d2)可以看出，北京居民的 80% 累计知名化率 C_1 分布在距北京经济距离接近 800RMB，武汉居民的 80% 累计知名化率 C_1 分布在距武汉经济距离 600RMB 附近，西安居民的 80% 累计知名化率 C_1 分布在距西安经济距离略接近 700RMB，成都居民的 80% 累计知名化率 C_1 分布在距成都经济距离略超过 800RMB。总体上，各客源城市居民的 80% 累计知名化率 C_1 分布在距客源城市经济距离 600~800RMB 之间。

为了更加深入地分析经济距离对知名化率 C_1 的影响，本书根据图 4-4 不同经济距离景区知名化率 C_1 的波动情况，按照距客源城市经济距离＜200RMB、200~400RMB、401~600RMB、601~800RMB、801~1000RMB、＞1000RMB 的区间划分，分别计算各经济距离区间内景区知名化率 C_1 的均值，结果见表 4-4。

表 4-4　不同经济距离景区的知名化率 C_1 均值对比

单位：%

客源城市	经济距离						全部
	<200 RMB	200~400 RMB	401~600 RMB	601~800 RMB	801~1000 RMB	>1000 RMB	
北京	59.46	49.82	52.95	47.19	48.79	50.62	51.64
武汉	63.75	58.37	52.70	44.29	47.14	49.94	54.27
西安	63.70	56.73	52.44	62.09	48.53	72.52	57.36
成都	76.53	53.93	52.02	53.84	61.03	52.33	56.42
全部	65.29	54.77	52.51	53.99	52.89	53.12	54.94

从表 4-4 可以看出，4 个客源城市居民对经济距离小于 200RMB 的景区知名化率 C_1 均值最高，其中北京为 59.46%、武汉为 63.75%、西安为 63.70%、成都为 76.53%，分别约是经济距离 200~400RMB 景区知名化率 C_1 均值的 1.19 倍、1.09 倍、1.12 倍、1.42 倍，约是各自全部景区知名化率 C_1 均值的 1.15 倍、1.17 倍、1.11 倍、1.36 倍。距客源城市经济距离超过 200RMB 的景区知名化率 C_1 均值围绕全部景区知名化率 C_1 均值上下波动，没有呈现出明显的衰减特征。这反映出 O-D 经济距离对景区知名化率 C_1 的影响较弱，即与经济距离有关的阻碍易被克服。

第三节　知名化率 C_1 的空间分布特征

掌握知名化率 C_1 的空间分布特征，对开展旅游市场营销工作具有重要的实践指导价值。4 个客源城市居民的高知名化率 C_1 的景区均主要分布在以客源城市为中心的一定距离范围以内的区域，以及东部沿海地区的一些热门旅游城市和西藏拉萨等,而东北地区和新疆地区景区在4个客源城市中的知名化率C_1均较低。

对比4个客源城市居民的知名化率C_1的空间分布可以发现:西安居民的高知名化率C_1的景区数量最多、分布最广,除了对东北、新疆、贵州、广西等地区部分景区的知名化率C_1较低之外,对其他景区的知名化率C_1大都高于50%,其中知名化率C_1超过60%的景区主要分布在陕西及周边省份、东部沿海地区和西藏拉萨、云南西双版纳等地。成都居民的高知名化率C_1的景区主要分布在西南地区和东部沿海地区。与西安和成都相比,武汉居民知名化率C_1低于50%的景区数量明显较多,分布也更广,覆盖了东北和西北地区,高知名化率C_1的景区主要分布在湖北、湖南、东南地区,环渤海地区,以及西藏拉萨、云南西双版纳等地。在4个客源城市中,北京居民的高知名化率C_1的景区数量最少,分布最为集中,主要分布在环渤海地区、长三角地区,以及西藏拉萨、陕西西安等地,而大部分景区的知名化率C_1低于50%。

为了能更加深入地分析知名化率C_1的空间分布差异,本书对比分析了位于东部、中部、西部地区景区的知名化率C_1,以及位于直辖市、副省级市、省会城市、地级市景区的知名化率C_1,对比结果如下。

一、不同地区景区的知名化率C_1对比

按照东部(北京、天津、河北、辽宁、上海、江苏、浙江、福建、山东、广东和海南)、中部(山西、吉林、黑龙江、安徽、江西、河南、湖北、湖南)、西部(四川、重庆、贵州、云南、西藏、陕西、甘肃、青海、宁夏、新疆、广西、内蒙古)的划分标准,对4个客源城市居民的目标景区按地区分类,并计算出各个地区景区的知名化率C_1均值,结果见表4-5。

表 4-5　不同地区景区的知名化率 C_1 均值对比

单位:%

客源城市	东部地区景区	中部地区景区	西部地区景区
北京	61.32(58.64)	49.20	47.32
武汉	59.18	56.54(55.19)	49.76
西安	60.60	54.26	57.69(56.68)
成都	58.80	49.61	59.24(57.64)
全部	60.01(59.30)	52.45(52.07)	53.84(53.05)

注:括号内为不统计客源城市景区的知名化率 C_1。

从表 4-5 可以看出,4 个客源城市居民对东、中、西部地区景区的知名化率 C_1 均值存在差异。

北京居民对东部地区景区的知名化率 C_1 均值最高。若统计北京景区,则北京居民对东部地区景区的知名化率 C_1 均值分别比对中部、西部地区景区的知名化率 C_1 均值高 12.12%、14.00%;若不统计北京景区,则北京居民对东部地区景区的知名化率 C_1 均值分别比对中部、西部地区景区的知名化率 C_1 均值高 9.44%、11.32%。北京居民对中部地区景区的知名化率 C_1 均值比对西部地区景区的知名化率 C_1 均值略高,二者相差不到 2%。

武汉虽然位于中部地区,但是武汉居民对东部地区景区的知名化率 C_1 均值最高,略高于对中部地区景区的知名化率 C_1 均值,比对西部地区景区的知名化率 C_1 均值高了近 10%。就中部景区和西部景区而言,武汉居民对中部地区景区的知名化率 C_1 均值比对西部地区景区的知名化率 C_1 均值高 5% 以上。

西安虽然位于西部地区,但是西安居民对东部地区景区的知名化率 C_1 均值同样是最高的,略高于对西部地区景区的知名化率 C_1 均值,二者相差 2.91%(3.92%);武汉居民对西部地区景区的知名化率 C_1 也略高于对中部地区景区的知名化率 C_1 均值,二者相差 3.43%(2.42%)。

成都的地理位置比西安更靠西,成都居民对西部地区景区的知名化率 C_1 均值与对东部地区景区的知名化率 C_1 均值相差不大。若统计成都景区,则成都居民对西部地区景区的知名化率 C_1 均值比对东部地区景区的知名化率 C_1 均值高 0.44%;若不统计成都景区,则成都居民对东部地区景区的知名化率 C_1 均值比对西部地区景区的知名化率 C_1 均值高 1.16%。成都居民对中部地区景区的知名化率 C_1 均值相对较低,比对西部和东部地区景区的知名化率 C_1 均值都低了近 10%。

基于上述分析可知,客源城市居民除了对自己所在地区的景区知名化率 C_1 较高之外,通常对东部地区景区的知名化率 C_1 也较高。

二、不同行政等级城市的景区知名化率 C_1 对比

按照直辖市(北京、上海、天津、重庆)、副省级城市(广州、武汉、哈尔滨、沈阳、成都、南京、西安、长春、济南、杭州、大连、青岛、深圳、厦门、宁波)、省会城市、地级市的划分标准,对目标景区进行按城市行政等级分类统计,并分别计算出 4 个客源城市居民对不同行政等级城市景区的知名化率 C_1 均值,结果见表 4-6。

表 4-6　不同行政等级城市景区的知名化率 C_1 均值对比

单位:%

客源城市	直辖市	副省级城市	省会城市	地级市
北京	67.80(56.96)	54.66	52.40	49.60
武汉	64.79	57.00(53.99)	55.14(52.95)	53.06
西安	67.22	57.64(54.52)	56.81(54.55)	56.97

续表

客源城市	直辖市	副省级城市	省会城市	地级市
成都	69.09	61.76(56.33)	59.12(55.21)	54.27
全部	67.41(65.31)	57.74(54.88)	55.92(53.77)	53.49

注：括号内为不统计客源城市景区的知名化率 C_1。

从表 4-6 可以看出，4 个客源城市居民对不同行政等级城市景区的知名化率 C_1 均值存在差异，呈现出随行政等级降低而递减的特征。总体上，直辖市景区的知名化率 C_1 均值最高，超过了 60%，明显高于其他行政等级城市景区的知名化率 C_1 均值；其次是副省级城市景区，其知名化率 C_1 均值略高于省会城市和地级市景区的知名化率 C_1 均值，与省会城市景区相差不超过 3%，与地级市景区相差不超过 8%；省会城市景区的知名化率 C_1 均值与地级市景区的知名化率 C_1 均值相差不大，除了西安城市居民对地级市景区的知名化率 C_1 均值略高于省会城市景区的知名化率 C_1 均值之外，其他 3 个客源城市居民对省会城市景区的知名化率 C_1 均值略高于对地级市景区的知名化率 C_1 均值。

从上述分析可以看出，景区所在城市的行政等级会对景区知名化率 C_1 造成影响，位于直辖市的景区知名化率 C_1 均值明显高于其他行政等级城市；位于副省级城市、省会城市和地级市景区的知名化率 C_1 均值依次降低，但总体相差不大。这可能与本书选择的目标景区为高级别景区有关，高级别景区大都久负盛名，彼此间的知名度相差不大。

第四节 不同客源市场的知名化率 C_1 差异特征

一、对应分析

为了分析不同客源市场对相同目标景区的知名化率 C_1 的差异,本书以 4 个客源城市共同的 70 家景区为例(见表 1-1),分别统计这 70 家景区在 4 个客源城市居民中的知名化率 C_1,并将数据导入 SPSS19.0 软件,使用菜单分析中的分析—降维—对应分析命令,以客源城市为行变量,以景区为列变量,依据知名化率 C_1 进行对应分析,对应分析结果见表 4-7,并绘制了 4 个客源城市与 70 家景区的散点图,见图 4-5。

表 4-7 依据知名化率 C_1 的对应分析结果

维数	奇异值	惯量	惯量比例		标准差
			解释	累积	
1	0.065	0.004	0.394	0.394	0.003
2	0.060	0.004	0.335	0.729	0.003
3	0.054	0.003	0.271	1.000	—
总计	—	0.011	1.000	1.000	—

从表 4-7 知名化率 C_1 的对应分析结果看,维度 1(横轴)约占 39.4%,维度 2(纵轴)约占 33.5%,两个维度累积携带了 72.9% 的原始信息,说明这两个维度能较好地解释两个变量之间的对应关系。

从图 4-5 可以看出,4 个客源城市在两个维度上具有一定区分度,70 家景区与对应的客源城市形成集聚分布。这反映出不同客源城市居民对相同景区的知名化率 C_1 存在差异。在 4 个客源城市中,西安位

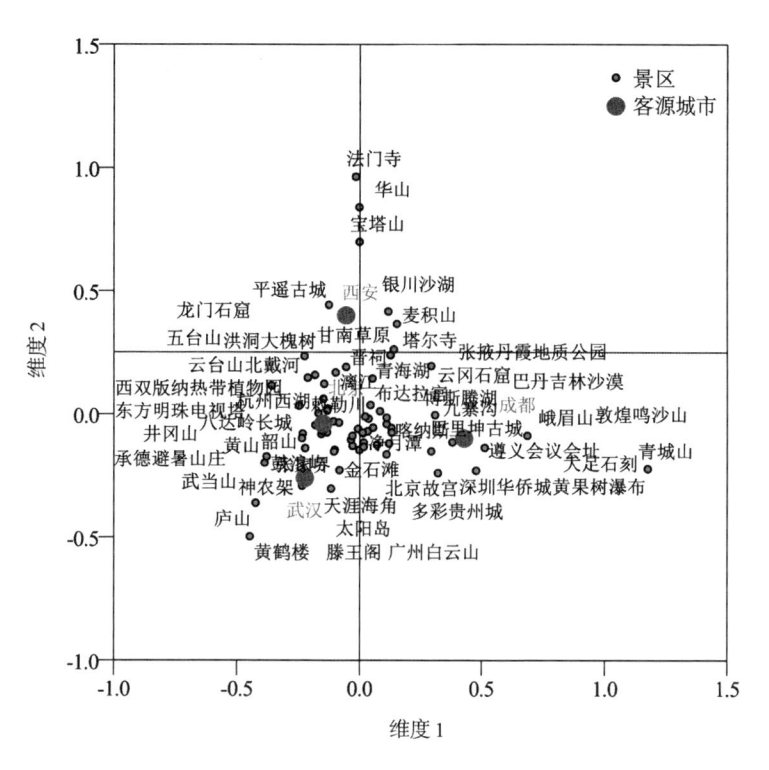

图 4-5 依据知名化率 C_1 的景区与客源城市的对应分析

于第二象限，北京和武汉位于第三象限，成都位于第四象限，说明北京和武汉居民对相同景区的知名化率 C_1 更为一致，即较多的景区在北京居民中的知名化率 C_1 与在武汉居民中的知名化率 C_1 相差不大。此外，北京居中间位置，说明北京居民对于不少景区的知名化率 C_1 与其他 3 个客源城市居民对这些景区的知名化率 C_1 接近。从客源城市与景区的距离可以看出，有不少景区在某一客源城市居民中的知名化率 C_1 明显高于在其他客源城市居民中的知名化率 C_1。例如：法门寺、华山、宝塔山、平遥古城、银川沙湖、麦积山、甘南草原等景区在西安居民中的知名化率 C_1 明显高于在其他 3 个客源城市居民中的知名化率 C_1；黄鹤楼、庐山、神农架、武当山、滕王阁等景区在武汉居民中的知名

化率 C_1 明显高于在其他 3 个客源城市居民中的知名化率 C_1；青城山、大足石刻、黄果树瀑布、峨眉山、遵义会议遗址等景区在成都居民中的知名化率 C_1 明显高于在其他 3 个客源城市居民中的知名化率 C_1。另外还可以发现，西部地区景区大都位于西安和成都周围，东部地区景区大都位于北京和武汉周围。由此可见，对某个景区而言，不同客源城市居民对其的知名化率 C_1 存在差异。

二、位序分析

为了便于进一步观察对比，本书对 4 个客源城市共有的 70 家景区进行了位序排名。

一方面，按照知名化率 C_1 由高到低的顺序，获取了这 70 家景区分别在 4 个客源城市中的位序，知名化率 C_1 排名前 10 位的景区见表 4-8。

表 4-8　知名化率 C_1 排名前 10 位的景区

位序	客源城市			
	北京	武汉	西安	成都
1	北京故宫	黄鹤楼	北京故宫	青城山
2	八达岭长城	北京故宫	华山	峨眉山
3	东方明珠电视塔	张家界	法门寺	北京故宫
4	北戴河	八达岭长城	八达岭长城	九寨沟
5	杭州西湖	东方明珠电视塔	东方明珠电视塔	八达岭长城
6	承德避暑山庄	天涯海角	杭州西湖	东方明珠电视塔
7	布达拉宫	杭州西湖	西双版纳热带植物园	杭州西湖
8	天涯海角	神农架	九寨沟	布达拉宫
9	苏州园林	武当山	张家界	天涯海角
10	张家界	鼓浪屿	布达拉宫	苏州园林

从表 4-8 可以看出,在 4 个客源城市居民中知名化率 C_1 排名前 10 位的景区既有相同点也有差异点。其中:北京故宫、八达岭长城、东方明珠电视塔、杭州西湖在 4 个客源城市居民中的知名化率 C_1 均排在前 10 位,是名副其实的高知名化率 C_1 景区,值得一提的是这 4 家景区全部位于中、东部地区。布达拉宫、天涯海角、张家界在其中 3 个客源城市居民中的知名化率 C_1 位于前 10 位。苏州园林、九寨沟在其中 2 个客源城市居民中的知名化率 C_1 位于前 10 位。其余景区只在其中某一个客源城市居民中的知名化率 C_1 位于前 10 位,例如,北戴河、承德避暑山庄的知名化率 C_1 只在北京居民中排前 10 位,黄鹤楼、神农架、武当山、鼓浪屿的知名化率 C_1 只在武汉居民中排前 10 位,华山、法门寺、西双版纳植物园的知名化率 C_1 只在西安居民中排前 10 位,青城山、峨眉山的知名化率 C_1 只在成都居民中排前 10 位。由此可见,上述景区在不同客源城市居民中的知名化率 C_1 排名位序有较大差异,反映出不同客源城市居民对相同景区的知名化率 C_1 存在差异,相同客源城市居民对不同景区的知名化率 C_1 也有差异。

另一方面,基于景区在 4 个客源城市中的知名化率 C_1 的位序,计算出位序的平均值,并以位序平均值的排序作为景区知名化率 C_1 的综合位序,结果见表 4-9。

表 4-9　景区知名化率 C_1 的综合位序

位序	景区	位序	景区	位序	景区
1	北京故宫	26	青城山	51	北极村
2	八达岭长城	27	华山	52	晋祠
3	东方明珠电视塔	28	武夷山	53	云台山
4	杭州西湖	29	泰山	54	太阳岛
5	张家界	30	蓬莱阁	55	塔尔寺

续表

位序	景区	位序	景区	位序	景区
6	天涯海角	31	遵义会议会址	56	多彩贵州城
7	九寨沟	32	黄果树瀑布	57	喀纳斯
8	布达拉宫	33	庐山	58	麦积山
9	苏州园林	34	法门寺	59	甘南草原
10	鼓浪屿	35	崂山	60	喀什噶尔老城
11	黄鹤楼	36	滕王阁	61	金石滩
12	西双版纳热带植物园	37	广州白云山	62	巴丹吉林沙漠
13	峨眉山	38	五台山	63	中俄边境旅游区
14	黄山	39	普陀山	64	洪洞大槐树
15	普达措国家公园	40	宝塔山	65	敕勒川
16	承德避暑山庄	41	井冈山	66	博斯腾湖
17	神农架	42	敦煌鸣沙山	67	净月潭
18	北戴河	43	云冈石窟	68	青秀山
19	青海湖	44	张掖丹霞地质公园	69	巴里坤古城
20	漓江	45	深圳华侨城	70	汤旺河
21	平遥古城	46	银川沙湖		
22	龙门石窟	47	韶山		
23	天山天池	48	沈阳故宫		
24	中山陵	49	曲阜三孔		
25	武当山	50	大足石刻		

从表 4-9 可以看出，在 4 个客源城市共有的 70 家目标景区中，知名化率 C_1 综合位序排名前 3 名的景区依次为北京故宫、八达岭长城、东方明珠电视塔，说明知晓这 3 家景区的客源城市(本书提及的北京、武汉、西安、成都)居民是最多的，即这 3 家景区的市场知名度最高。

从景区知名化率 C_1 综合位序排名情况来看，景区的地理位置对其有一定影响。在知名化率C_1综合位序排名前10的景区中,东部地区景区有6个,西部地区景区有3个,中部地区景区仅有1个。在知名化率C_1综合位序排名最后10位的景区中,西部地区景区有6个,东部地区景区有3个,东部地区景区仅有1个。此外,经统计,在知名化率C_1综合位序排名前35名(含35名)的景区中,有13家景区位于东部地区、8家景区位于中部地区、14家景区位于西部地区,分别占东部、中部、西部地区景区总数的68.42%、40.00%、45.16%。由此可见,东部地区景区的知名化率C_1综合位序排名明显高于中部和西部地区景区的知名化率C_1综合位序排名。与中部地区景区相比,西部地区景区知名化率C_1综合位序排名靠前(前10名)和靠后(末尾10名)的景区比例均高于中部地区景区,而中部地区景区知名化率C_1综合位序排名居中(20~50名)的比例高于西部地区景区。中部地区知名化率C_1综合位序排名靠后的景区主要位于黑龙江和吉林等省份,如北极村景区排第51名、太阳岛景区排第54名、净月潭景区排第67名、汤旺河景区排第70名。总体而言,除了少数景区(布达拉宫、天涯海角、西双版纳热带植物园等)之外,边远地区景区的知名化率C_1综合位序排名大都靠后。

第五节 本章小结

静默市场到知名市场的转化是旅游市场转化的第一个阶段。知名化率C_1是衡量静默市场到知名市场转化程度的指标。本章围绕知名化率C_1开展了相关研究,基于北京、武汉、西安和成都4个案例客源城市的问卷调查数据,计算了客源城市对目标景区的知名化率C_1,提出

了知名化率 C_1 的等级划分标准,分析了知名化率 C_1 的距离分布特征和空间分布特征,以及不同客源市场的知名化率 C_1 的差异。主要结论如下:

(1)知名化率 C_1 的大小决定知名度的高低,二者为相等关系。4个客源城市对目标景区的知名化率 C_1 总均值为 54.94%,其中北京为 51.64%、武汉为 54.27%、西安为 57.36%、成都为 56.42%。不同客源城市对目标景区的知名化率 C_1 均值差异不大。根据知名化率 C_1 的数值分布情况,可以将知名化率 C_1 的等级标准划分为高(>60%)、中(40%~60%)、低(<40%)。

(2)知名化率 C_1 受 O-D 距离的影响较小,尽管呈现出一定的距离衰减特征,但衰减不明显。除了近距离景区的知名化率 C_1 均值明显较高之外,其他距离区间景区的知名化率 C_1 均值相差不大。案例研究表明,O-D 球面距离处在<200km、200~500km、501~1000km、1001~1500km、1501~2000km、>2000km 这些区间时,知名化率 C_1 均值依次为 77.25%、59.84%、53.68%、52.92%、54.14%、46.40%;O-D 交通距离处在<200km、200~500km、501~1000km、1001~1500km、1501~2000km、2001~3000km、>3000km 这些区间时,知名化率 C_1 均值依次为 79.93%、63.87%、54.74%、54.36%、52.96%、51.13%、48.63%;O-D 时间距离处在<2h、2~5h、6~10h、11~15h、16~20h、21~30h、>30h 这些区间时,知名化率 C_1 均值依次为 82.38%、63.03%、56.65%、51.75%、53.20%、50.19%、48.71%;O-D 经济距离处在<200RMB、200~400RMB、401~600RMB、601~800RMB、801~1000RMB、>1000RMB 这些区间时,知名化率 C_1 均值依次为 65.29%、54.77%、52.51%、53.99%、52.89%、53.12%。

(3)知名化率 C_1 受旅游目的地区位及行政等级的影响。从不同地区景区来看,案例客源城市对东部、中部、西部地区景区的知名化率 C_1 均值依次为 60.01%、52.45%、53.84%,东部地区景区的知名化率 C_1 均值明显高于中部和西部地区景区,中部和西部地区景区的知名化率 C_1 均值相差不大。从不同行政等级城市景区来看,案例客源城市对直辖市、副省级城市、省会城市、地级市景区的知名化率 C_1 均值依次为 67.41%、57.74%、55.92%、53.49%,呈现出随着行政等级降低而递减的特征,直辖市景区的知名化率 C_1 均值明显高于其他行政等级城市的景区知名化率 C_1 均值,副省级城市、省会城市、地级市景区的知名化率 C_1 均值依次递减,但相差不大。

(4)不同客源市场对相同旅游目的地的知名化率 C_1 存在差异。研究表明,有些景区在某个客源市场中的知名化率 C_1 较高,但在其他客源市场中的知名化率 C_1 却较低。不过也有一些景区在不同客源市场中的知名化率 C_1 差异较小,如 4 个客源城市对北京故宫、八达岭长城、东方明珠电视塔和杭州西湖的知名化率 C_1 都很高,均位于前 10 名。

第五章　知名市场到向往市场的转化率

第一节　意向化率 C_2、知名度、向往度的相互关系

景区的知名市场究竟有多少能最终转化成为向往市场呢？是否景区的知名度越高，它的意向化率 C_2、向往度也越高呢？景区知名度、意向化率 C_2、向往度三者之间是何关系呢？为了深入探讨这些问题，本书基于问卷调查数据，根据式(3-2)、(3-6)、(3-7)，分别计算出北京、武汉、西安和成都 4 个客源城市居民对各自目标景区的知名度、意向化率 C_2、向往度。以知名度为横坐标，以意向化率 C_2 为纵坐标，绘制"知名度—意向化率 C_2"散点图；以意向化率 C_2 为横坐标，以向往度为纵坐标，绘制"意向化率 C_2—向往度"散点图；以知名度为横坐标，以向往度为纵坐标，绘制"知名度—向往度"散点图。根据散点的分布情况，分别对 4 个客源城市居民的景区"知名度—意向化率 C_2"散点进行直线拟合，对"意向化率 C_2—向往度"散点、"知名度—向往度"散点进行曲线拟合。具体见图 5-1。

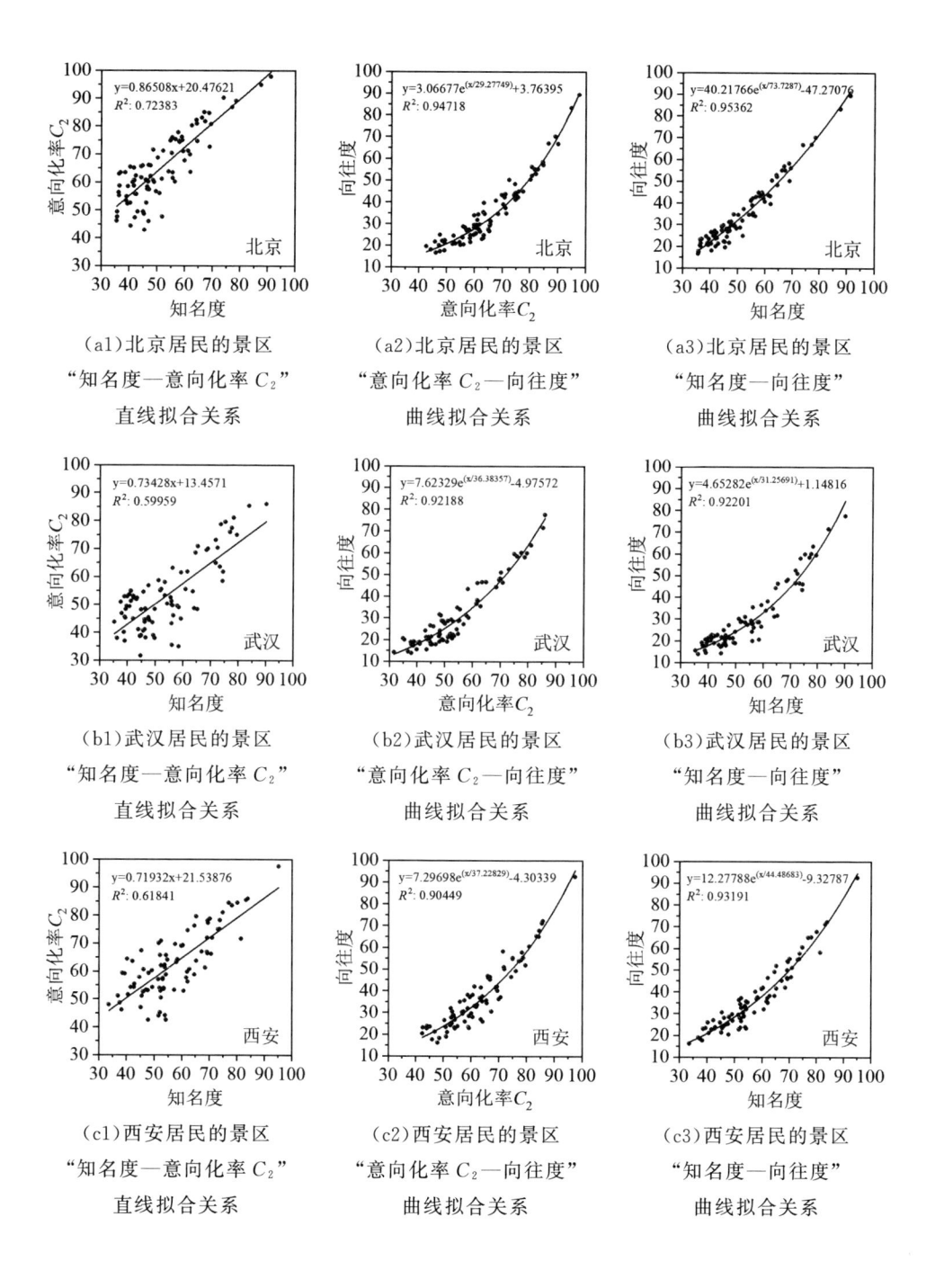

(a1) 北京居民的景区"知名度—意向化率 C_2"直线拟合关系
$y = 0.86508x + 20.47621$
$R^2: 0.72383$

(a2) 北京居民的景区"意向化率 C_2—向往度"曲线拟合关系
$y = 3.06677 e^{(x/29.27749)} + 3.76395$
$R^2: 0.94718$

(a3) 北京居民的景区"知名度—向往度"曲线拟合关系
$y = 40.21766 e^{(x/73.7287)} - 47.27076$
$R^2: 0.95362$

(b1) 武汉居民的景区"知名度—意向化率 C_2"直线拟合关系
$y = 0.73428x + 13.4571$
$R^2: 0.59959$

(b2) 武汉居民的景区"意向化率 C_2—向往度"曲线拟合关系
$y = 7.62329 e^{(x/36.38357)} - 4.97572$
$R^2: 0.92188$

(b3) 武汉居民的景区"知名度—向往度"曲线拟合关系
$y = 4.65282 e^{(x/31.25691)} + 1.14816$
$R^2: 0.92201$

(c1) 西安居民的景区"知名度—意向化率 C_2"直线拟合关系
$y = 0.71932x + 21.53876$
$R^2: 0.61841$

(c2) 西安居民的景区"意向化率 C_2—向往度"曲线拟合关系
$y = 7.29698 e^{(x/37.22829)} - 4.30339$
$R^2: 0.90449$

(c3) 西安居民的景区"知名度—向往度"曲线拟合关系
$y = 12.27788 e^{(x/44.48683)} - 9.32787$
$R^2: 0.93191$

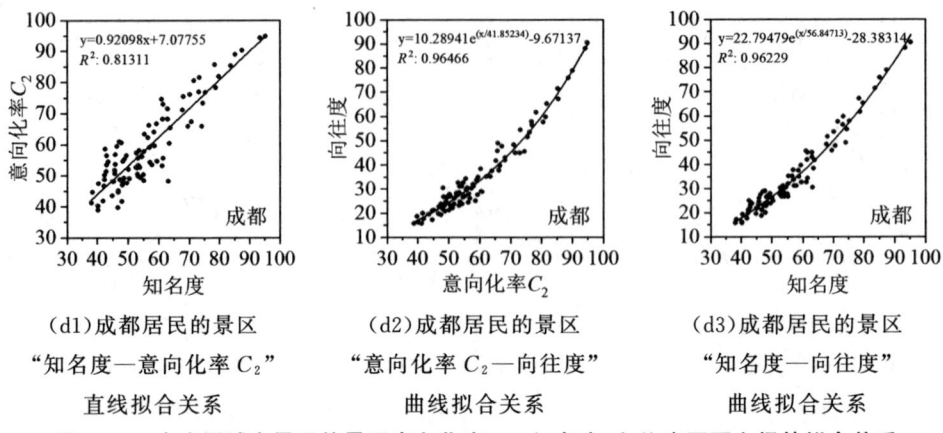

$y=0.92098x+7.07755$ $R^2: 0.81311$ 成都	$y=10.28941e^{(x/41.85234)}-9.67137$ $R^2: 0.96466$ 成都	$y=22.79479e^{(x/56.84713)}-28.38314$ $R^2: 0.96229$ 成都
(d1) 成都居民的景区 "知名度—意向化率 C_2" 直线拟合关系	(d2) 成都居民的景区 "意向化率 C_2—向往度" 曲线拟合关系	(d3) 成都居民的景区 "知名度—向往度" 曲线拟合关系

图 5-1　4 个客源城市居民的景区意向化率 C_2、知名度、向往度两两之间的拟合关系

一、意向化率 C_2 与知名度

从图 5-1 的(a1)、(b1)、(c1)、(d1)来看,4 个客源城市居民的景区意向化率 C_2 与知名度均存在正相关关系,且为线性相关关系,拟合直线的 R^2 分别约为 0.72、0.60、0.62、0.81。

从总体趋势上看,景区的知名度越高,意向化率 C_2 通常越高。但是,这并不意味着所有高知名度景区的意向化率 C_2 一定都高。从散点的实际分布可以直观看出,有些景区的知名度虽然较高,但是意向化率 C_2 却较低;也有一些景区的知名度虽然较低,但是意向化率 C_2 却较高。

本书对景区知名度的等级划分在前文已有提及,分为高(＞60％)、中(40～60％)、低(＜40％)3 个等级。通过对意向化率 C_2 的数值统计可以发现:约有 20％的北京居民对目标景区的意向化率 C_2 高于75.32％,约有 60％的北京居民对目标景区的意向化率 C_2 为 55.72％～75.11％,其余约 20％的北京居民对目标景区的意向化率 C_2 低于55.15％;约有20％的武汉居民对目标景区的意向化率 C_2 高于 63.01％,约有 60％的武汉居民对目标景区的意向化率 C_2 为 43.63%～61.81%，其余约 20% 的武汉居民对目标景区的意向化率 C_2 低于 43.60%；约有 20% 的西安居民对目标景区的意向化率 C_2 高于 71.99%，约有 60% 的西安居民对目标景区的意向化率 C_2 为 53.13%～71.90%，其余约 20% 的西安居民对目标景区的意向化率 C_2 低于 53.08%；约有 20% 的成都居民对目标景区的知名化率 C_2 高于 71.51%，约有 60% 的成都居民对目标景区的意向化率 C_2 为 48.38%～71.10%，其余约 20% 的成都居民对目标景区的意向化率 C_2 低于 48.19%。经过综合考虑，本书将意向化率 C_2 划分为 3 个等级：高（>70%）、中（50～70%）、低（<50%）。按照该等级划分标准，北京居民的高意向化率 C_2 景区占 34.12%，中意向化率 C_2 景区占 52.94%，低意向化率 C_2 景区占 12.94%；武汉居民的高意向化率 C_2 景区占 13.25%，中意向化率 C_2 景区占 38.55%，低意向化率 C_2 景区占 48.20%；西安居民的高意向化率 C_2 景区占 25.30%，中意向化率 C_2 景区占 63.86%，低意向化率 C_2 景区占 10.84%；成都居民的高意向化率 C_2 景区占 20.65%，中意向化率 C_2 景区占 51.09%，低意向化率 C_2 景区占 28.26%。由此可以看出，4 个客源城市居民的高、中、低意向化率 C_2 的景区比例存在较大差异，北京居民高意向化率 C_2 景区的比例明显高于其他 3 个城市，而武汉居民低意向化率 C_2 景区的比例明显高于其他 3 个城市。

通过对比景区知名度和意向化率 C_2 的等级，可以发现两者存在以下几种关系：(1)高知名度景区的意向化率 C_2 等级可能为高/中/低，但以高等级为主，低等级很少。经统计：北京居民的高知名度景区中，84.21% 为高意向化率 C_2 景区，15.79% 为中意向化率 C_2 景区，无低意向化率 C_2 景区；武汉居民的高知名度景区中，45.83% 为高意向化率 C_2 景区，41.67% 为中意向化率 C_2 景区，12.50% 为低意向化率 C_2 景区；

西安居民的高知名度景区中,有 57.58% 为高意向化率 C_2 景区,42.42% 为中意向化率 C_2 景区,无低意向化率 C_2 景区;成都居民的高知名度景区中,有 65.52% 为高意向化率 C_2 景区,31.03% 为中意向化率 C_2 景区,3.45% 为低意向化率 C_2 景区。(2)中知名度景区的意向化率 C_2 等级可能为高/中/低,但以中等级为主,低等级和高等级较少。经统计:北京居民的中知名度景区中,60.38% 为中意向化率 C_2 景区,24.53% 为高意向化率 C_2 景区,15.09% 为低意向化率 C_2 景区;西安居民的中知名度景区中,81.82% 为中意向化率 C_2 景区,4.55% 为高意向化率 C_2 景区,13.64% 为低意向化率 C_2 景区;成都居民的中知名度景区中,65.52% 为中意向化率 C_2 景区,34.48% 为低意向化率 C_2 景区,无高意向化率 C_2 景区;武汉与其他 3 个城市略有不同,在武汉居民的中知名度景区中,武汉居民的低意向化率 C_2 景区比例(59.57%)明显高于中意向化率 C_2 景区比例(40.43%)。(3)低知名度景区的意向化率 C_2 等级可能为中/低,但以低等级为主。经统计:在低知名度景区中,除了北京居民的中意向化率 C_2 景区比例(76.92%)高于低意向化率 C_2 景区比例(23.08%),西安居民的中意向化率 C_2 景区比例与低意向化率 C_2 景区比例相等之外,成都和武汉居民的中意向化率 C_2 景区比例均明显低于低意向化率 C_2 景区比例。其中:成都居民的低知名度景区全部为低意向化率 C_2 景区;武汉居民的低知名度景区中 75% 为低意向化率 C_2 景区,只有 25% 为中意向化率 C_2 景区。

二、意向化率 C_2 与向往度

从图 5-1 的(a2)、(b2)、(c2)、(d2)来看,4 个客源城市居民的景区向往度与意向化率 C_2 均存在正相关关系,且为指数曲线相关关系,拟

合曲线的 R^2 分别达到了 0.95、0.92、0.90、0.96，拟合效果较好。

从总体趋势上看，景区的意向化率 C_2 越高，其向往度越高，且意向化率 C_2 越高，向往度提高的速度越快。原因在于，意向化率 C_2 越高的景区，其知名度一般也越高。

通过对景区向往度的数值统计可以发现：约有 20% 的北京居民对目标景区的向往度高于 44.82%，约有 60% 的北京居民对目标景区的向往度为 22.92%~44.29%，其余约 20% 的北京居民对目标景区的向往度低于 22.29%；约有 20% 的武汉居民对目标景区的向往度高于 44.27%，约有 60% 的武汉居民对目标景区的向往度为 19.15%~43.41%，其余约 20% 的武汉居民对目标景区的向往度低于 18.96%；约有 20% 的西安居民对目标景区的向往度高于 49.89%，约有 60% 的西安居民对目标景区的向往度为 24.15%~49.21%，其余约 20% 的西安居民对目标景区的向往度低于 23.81%；约有 20% 的成都居民对目标景区的向往度高于 47.59%，约有 60% 的成都居民对目标景区的向往度为 22.99%~45.80%，其余约 20% 的成都居民对目标景区的向往度低于 22.56%。经过综合考虑，本书将向往度划分为 3 个等级：高（>45%）、中（25~45%）、低（<25%）。按照该等级划分标准，北京居民的高向往度景区占 17.65%、中向往度景区占 50.59%、低向往度景区占 31.76%；武汉居民的高向往度景区占 19.28%、中向往度景区占 30.12%、低向往度景区占 50.60%；西安居民的高向往度景区占 27.71%、中向往度景区占 49.40%、低向往度景区占 22.89%；成都居民的高向往度景区占 21.73%、中向往度景区占 44.57%、低向往度景区占 33.70%。由此可见，西安居民的高向往度景区比例明显高于其他 3 个城市，而武汉居民的低向往度景区比例明显高于其他 3 个城市。

通过对比景区意向化率 C_2 和向往度的等级，可以发现两者存在以下几种关系:(1)高意向化率 C_2 的景区,其向往度的等级可能为高/中,但以高等级为主。经统计:北京居民的高意向化率 C_2 景区中,51.72%为高向往度景区,48.28%为中向往度景区;武汉居民的高意向化率 C_2 景区全部为高向往度景区;西安居民的高意向化率 C_2 景区中,90.48%为高向往度景区,5.52%为中向往度景区;成都居民的高意向化率 C_2 景区中,89.47%为高向往度景区,10.53%为中向往度景区。(2)中意向化率 C_2 的景区,其向往度的等级可能为高/中/低,但以中等级为主。经统计:北京居民的中意向化率 C_2 景区中,64.44%为中向往度景区,35.56%为低向往度景区,无高向往度景区;武汉居民的中意向化率 C_2 景区中,50.00%为中向往度景区,34.38%为低向往度景区,15.63%高向往度景区;西安居民的中意向化率 C_2 景区中,73.58%为中向往度景区,18.87%为低向往度景区,7.55%高向往度景区;成都居民的中意向化率 C_2 景区中,74.47%为中向往度景区,19.15%为低向往度景区,6.38%高向往度景区。(3)低意向化率 C_2 的景区,其向往度的等级可能为中/低,但绝大多数为低等级。经统计:北京居民的低意向化率 C_2 景区全部为低向往度景区;武汉居民的低意向化率 C_2 景区中,80.00%为低向往度景区,20.00%为中向往度景区;西安居民的低意向化率 C_2 景区全部为低向往度景区;成都居民的低意向化率 C_2 景区中,84.62%为低向往度景区,15.38%为中向往度景区。

三、知名度与向往度

从图 5-1(a3)、(b3)、(c3)、(d3)来看,4 个客源城市居民的景区向往度与知名度均存在正相关关系,且为指数曲线相关关系,拟合曲线的 R^2 分别为 0.95、0.92、0.93、0.96,拟合效果较为理想。这说明 4 个客源城市居民对景区的向往度与知名度呈高度相关性,景区知名度越高,向往度通常越高,且知名度越高,向往度提高的速度越快。

按照前文提及的景区知名度和向往度等级划分标准,通过对比景区知名度和向往度的等级,可以发现两者存在以下几种关系:(1)高知名度的景区,其向往度的等级可能为高/中,但以高等级为主。经统计:北京居民的高知名度景区全部为高向往度景区;武汉居民的高知名度景区中,66.67%为高向往度景区,33.33%为中向往度景区;西安居民的高知名度景区中,74.19%为高向往度景区,25.81%为中向往度景区;成都居民的高知名度景区中,68.97%为高向往度景区,31.03%为中向往度景区。(2)中知名度的景区,其向往度的等级可能为中/低,但以中等级为主。经统计:北京居民的中知名度景区中,73.58%为中向往度景区,26.42%为低向往度景区;西安居民的中知名度景区中,71.74%为中向往度景区,28.26%为低向往度景区;成都居民的中知名度景区中,52.46%为中向往度景区,47.54%为低向往度景区;武汉居民的中知名度景区中,只有36.17%为中向往度景区,63.83%为低向往度景区。(3)低知名度的景区,其向往度的等级均为低。经统计:4个客源城市居民的低知名度景区全部为低向往度景区。由此可见,提高景区知名度对景区向往度的提升具有重要意义。

第二节 意向化率 C_2 的距离分布特征

一、按球面距离分布

本书按照目标景区距客源城市球面距离由近及远的顺序,分别绘制了 4 个客源城市居民对各自目标景区的意向化率 C_2 的球面距离分布图,见图 5-2 的(a1)、(b1)、(c1)、(d1)。按照 O-D 球面距离由近及远的顺序,对意向化率 C_2 进行累计计算,并按照累积意向化率 C_2 总和为 100% 进行标准化处理,绘制了累积意向化率 C_2 的球面距离分布图,见图 5-2 的(a2)、(b2)、(c2)、(d2)。

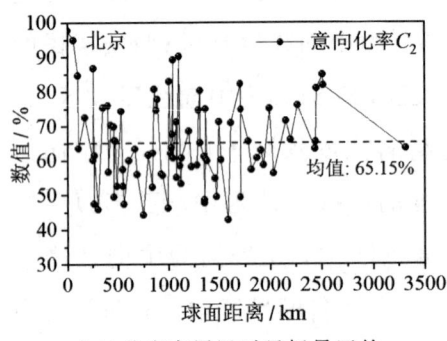

(a1)北京市居民对目标景区的意向化率 C_2 的球面距离分布

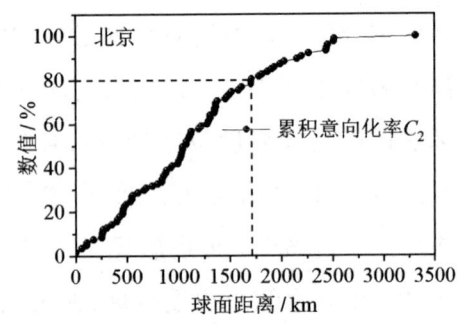

(a2)北京市居民对目标景区的累计意向化率 C_2 的球面距离分布

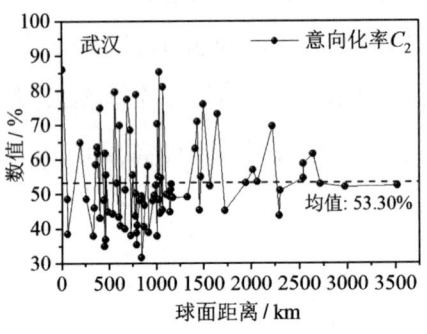

(b1)武汉市居民对目标景区的意向化率 C_2 的球面距离分布

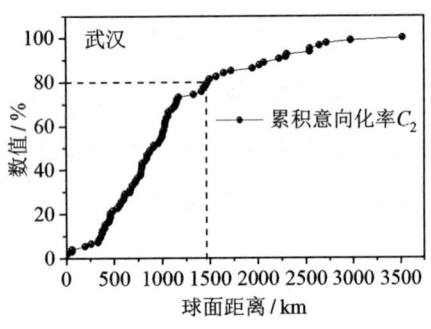

(b2)武汉市居民对目标景区的累计意向化率 C_2 的球面距离分布

(c1) 西安市居民对目标景区的
意向化率 C_2 的球面距离分布

(c2) 西安市居民对目标景区的累计
意向化率 C_2 的球面距离分布

(d1) 成都市居民对目标景区的
意向化率 C_2 的球面距离分布

(d2) 成都市居民对目标景区的累计
意向化率 C_2 的球面距离分布

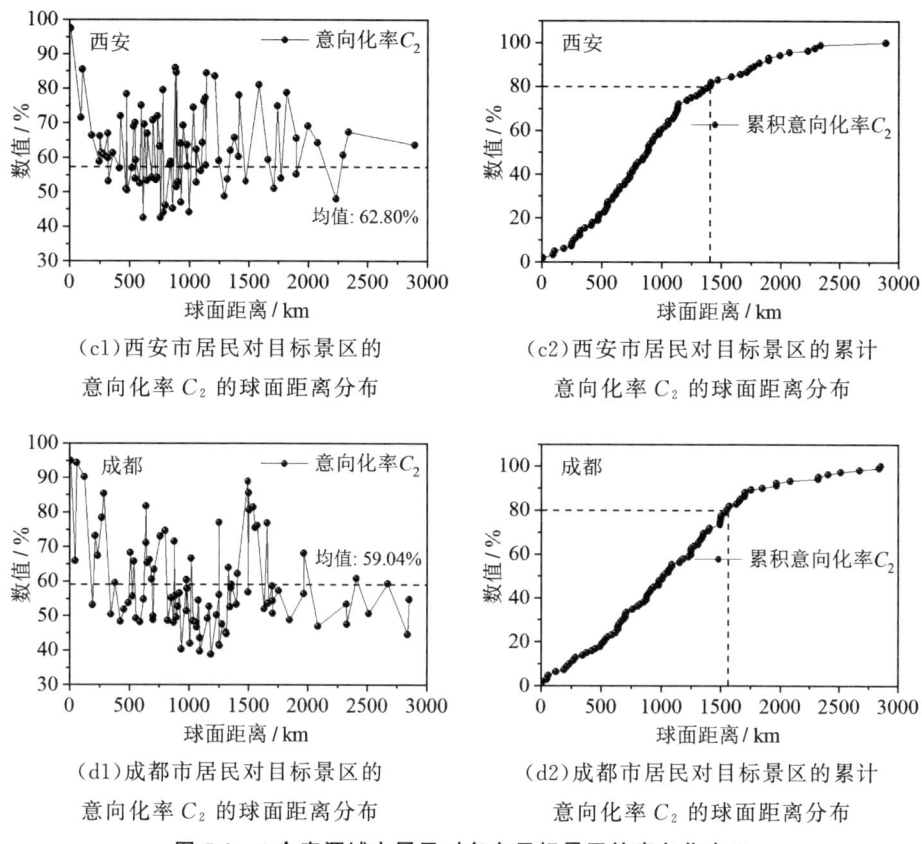

图 5-2　4 个客源城市居民对各自目标景区的意向化率 C_2
和累积意向化率 C_2 的球面距离分布

从图 5-2 的(a1)、(b1)、(c1)、(d1)可以直观看出,总体上客源城市居民对景区的意向化率 C_2 受 O-D 球面距离的影响很小。不同球面距离景区的意向化率 C_2 基本围绕意向化率 C_2 的均值上下波动,有不少景区尽管距客源城市的球面距离较远,但是其意向化率 C_2 仍然较高,并未呈现出明显的球面距离衰减现象。4 个客源城市中,成都居民的意向化率 C_2 球面距离衰减比其他 3 个城市更明显。经计算,北京、武汉、西安和成都城市居民的景区意向化率 C_2 的方差依次为 151.63、156.63、136.13、175.39,说明西安居民的景区意向化率 C_2 波动最小,而成都居民的景区意向化率 C_2 波动最大。此外,4 个客源城市居民的景区意向化率 C_2 的均值依次为 65.15%、53.30%、62.80%、59.04%。由此可见,不同客源城市居民对景区的意向化率 C_2 存在差异。北京和西安居民的景区意向化率 C_2 的波动较小,并且均值较高,反映出北京和西安居民的景区知名度比较容易转化成为向往度,并且受球面距离的影响相对较弱。武汉居民的景区意向化率 C_2 均值是最低的,说明武汉居民对景区的知名度较难转化成向往度。成都居民的景区意向化率 C_2 均值虽然不低,但是波动最大,反映出成都居民对不同景区的意向化率 C_2 有较大差异。

从图 5-2 的(a2)、(b2)、(c2)、(d2)可以看出,北京居民的 80% 累积意向化率 C_2 分布在距北京球面距离 1700km 附近,武汉居民的 80% 累积意向化率 C_2 分布在距武汉球面距离接近 1500km,西安居民的 80% 累积意向化率 C_2 分布在距西安球面距离 1400km 附近,成都居民的 80% 累积意向化率 C_2 分布在距成都球面距离略超过 1500km。由此可见,不同城市居民的累积意向化率 C_2 的球面距离分布存在差异,北京居民的 80% 累积意向化率 C_2 分布的球面距离明显比其他 3 个城市远,西安居民的 80% 累积意向化率 C_2 分布的球面距离明显比其他 3 个城市近。总体上,客源城市居民 80% 累积意向化率 C_2 分布在距客源城市球面距离 1500km 附近。

为了更加深入地分析球面距离因素对景区意向化率 C_2 的影响,本书根据图 5-2 不同球面距离景区意向化率 C_2 的波动情况,按照距客源城市球面距离<200km、200~500km、501~1000km、1001~1500km、1501~2000km、>2000km 的区间划分,分别计算各球面距离区间内景区的意向化率 C_2 均值,结果见表 5-1。

表 5-1　不同球面距离景区的意向化率 C_2 均值对比

单位：%

景区	球面距离						全部
	<200 km	200~500 km	501~1000 km	1001~1500 km	1501~2000 km	>2000 km	
北京	82.70	63.11	60.13	64.77	63.35	70.93	65.15
武汉	59.50	51.17	50.39	56.14	55.90	55.08	53.30
西安	80.21	61.27	59.75	64.99	65.48	60.80	62.80
成都	79.70	63.07	58.70	52.90	65.05	52.27	59.04
全部	76.16	59.28	57.03	59.42	63.72	59.92	60.07

从表 5-1 可以看出，客源城市居民对球面距离<200km 景区的意向化率 C_2 均值最高，其中北京为 82.70%、武汉为 59.50%、西安为 80.21%、成都为 79.70%，分别约是各自球面距离 201~500km 景区意向化率 C_2 均值的 1.31 倍、1.16 倍、1.31 倍、1.26 倍，是各自全部景区意向化率 C_2 均值的 1.27 倍、1.12 倍、1.28 倍、1.35 倍。除了距客源城市球面距离 200km 以内景区的意向化率 C_2 均值明显较高之外，其他球面距离区间景区的意向化率 C_2 均值大都接近全部景区的意向化率 C_2 均值，只是有小幅度的上下波动。这进一步说明了知名市场到向往市场的转化受球面距离因素的影响很小，换言之，球面距离很难阻碍客源城市居民对旅游目的地的向往。

二、按交通距离分布

按照 O-D 交通距离由近及远的顺序，本书分别绘制了 4 个客源城市对各自目标景区的意向化率 C_2 的交通距离分布图，见图 5-3 的 (a1)、(b1)、(c1)、(d1)。按照 O-D 交通距离由近及远的顺序，对意向化率 C_2 进行累计计算，并按照累积意向化率 C_2 总和为 100% 进行标准化处理,绘制了累积意向化率 C_2 的交通距离分布图,见图 5-3 的 (a2)、(b2)、(c2)、(d2)。

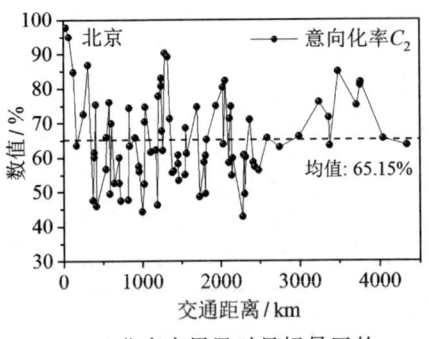

(a1)北京市居民对目标景区的意向化率 C_2 的交通距离分布

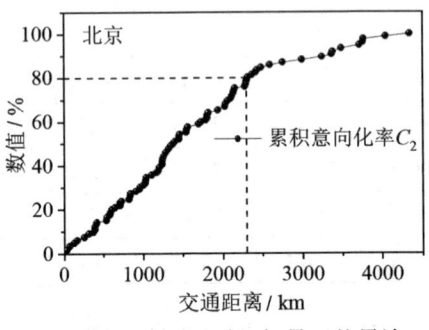

(a2)北京市居民对目标景区的累计意向化率 C_2 的交通距离分布

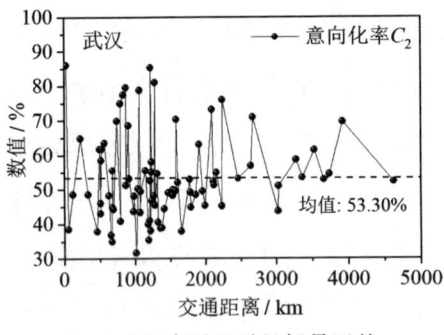

(b1)武汉市居民对目标景区的意向化率 C_2 的交通距离分布

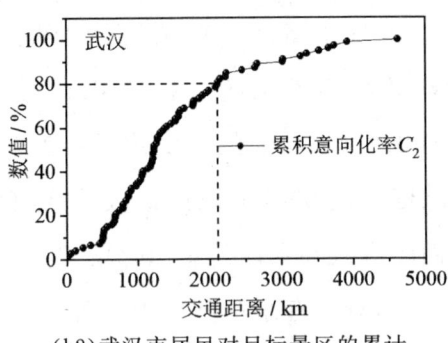

(b2)武汉市居民对目标景区的累计意向化率 C_2 的交通距离分布

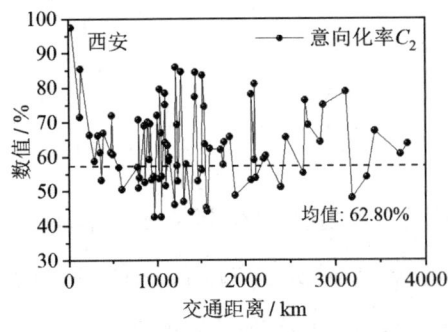

(c1)西安市居民对目标景区的意向化率 C_2 的交通距离分布

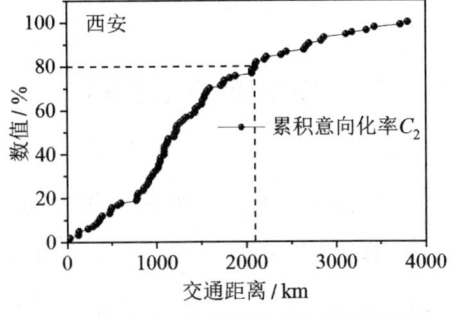

(c2)西安市居民对目标景区的累计意向化率 C_2 的交通距离分布

(d1) 成都市居民对目标景区的
意向化率 C_2 的交通距离分布

(d2) 成都市居民对目标景区的累计
意向化率 C_2 的交通距离分布

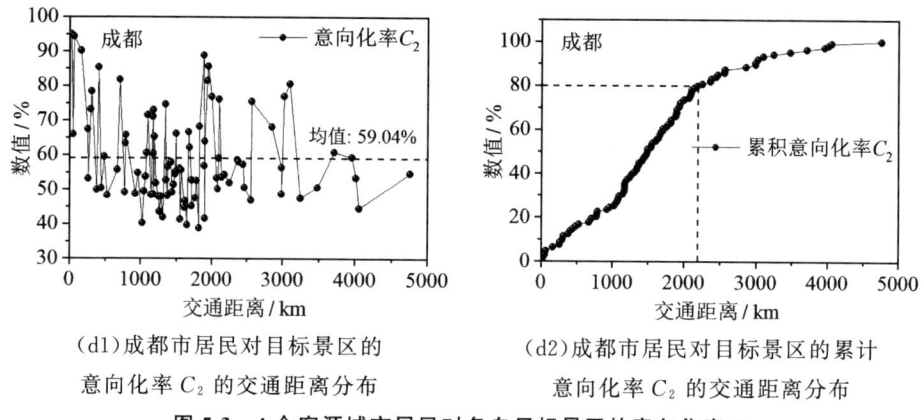

**图 5-3　4 个客源城市居民对各自目标景区的意向化率 C_2
和累积意向化率 C_2 的交通距离分布**

从图 5-3 的(a1)、(b1)、(c1)、(d1)可以直观地看出，客源城市居民对景区的意向化率 C_2 受 O-D 交通距离的影响很小。除了交通距离很近的一些景区的意向化率 C_2 很高之外，其他交通距离景区的意向化率 C_2 基本围绕全部景区意向化率 C_2 均值上下波动，未呈现出交通距离衰减特征。

从图 5-3 的(a2)、(b2)、(c2)、(d2)可以看出，北京居民的 80% 累积意向化率 C_2 分布在距北京交通距离 2300km 附近，武汉居民的 80% 累积意向化率 C_2 分布在距武汉交通距离 2100km 附近，西安居民的 80% 累积意向化率 C_2 分布在距西安交通距离 2100km 附近，成都居民的 80% 累积意向化率 C_2 分布在距成都交通距离 2200km 附近。由此可见，不同城市居民的意向化率 C_2 的交通距离分布虽存在差异，但差异不大。总体上，4 个客源城市居民的 80% 累积意向化率 C_2 分布在距客源城市交通距离 2101~2300km 之间。

为了更加深入地分析交通距离对意向化率 C_2 的影响，本书根据图 5-3 不同 O-D 交通距离景区意向化率 C_2 的波动情况，按照距客源城市交通距离 <200km、200~500km、501~1000km、1001~1500km、1501~

2000km、2001～3000km、>3000km 的区间划分,分别计算不同交通距离景区的意向化率 C_2 均值,结果见表 5-2。

表 5-2　不同交通距离景区的意向化率 C_2 均值对比

单位:%

客源城市	交通距离							
	<200 km	200～500 km	501～1000 km	1001～1500 km	1501～2000 km	2001～3000 km	>3000 km	全部
北京	85.23	64.23	58.68	66.99	61.67	62.82	73.57	65.15
武汉	57.71	53.27	54.52	50.07	50.82	59.28	55.24	53.30
西安	84.83	62.95	57.89	63.16	60.64	64.38	62.09	62.80
成都	86.33	64.64	58.43	55.44	57.76	57.44	58.75	59.04
全部	79.56	62.37	56.98	58.46	57.47	61.30	62.36	60.07

从表 5-2 可以看出:①4 个客源城市居民对交通距离小于 200km 的景区意向化率 C_2 均值最高,其中北京为 85.23%、武汉为 57.71%、西安为 84.83%、成都为 86.33%,分别约是交通距离 200～500km 景区意向化率 C_2 均值的 1.33 倍、1.08 倍、1.35 倍、1.34 倍,约是各自全部景区意向化率 C_2 均值的 1.31 倍、1.08 倍、1.35 倍、1.46 倍;②距客源城市交通距离超过 200km 的景区意向化率 C_2 均值相差不大,总体围绕均值上下波动。这反映出知名市场到向往市场的转化受交通距离的影响很小。

三、按时间距离分布

按照 O-D 时间距离由近及远的顺序,本书分别绘制了 4 个客源城市对各自目标景区的意向化率 C_2 的时间距离分布图,见图 5-4 的 (a1)、(b1)、(c1)、(d1)。按照 O-D 时间距离由近及远的顺序,对意向化率 C_2 进行累计计算,并按照累积意向化率 C_2 总和为 100% 进行标准化处理,绘制了累积意向化率C_2的时间距离分布图,见图5-4的(a2)、(b2)、(c2)、(d2)。

从图5-4的(a1)、(b1)、(c1)、(d1)可以直观地看出,总体上4个客源城市居民对不同时间距离景区的意向化率C_2大都围绕均值上下波动,随O-D时间距离的增加,意向化率C_2并未呈现出明显的衰减现象。

从图5-4的(a2)、(b2)、(c2)、(d2)可以看出,北京居民的80%累积意向化率C_2分布在距北京时间距离略超过25h,武汉居民的80%累积意向化率C_2分布在距武汉时间距离接近25h,西安居民的80%累积意向化率C_2分布在距西安时间距离23h附近,成都居民的80%累积意向化率C_2分布在距成都时间距离21h附近。总体上,从80%累积意向化率C_2所分布的时间距离来看,北京＞武汉＞西安＞成都。这反映出北京居民的意向化率C_2受时间距离的影响相对较小,武汉和西安居民的意向化率C_2受时间距离的影响相对适中,而成都居民的意向化率C_2受时间距离的影响相对较大。尽管不同城市居民的意向化率C_2的时间距离分布存在差异,但是差异不大。总体上,客源城市居民的80%累积意向化率C_2分布在距客源城市时间距离20～25h之间。

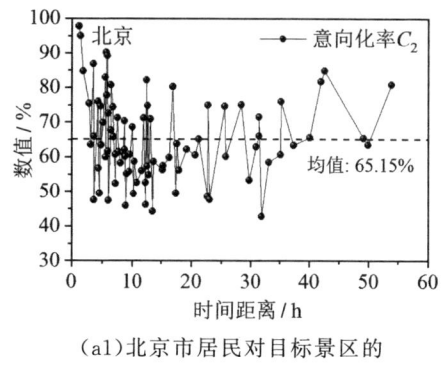

(a1)北京市居民对目标景区的意向化率C_2的时间距离分布

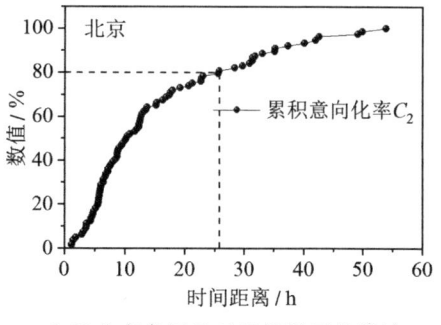

(a2)北京市居民对目标景区的累计意向化率C_2的时间距离分布

(b1) 武汉市居民对目标景区的意向化率 C_2 的时间距离分布

(b2) 武汉市居民对目标景区的累计意向化率 C_2 的时间距离分布

(c1) 西安市居民对目标景区的意向化率 C_2 的时间距离分布

(c2) 西安市居民对目标景区的累计意向化率 C_2 的时间距离分布

(d1) 成都市居民对目标景区的意向化率 C_2 的时间距离分布

(d2) 成都市居民对目标景区的累计意向化率 C_2 的时间距离分布

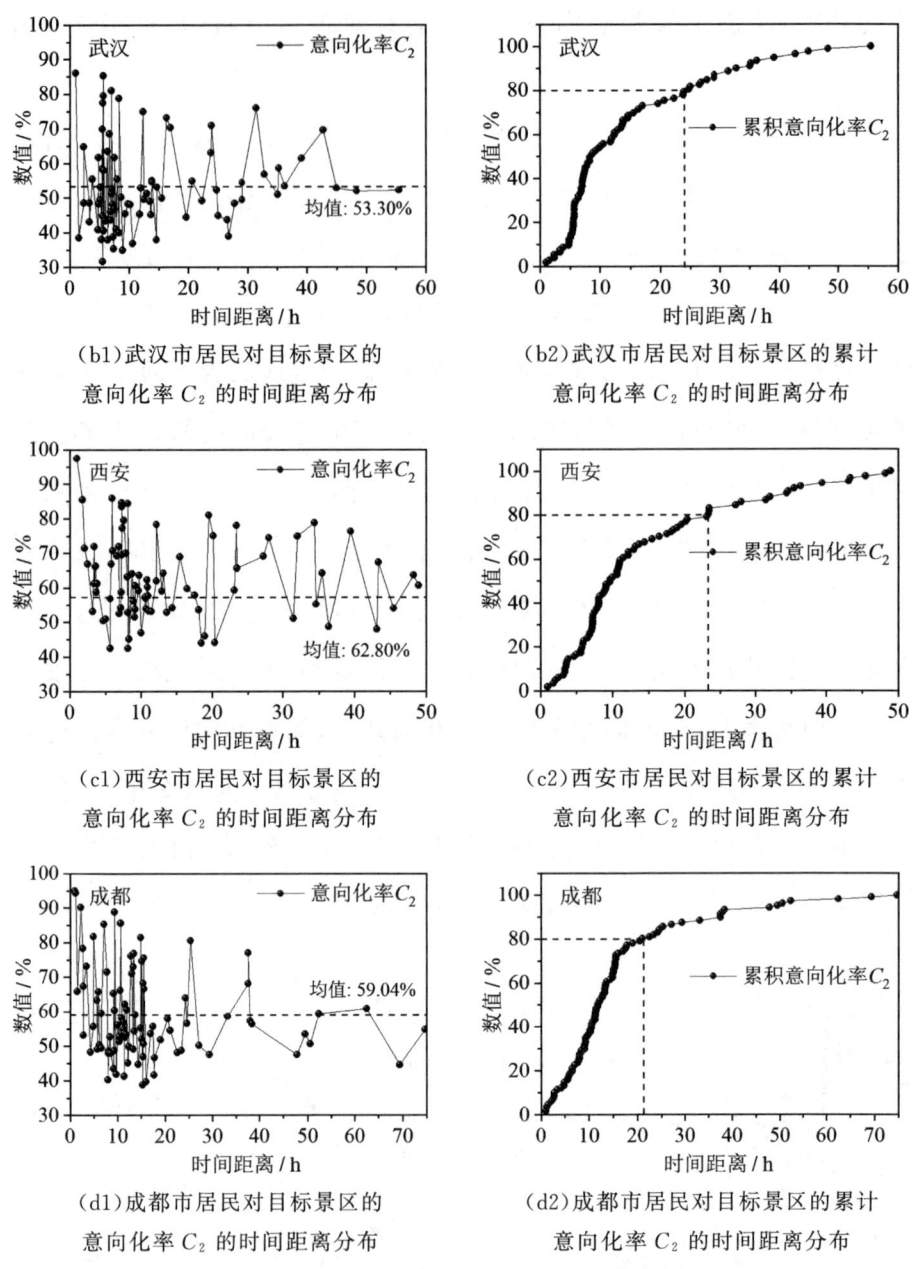

图 5-4　4 个客源城市居民对各自目标景区的意向化率 C_2 和累积意向化率 C_2 的时间距离分布

为了更加深入地分析时间距离对意向化率 C_2 的影响,本书根据图 5-4 不同时间距离景区意向化率 C_2 的波动情况,按照距客源城市时间距离<2h、2～5h、6～10h、11～15h、16～20h、21～30h、>30h 的区间划分,分别计算时间距离景区的意向化率 C_2 均值,结果见表 5-3。

表 5-3 不同时间距离景区的意向化率 C_2 均值对比

单位:%

客源城市	交通距离							
	<2h	2～5h	6～10h	11～15h	16～20h	21～30h	>30h	均值
北京	92.45	65.90	65.95	59.86	60.65	62.21	67.38	65.15
武汉	62.27	51.45	52.66	50.27	59.42	51.80	58.38	53.30
西安	91.46	62.78	63.55	58.18	58.74	66.45	61.92	62.80
成都	85.04	68.47	56.45	59.28	54.44	56.43	57.40	59.04
全部	84.00	62.40	59.36	57.47	57.46	58.63	61.65	60.07

从表 5-3 可以看出:(1)4 个客源城市居民对时间距离小于 2h 的景区意向化率 C_2 均值最高,其中北京为 92.45%、武汉为 62.27%、西安为 91.46%、成都为 85.04%,约是时间距离 2～5h 景区意向化率 C_2 均值的 1.40 倍、1.21 倍、1.46 倍、1.24 倍,约是各自全部景区意向化率 C_2 均值的 1.42 倍、1.17 倍、1.46 倍、1.44 倍。(2)当 O-D 时间距离超过 2h,4 个客源城市居民对各个时间距离区间的景区意向化率 C_2 均值相差不大,各时间距离区间景区的意向化率 C_2 均值始终围绕各自全部景区意向化率 C_2 均值上下波动,没有呈现出时间距离衰减现象;即使 O-D 时间距离超过了 30h,4 个客源城市居民的景区意向化率 C_2 均值依然能保持在总均值附近。(3)时间距离对不同客源城市居民的景区意向化率 C_2 的影响程度不同。北京居民各个时间距离区间景区的意向化率 C_2 均值大都高于其他 3 个城市,而武汉居民各个时间距离区间景区的意向化率 C_2 均值大都低于其他 3 个城市。由此可见,总体上,时间距

离对意向化率 C_2 的影响较小,且对不同客源城市居民的影响程度不同。

四、按经济距离分布

按照 O-D 经济距离由近及远的顺序,本书分别绘制了 4 个客源城市居民对各自目标景区的意向化率 C_2 的经济距离分布图,见图 5-5 的 (a1)、(b1)、(c1)、(d1)。按照 O-D 经济距离由近及远的顺序,对意向化率 C_2 进行累计计算,并按照累积意向化率 C_2 总和为 100% 进行标准化处理,绘制了累积意向化率 C_2 的经济距离分布图,见图 5-5 的 (a2)、(b2)、(c2)、(d2)。

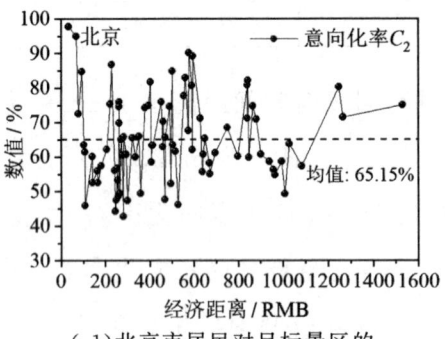

(a1)北京市居民对目标景区的意向化率 C_2 的经济距离分布

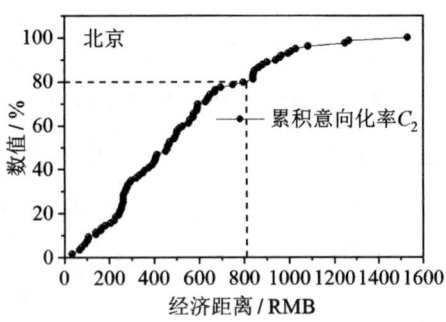

(a2)北京市居民对目标景区的累计意向化率 C_2 的经济距离分布

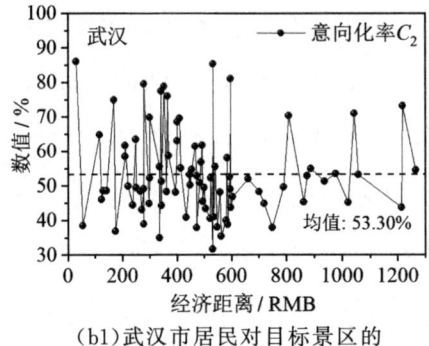

(b1)武汉市居民对目标景区的意向化率 C_2 的经济距离分布

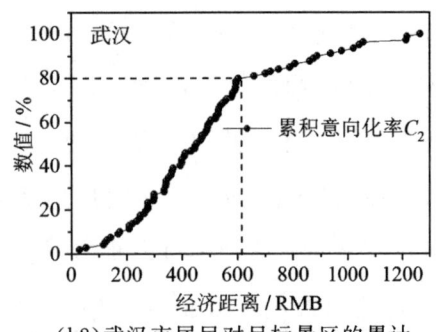

(b2)武汉市居民对目标景区的累计意向化率 C_2 的经济距离分布

(c1) 西安市居民对目标景区的
意向化率 C_2 的经济距离分布

(c2) 西安市居民对目标景区的累计
意向化率 C_2 的经济距离分布

(d1) 成都市居民对目标景区的
意向化率 C_2 的经济距离分布

(d2) 成都市居民对目标景区的累计
意向化率 C_2 的经济距离分布

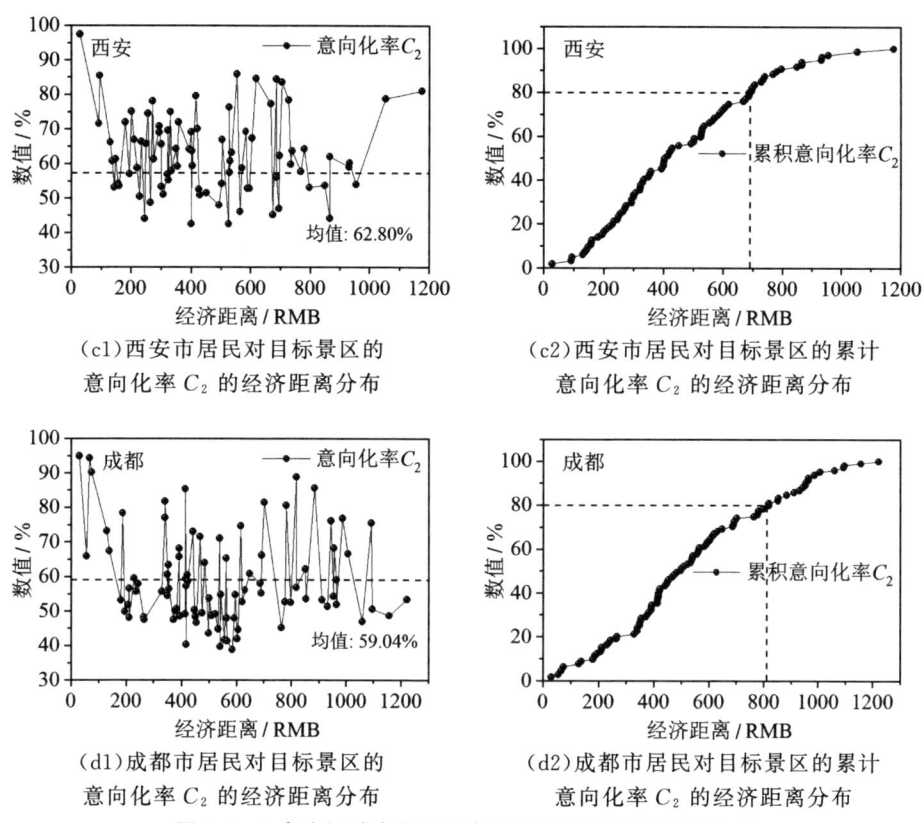

图 5-5　4 个客源城市居民对各自目标景区的意向化率 C_2
和累积意向化率 C_2 的经济距离分布

从图 5-5 的(a1)、(b1)、(c1)、(d1)可以直观地看出,总体上,4 个客源城市居民对不同经济距离景区的意向化率 C_2 大都围绕均值上下波动,随着 O-D 经济距离的增加,4 个客源城市居民的意向化率 C_2 并未呈现出明显的距离衰减现象。从图 5-5 的(a2)、(b2)、(c2)、(d2)可以看出,北京居民的 80% 累积意向化率 C_2 分布在距北京经济距离略超过 800RMB 处,武汉居民的 80% 累积意向化率 C_2 分布在距武汉经济距离略超过 600RMB 处,西安居民的 80% 累积意向化率 C_2 分布在距西安经济距离接近 700RMB 处,成都居民的 80% 累积意向化率 C_2 分布在距成都经济距离略超过 800RMB 处。由此可见，北京居民的意向化率 C_2 受经济距离的影响相对较小，而武汉居民的意向化率 C_2 受经济距离的影响相对较大。尽管不同客源城市居民的意向化率 C_2 的经济距离分布存在差异，但是差异不大。总体上，4 个客源城市居民的 80% 累积意向化率 C_2 分布在距客源城市经济距离 601～800RMB 之间。

为了更加深入地分析经济距离对意向化率 C_2 的影响，本书根据图 5-5 不同经济距离景区意向化率 C_2 的波动情况，按照距客源城市经济距离＜200RMB、200～400RMB、401～600RMB、601～800RMB、801～1000RMB、＞1000RMB 的区间划分，分别计算各经济距离区间内景区的意向化率 C_2 均值，结果见表 5-4。

表 5-4　不同经济距离景区的意向化率 C_2 均值对比

单位：%

客源城市	经济距离						
	＜200 RMB	200～400 RMB	401～600 RMB	601～800 RMB	801～1000 RMB	＞1000 RMB	全部
北京	66.61	61.32	69.23	61.79	66.26	66.20	65.15
武汉	55.55	55.58	51.33	46.56	54.68	56.70	53.30
西安	65.53	63.19	59.32	65.63	55.58	79.89	62.80
成都	74.13	57.39	53.68	58.76	64.48	56.97	59.04
全部	65.79	59.49	57.40	60.06	61.91	61.95	60.07

从表 5-4 可以看出：(1) 4 个客源城市居民对不同经济距离区间景区的意向化率 C_2 均值差异不大，随着 O-D 经济距离的增加，意向化率 C_2 围绕均值上下波动，未呈现出衰减现象。(2) 在 4 个客源城市中，武汉居民各个经济距离区间景区的意向化率 C_2 均值都是最低的，且不同经济距离区间景区的意向化率 C_2 均值之间的差异是最小的。由此可见，总体上，经济距离对 4 个客源城市居民的意向化率 C_2 的影响较小，但不同客源城市间存在差异。

第三节　意向化率 C_2 的空间分布特征

意向化率 C_2 的空间分布可以直观地反映出哪些地方的景区知名市场容易转化为向往市场，以及哪些地方的景区知名市场难以转化为向往市场。这对旅游目的地营销组织制定和实施有针对性的市场营销策略具有重要的实践指导价值。

通过对比各个客源城市居民的景区知名度、意向化率 C_2、向往度的空间分布，可以发现存在以下四种情况：(1)有些地区的景区属于知名度高、意向化率 C_2 高、向往度类型高；(2)有些地区的景区属于知名度较高、意向化率 C_2 较低、向往度较低的类型；(3)有些地区的景区属于知名度较低、意向化率 C_2 较高，向往度较低的类型；(4)有些地区的景区属于知名度较低、意向化率 C_2 较高、向往度较低的类型。在 4 个客源城市中，成都居民的景区知名度、意向化率 C_2、向往度的空间分布最为一致；北京居民对西部地区景区的知名度较低，但是意向化率 C_2 较高，最终的向往度不高；西安居民对西部地区景区知名度不高，但是意向化率 C_2 较高，最终的向往度不高；武汉居民对东南地区景区的知名度较高，但是意向化率 C_2 较低，最终的向往度不高。

对比各个客源城市居民的景区意向化率 C_2 的空间分布可以看出：①北京居民的高意向化率 C_2 景区数量最多、分布最广，除了对位于东北和中部地区的一些景区意向化率 C_2 较低之外，对其他地区的景区意向化率 C_2 大都较高，尤其是对东部沿海和西部地区的景区。②西安和成都居民的高意向化率 C_2 景区数量和分布范围仅次于北京居民，除了对位于东北和中部地区的一些景区意向化率 C_2 较低之外,对西部和东部沿海地区景区的意向化率 C_2 大都较高。相比而言,西安居民的高意向化率 C_2 景区分布范围比成都居民广。③武汉居民的高意向化率 C_2 景区数量最少,呈零星分布,对大部分地区景区的意向化率 C_2 都较低。由此可见,不同客源城市居民的景区意向化率 C_2 的空间分布格局既存在着差异,也有相同之处。4 个客源城市居民对位于东部沿海地区、中西部地区一些热门旅游城市(西安、昆明、张家界、拉萨等)的景区意向化率 C_2 大都较高。

为了更深入地分析景区意向化率 C_2 的空间分布特征,本书对比分析了东部、中部、西部地区的景区意向化率 C_2,以及位于直辖市、副省级市、省会城市、地级市的景区意向化率 C_2,对比结果如下。

一、不同地区的景区意向化率 C_2 对比

按照东部(北京、天津、河北、辽宁、上海、江苏、浙江、福建、山东、广东和海南)、中部(山西、吉林、黑龙江、安徽、江西、河南、湖北、湖南)、西部(四川、重庆、贵州、云南、西藏、陕西、甘肃、青海、宁夏、新疆、广西、内蒙古)的划分标准,对 4 个客源城市的目标景区按地区进行分类,并计算出各个地区的景区意向化率 C_2 均值,结果见表 5-5。

表 5-5 不同地区的景区意向化率 C_2 均值对比

单位:%

客源城市	景区		
	东部地区景区	中部地区景区	西部地区景区
北京	74.07(71.95)	57.05	64.86
武汉	57.32	50.46(49.04)	53.01
西安	65.22	55.89	66.06(65.22)

续表

客源城市	景区		
	东部地区景区	中部地区景区	西部地区景区
成都	61.61	49.07	63.57(62.16)
全部	64.81(64.04)	53.01(52.68)	62.07(61.42)

注：括号内为不统计客源城市景区的意向化率 C_2 均值。

从表 5-5 可以看出，不同客源城市居民对东、中、西部地区景区的意向化率 C_2 均值有所差异。

北京位于东部地区，其居民对东部地区景区的意向化率 C_2 均值最高，对西部地区景区的意向化率 C_2 均值中等，对中部地区景区的意向化率 C_2 均值最低。若统计北京景区，则东部地区景区的意向化率 C_2 均值分别比中部、西部地区景区的意向化率 C_2 均值高 17.02%、9.24%；若不统计北京景区，则东部地区景区的意向化率 C_2 均值分别比中部、西部地区景区的意向化率 C_2 均值高 14.90%、7.09%，西部地区景区的意向化率 C_2 均值比中部地区景区的意向化率 C_2 均值高 7.81%。

武汉虽位于中部地区，但其居民对中部地区景区的意向化率 C_2 均值却是最低的，即便统计武汉景区，中部地区景区的意向化率 C_2 均值也比东部地区景区的意向化率 C_2 均值低了 6.86%，比西部地区景区的意向化率 C_2 均值低了 2.55%。

西安和成都位于西部地区，其居民均对西部地区景区的意向化率 C_2 均值最高，对东部地区景区的意向化率 C_2 均值略低于西部地区景区，而中部地区景区的意向化率 C_2 均值明显低于西部和东部地区景区，相差 10% 以上。

从上述分析可以看出，除了武汉之外，4 个客源城市居民大都对自己所在地区的景区意向化率 C_2 均值最高。综合 4 个客源城市对东、中、西部景区的意向化率 C_2 均值可以看出,东部和西部地区景区的意向化率 C_2 均值明显高于中部地区景区,也就是说,东部和西部地区景区的知名度更容易转化成为向往度,而中部地区景区的知名度不容易转化成为向往度。

二、不同行政等级城市的景区意向化率 C_2 对比

按照直辖市(北京、上海、天津、重庆)、副省级城市(广州、武汉、哈尔滨、沈阳、成都、南京、西安、长春、济南、杭州、大连、青岛、深圳、厦门、宁波)、省会城市、地级市的划分标准,对目标景区按城市行政等级进行分类统计,并分别计算出 4 个客源城市居民对不同行政等级城市景区的意向化率 C_2 均值,结果见表 5-6。

表 5-6 不同行政等级城市的景区意向化率 C_2 均值对比

单位:%

客源城市	城市行政等级			
	直辖市	副省级城市	省会城市	地级市
北京	80.20(72.13)	70.23	66.48	62.71
武汉	68.01	59.29(56.86)	53.57(51.55)	51.53
西安	73.16	66.21(63.61)	62.40(60.34)	61.85
成都	71.31	65.03(60.11)	62.21(58.62)	56.63
全部	73.31(71.12)	65.48(63.27)	61.37(59.55)	58.12

注:括号内为不统计客源城市景区的意向化率 C_2。

从表 5-6 可以看出,4 个客源城市居民对不同行政等级城市景区的意向化率 C_2 均值存在差异,呈现出随着行政等级降低而递减的特征。4 个案例城市的数据表明:直辖市景区的意向化率 C_2 均值最高,明显高于其他行政等级城市景区的意向化率 C_2 均值,除武汉之外,其他 3 个客源城市居民对直辖市景区的意向化率 C_2 均值均超过了 70%;副

省级城市的景区意向化率 C_2 均值比直辖市景区的意向化率 C_2 均值低 6.28%～9.97%，比省会城市景区的意向化率 C_2 均值高 2.28%～5.72%，比地级市景区的意向化率 C_2 均值高 4.36%～8.41%；省会城市与地级市景区的意向化率 C_2 均值相差不大。由此可见，景区所在城市的行政等级对景区意向化率 C_2 虽然有一定影响，但影响程度并不大。总体上，直辖市景区的意向化率 C_2 均值相对较高，副省级城市、省会城市和地级市景区的意向化率 C_2 均值依次递减，但相差不大。

第四节 不同客源市场的意向化率 C_2 差异特征

一、对应分析

为了分析不同客源市场对相同目标景区的意向化率 C_2 的差异，本书以 4 个客源城市共同的 70 家景区（见表 1-1）为例，分别统计 70 家景区在 4 个客源城市居民中的意向化率 C_2，将数据导入 SPSS19.0 软件，使用菜单分析中的"分析—降维—对应分析"命令，以客源城市为行变量，以景区为列变量，依据意向化率 C_2 进行对应分析，对应分析结果见表 5-7，并绘制了客源城市与景区的散点图，见图 5-6。

表 5-7 依据意向化率 C_2 的对应分析结果

维数	奇异值	惯量	惯量比例		标准差
			解释	累积	
1	0.053	0.003	0.395	0.395	0.003
2	0.050	0.002	0.349	0.744	0.002

续表

维数	奇异值	惯量	惯量比例		标准差
			解释	累积	
3	0.043	0.002	0.256	1.000	—
总计	—	0.007	1.000	1.000	—

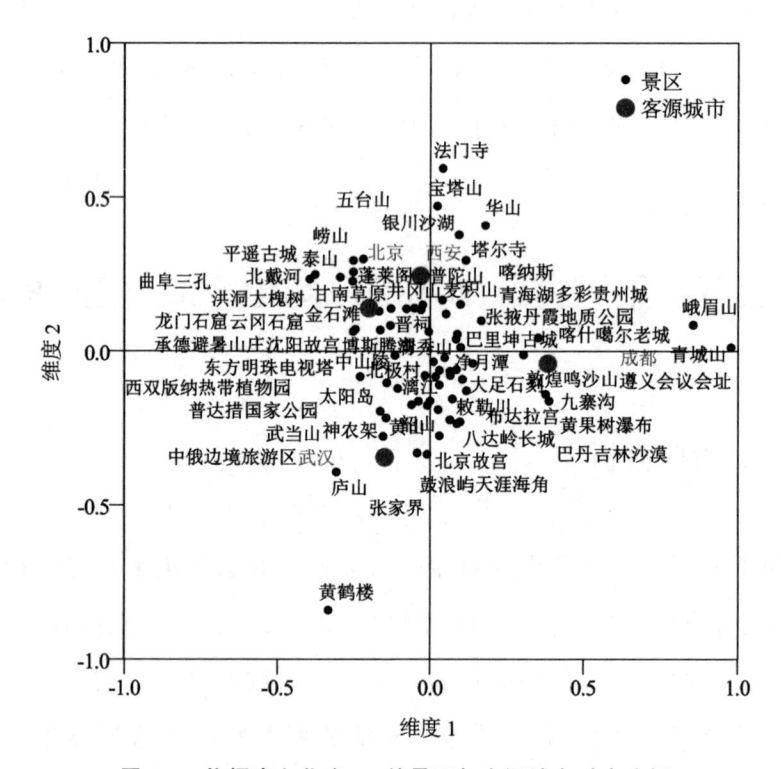

图 5-6 依据意向化率 C_2 的景区与客源城市对应分析

从表 5-7 意向化率 C_2 的对应分析结果看,维度 1(横轴)约占 39.5%,维度 2(纵轴)约占 34.9%,两个维度累积携带了 74.4% 的原始信息,说明这两个维度能较好地解释两个变量之间的对应关系。

从图 5-6 可以看出,4 个客源城市在两个维度上具有一定区分度, 70 家景区与对应的客源城市形成集聚分布,反映出不同客源城市居民对相同景区的意向化率 C_2 存在差异。西安和北京位于第二象限,武汉位于第三象限,成都位于第四象限,说明北京和西安居民对相同景区的意向化率 C_2 更为一致,即较多的景区在北京居民中的意向化率 C_2 与在西安居民中的意向化率 C_2 相差不大。从客源城市与景区的距离远近可以看出,有不少景区在某一客源城市居民中的意向化率 C_2 明显高于在其他客源城市居民中的意向化率 C_2,如法门寺、宝塔山、华山、银川沙湖、塔尔寺等景区在西安居民中的意向化率 C_2 明显高于在其他 3 个客源城市居民中的意向化率 C_2;北戴河、崂山、泰山、承德避暑山庄、曲阜三孔、五台山、五台山等景区在北京居民中的意向化率 C_2 明显高于在其他 3 个客源城市居民中的意向化率 C_2;黄鹤楼、庐山等景区在武汉居民中的意向化率 C_2 明显高于在其他 3 个客源城市居民中的意向化率 C_2;青城山、峨眉山、黄果树瀑布、九寨沟、遵义会议会址、多彩贵州城等景区在成都居民中的意向化率 C_2 明显高于在其他 3 个客源城市居民中的意向化率 C_2。

二、位序分析

为了便于进一步观察对比,本书对 4 个客源城市共有的 70 家景区进行了位序排名。首先,按照意向化率 C_2 由高到低的顺序,获取了这 70 家景区分别在 4 个客源城市居民中的位序,各客源城市居民意向化率 C_2 排名前 10 位的景区见表 5-8。其次,基于景区在 4 个客源城市中的意向化率 C_2 的位序,计算位序的平均值,并以位序平均值的排序作为景区意向化率 C_2 的综合位序,结果见表 5-9。

表 5-8　各客源城市居民意向化率 C_2 排名前 10 位的景区

位序	客源城市			
	北京	武汉	西安	成都
1	北京故宫	黄鹤楼	北京故宫	青城山
2	八达岭长城	北京故宫	华山	峨眉山
3	杭州西湖	八达岭长城	八达岭长城	北京故宫
4	东方明珠电视塔	杭州西湖	杭州西湖	八达岭长城
5	北戴河	鼓浪屿	东方明珠电视塔	九寨沟
6	天涯海角	东方明珠电视塔	西双版纳热带植物园	杭州西湖
7	苏州园林	天涯海角	青海湖	天涯海角
8	鼓浪屿	张家界	天涯海角	布达拉宫
9	布达拉宫	西双版纳热带植物园	九寨沟	东方明珠电视塔
10	西双版纳热带植物园	普达措国家公园	鼓浪屿	苏州园林

从表 5-8 可以看出，各客源城市居民的意向化率 C_2 排名前 10 的景区既有相同点也有不同点。其中：北京故宫、八达岭长城、杭州西湖、东方明珠电视塔、天涯海角是 4 个客源城市居民共同的意向化率 C_2 排名前 10 位的景区，这 5 家景区全部位于东部沿海地区；鼓浪屿、西双版纳热带植物园在北京、武汉、西安居民对景区的意向化率 C_2 中排在前 10 位；苏州园林、布达拉宫在北京、成都居民对景区的意向化率 C_2 中排在前 10 位；九寨沟在西安、成都居民对景区的意向化率 C_2 中排在前 10 位；也有一些景区的意向化率 C_2 只在某个城市居民对景区的意向化率 C_2 中排在前 10 位，如北戴河只在北京居民对景区的意向化率 C_2 中排在前 10 位；黄鹤楼、张家界、普达措国家公园只在武汉居民对景区的意向化率 C_2 中排在前 10 位；华山、青海湖只在西安居民对景区的意向化率 C_2 中排在前 10 位；青城山、峨眉山只在成都居民对景区的意向化率 C_2 中排在前 10 位。

表 5-9　景区意向化率 C_2 的综合位序

位序	景区	位序	景区	位序	景区
1	北京故宫	26	神农架	51	麦积山
2	八达岭长城	27	喀什噶尔老城	52	法门寺
3	杭州西湖	28	泰山	53	曲阜三孔
4	东方明珠电视塔	29	博斯腾湖	54	滕王阁
5	天涯海角	30	普陀山	55	宝塔山
6	鼓浪屿	31	北戴河	56	敕勒川
7	九寨沟	32	龙门石窟	57	大足石刻
8	苏州园林	33	深圳华侨城	58	云冈石窟
9	西双版纳热带植物园	34	甘南草原	59	沈阳故宫
10	布达拉宫	35	张掖丹霞地质公园	60	青秀山
11	普达措国家公园	36	巴里坤古城	61	多彩贵州城
12	青海湖	37	蓬莱阁	62	五台山
13	张家界	38	银川沙湖	63	云台山
14	漓江	39	崂山	64	净月潭
15	峨眉山	40	北极村	65	韶山
16	青城山	41	黄果树瀑布	66	晋祠
17	天山天池	42	庐山	67	汤旺河
18	黄鹤楼	43	巴丹吉林沙漠	68	洪洞大槐树
19	中山陵	44	金石滩	69	遵义会议会址
20	华山	45	承德避暑山庄	70	井冈山
21	黄山	46	武当山		
22	敦煌鸣沙山	47	中俄边境旅游区		
23	喀纳斯	48	太阳岛		
24	塔尔寺	49	广州白云山		
25	平遥古城	50	武夷山		

从表 5-9 可以看出，在 4 个客源城市居民共同的 70 家目标景区中，意向化率 C_2 综合位序排名前 3 位的景区依次为北京故宫、八达岭长城、杭州西湖，说明这 3 家景区的知名度最容易转化成为向往度。

从景区意向化率 C_2 综合位序排名情况来看，景区的地理位置对景区意向化率有一定影响。在意向化率 C_2 综合位序排名前 10 位的景区中，东部地区景区占 7 家，西部地区景区占 3 家，无中部地区景区。在意向化率 C_2 综合位序排名最末尾 10 位的景区中，中部地区景区占 8 家，西部地区景区占 2 家，无东部地区景区。

进一步的统计数据表明：在意向化率 C_2 综合位序排名前 35 位（含第 35 位）的景区中，有 11 家景区位于东部地区、6 家景区位于中部地区、18 家景区位于西部地区，分别占东部、中部、西部地区景区总数的 57.89％、30.00％、58.06％。东部和西部地区虽然在意向化率 C_2 排名中处于前 35 名的景区比例十分接近，但是东部地区有 54.55％的景区位于前 15 名，而西部地区只有 44.44％的景区位于前 15 名。由此可见，东部地区大部分景区的意向化率 C_2 综合位序排名靠前，西部地区景区次之，而中部地区大部分景区意向化率 C_2 综合位序排名靠后。这说明了景区的意向化率 C_2 具有地域差异，东部和西部地区景区的知名度容易转化为向往度，中部地区景区的知名度不易转化为向往度。

第五节　本章小结

知名市场到向往市场的转化是旅游市场转化的第二个阶段。意向化率 C_2 是衡量知名市场到向往市场转化程度的指标。本章围绕意向

化率 C_2 开展了相关研究。基于北京、武汉、西安和成都 4 个案例城市的问卷调查数据，计算了客源城市对目标景区的意向化率 C_2，提出了意向化率 C_2 的等级划分标准，探讨了意向化率 C_2 与知名度、向往度的关系，分析了意向化率 C_2 的距离分布特征和空间分布特征，以及不同客源市场的意向化率 C_2 的差异。主要结论如下。

（1）意向化率 C_2 与知名度存在正相关关系，且为线性相关关系。总体上，知名度越高，意向化率 C_2 越高。4 个客源城市对目标景区的意向化率 C_2 总均值为 60.07%，其中，北京为 65.15%、武汉为 53.30%、西安为 62.80%、成都为 59.04%。根据意向化率 C_2 的数值分布情况，可以将意向化率 C_2 的等级标准划分为高（>70%）、中（50%~70%）、低（<50%）。

（2）意向化率 C_2 和知名度共同决定向往度的高低，二者的乘积越大，向往度越高；二者的乘积越小，向往度越低。单独来看，向往度与意向化率 C_2、知名度均存在正相关关系，且为指数曲线相关关系。向往度随意向化率 C_2、知名度的提升呈加速提升趋势，意向化率 C_2、知名度较低时，向往度的提升速度较慢；意向化率 C_2、知名度较高时，向往度的提升速度较快。经统计，4 个客源城市对目标景区的向往度总均值为 34.29%，其中北京为 34.89%、武汉为 30.19%、西安为 37.17%、成都为 34.85%。根据向往度的数值分布情况，可以将向往度的等级标准划分为高（>45%）、中（25%~45%）、低（<25%）。

（3）意向化率 C_2 受 O-D 距离的影响较小，除近距离景区的意向化率 C_2 均值相对较高之外，其他距离区间景区的意向化率 C_2 均值围绕均值上下波动，未呈现出距离衰减特征。案例研究表明，O-D 球面距离处在 <200km、200~500km、501~1000km、1001~1500km、1501~2000km、>2000km 这些区间时，意向化率 C_2 均值依次为 76.16%、

59.28%、57.03%、59.42%、63.72%、59.92%；O-D 交通距离处在＜200km、200～500km、501～1000km、1001～1500km、1501～2000km、2001～3000km、＞3000km 这些区间时，意向化率 C_2 均值依次为 79.56%、62.37%、56.98%、58.46%、57.47%、61.30%、62.36%；O-D 时间距离处在＜2h、2～5h、6～10h、11～15h、16～20h、21～30h、＞30h 这些区间时，意向化率 C_2 均值依次为 84.00%、62.40%、59.36%、57.47%、57.46%、58.63%、61.65%；O-D 经济距离处在＜200RMB、200～400RMB、401～600RMB、601～800RMB、801～1000RMB、＞1000RMB 这些区间时，意向化率 C_2 均值依次为 65.79%、59.49%、57.40%、60.06%、61.91%、61.95%。

(4)意向化率 C_2 受旅游目的地区位及城市行政等级的影响。从不同地区的景区来看，案例客源城市对东部、中部、西部地区景区的意向化率 C_2 均值依次为 64.81%、53.01%、62.07%，东部和西部地区景区的意向化率 C_2 均值明显高于中部地区景区。从不同行政等级城市的景区来看，案例客源城市对直辖市、副省级城市、省会城市、地级市景区的意向化率 C_2 均值依次为 73.31%、65.48%、61.37%、58.12%，呈现出随行政等级的降低而递减的特征。直辖市景区的意向化率 C_2 均值明显高于其他行政等级城市景区的意向化率 C_2 均值；副省级城市、省会城市、地级市景区的意向化率 C_2 均值依次递减，但相差不大。

(5)不同客源市场对相同旅游目的地的意向化率 C_2 存在差异。案例研究表明，有些景区在某个客源市场中的意向化率 C_2 较高，但在其他客源市场中的意向化率 C_2 却较低。不过也有一些景区在不同客源市场中的意向化率 C_2 差异较小，例如 4 个客源城市对北京故宫、八达岭长城、杭州西湖、东方明珠电视塔和天涯海角的意向化率 C_2 都很高。

第六章　向往市场到现实市场的转化率

第一节　实地化率 C_3、向往度、到访率的相互关系

实现向往市场到现实市场的转化,对旅游目的地的意义重大,只有成功完成了这一转化,前期的旅游市场营销成本才能收回。那么究竟有多少向往市场能成功转化成现实市场,即实地化率 C_3 能达到多少?是否目的地的向往度越高,其实地化率 C_3 和到访率也越高呢?向往度、实地化率 C_3、到访率之间是何种关系呢?为了揭示三者的关系,本书基于问卷调查数据,根据式(3-3)、(3-7)、(3-8),分别计算出北京、武汉、西安和成都 4 个客源城市居民对各自目标景区的向往度、实地化率 C_3 和到访率。以向往度为横坐标,以实地化率 C_3 为纵坐标,绘制"向往度—实地化率 C_3"散点图;以实地化率 C_3 为横坐标,以到访率为纵坐标,绘制"实地化率 C_3—到访率"散点图;以向往度为横坐标,以到访率为纵坐标,绘制"向往度—到访率"散点图。根据散点的分布情况,对 4 个客源城市居民的景区"向往度—实地化率 C_3"散点进行直线拟合,对"实地化率 C_3—到访率"散点、"向往度—到访率"散点进行曲线拟

合，结果见图 6-1。

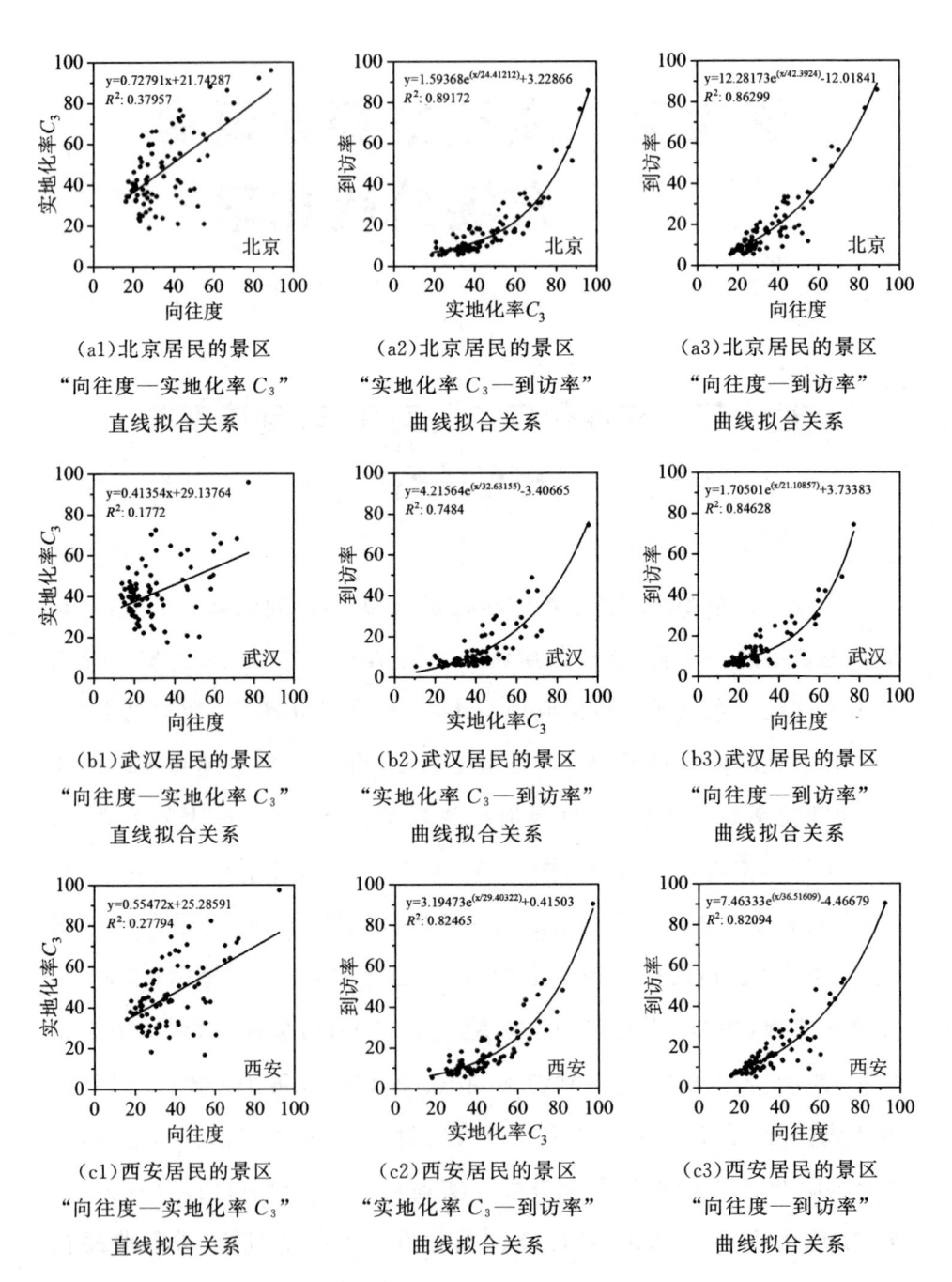

(a1) 北京居民的景区"向往度—实地化率 C_3"直线拟合关系
$y=0.72791x+21.74287$
$R^2: 0.37957$

(a2) 北京居民的景区"实地化率 C_3—到访率"曲线拟合关系
$y=1.59368e^{(x/24.41212)}+3.22866$
$R^2: 0.89172$

(a3) 北京居民的景区"向往度—到访率"曲线拟合关系
$y=12.28173e^{(x/42.3924)}-12.01841$
$R^2: 0.86299$

(b1) 武汉居民的景区"向往度—实地化率 C_3"直线拟合关系
$y=0.41354x+29.13764$
$R^2: 0.1772$

(b2) 武汉居民的景区"实地化率 C_3—到访率"曲线拟合关系
$y=4.21564e^{(x/32.63155)}-3.40665$
$R^2: 0.7484$

(b3) 武汉居民的景区"向往度—到访率"曲线拟合关系
$y=1.70501e^{(x/21.10857)}+3.73383$
$R^2: 0.84628$

(c1) 西安居民的景区"向往度—实地化率 C_3"直线拟合关系
$y=0.55472x+25.28591$
$R^2: 0.27794$

(c2) 西安居民的景区"实地化率 C_3—到访率"曲线拟合关系
$y=3.19473e^{(x/29.40322)}+0.41503$
$R^2: 0.82465$

(c3) 西安居民的景区"向往度—到访率"曲线拟合关系
$y=7.46333e^{(x/36.51609)}-4.46679$
$R^2: 0.82094$

(d1) 成都居民的景区
"向往度—实地化率 C_3"
直线拟合关系

(d2) 成都居民的景区
"实地化率 C_3—到访率"
曲线拟合关系

(d3) 成都居民的景区
"向往度—到访率"
曲线拟合关系

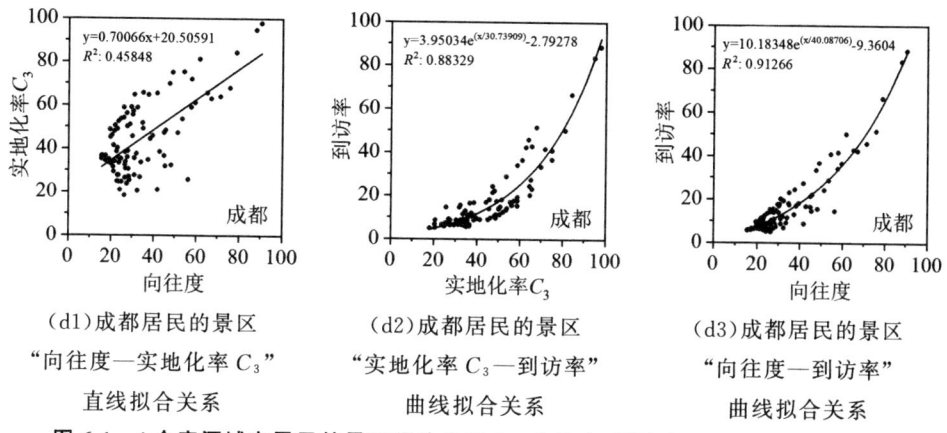

图 6-1　4 个客源城市居民的景区实地化率 C_3、向往度、到访率两两之间的拟合关系

一、实地化率 C_3 与向往度

从图 6-1 的(a1)、(b1)、(c1)、(d1)来看,4 个客源城市居民的景区实地化率 C_3 与向往度的散点分布较为离散,二者虽呈现出一定的线性关系,但是线性关系并不强,拟合直线的 R^2 依次约为 0.38、0.18、0.28、0.46。从散点的分布可以直观看出,有不少景区的向往度虽然较高,但是实地化率 C_3 较低;也有许多景区的向往度虽然不高,但是实地化率 C_3 较高。由此可见,景区向往度对实地化率 C_3 的影响较弱。景区向往度和实地化率 C_3 的等级对比可以很好地呈现二者的关系。

关于景区向往度的等级划分,前文已有分析,分为高(>45%)、中(25%~45%)、低(<25%)3 个等级。通过对实地化率 C_3 的数值统计可以发现:约有 20%的北京居民对目标景区的实地化率 C_3 高于63.94%,约有 60%的北京居民对目标景区的实地化率 C_3 为 32.59%~63.85%,其余约 20%的北京居民对目标景区的实地化率 C_3 低于 32.06%;约有20%的武汉居民对目标景区的实地化率 C_3 高于 50.34%,约有 60%的武汉居民对目标景区的实地化率 C_3 为 30.65%~50.24%,其余约 20%

的武汉居民对目标景区的实地化率 C_3 低于 30.14%；约有 20% 的西安居民对目标景区的实地化率 C_3 高于 59.33%，约有 60% 的西安居民对目标景区的实地化率 C_3 为 31.71%~59.33%，其余约 20% 的西安居民对目标景区的实地化率 C_3 低于 31.22%；约有 20% 的成都居民对目标景区的实地化率 C_3 高于 58.96%，约有 60% 的成都居民对目标景区的实地化率 C_3 为 30.73%~58.95%，其余约 20% 的成都居民对目标景区的实地化率 C_3 低于 30.50%。经过综合考虑，本书将实地化率 C_3 也划分为 3 个等级：高（>60%）、中（30%~60%）、低（<30%）。按照实地化率 C_3 的等级划分标准，北京居民的高、中、低实地化率 C_3 的景区分别占 23.53%、62.35%、14.12%；武汉居民的高、中、低实地化率 C_3 的景区分别占 13.25%、69.88%、16.87%；西安居民的高、中、低实地化率 C_3 的景区分别占 19.28%、68.67%、12.05%；成都居民的高、中、低实地化率 C_3 的景区分别占 18.48%、63.04%、18.48%。由此可见，不同客源城市居民的高、中、低实地化率 C_3 景区的比例存在差异，北京居民高实地化率 C_3 景区的比例明显高于其他城市，而武汉居民高实地化率 C_3 景区的比例最低。

通过对比景区向往度和实地化率 C_3 的等级情况，可以发现两者存在以下几种关系。

（1）高向往度景区实地化率 C_3 的等级可能为高、中、低，但以高、中等级为主，低等级较少。统计结果显示：北京居民的高向往度景区中，有 60.00% 为高实地化率 C_3 景区，26.67% 为中实地化率 C_3 景区，13.33% 为低实地化率 C_3 景区；武汉居民的高向往度景区中，有 37.50% 为高实地化率 C_3 景区，43.75% 为中实地化率 C_3 景区，18.75% 为低实地化率 C_3 景区；西安居民的高向往度景区中，有 43.48% 为高实地化率 C_3 景区，43.48% 为中实地化率 C_3 景区，13.04% 为低实地化率 C_3 景区;成都居民的高向往度景区中,有 65.00% 为高实地化率 C_3 景区,30.00% 为中实地化率 C_3 景区,5.00% 为低实地化率 C_3 景区。

(2)中向往度景区实地化率 C_3 的等级可能为高、中、低,但以中等级为主,高、低等级较少。统计结果显示:北京居民的中向往度景区中,有 65.12% 为中实地化率 C_3 景区,20.93% 为高实地化率 C_3 景区,13.95% 为低实地化率 C_3 景区;武汉居民的中向往度景区中,有 64.00% 为中实地化率 C_3 景区,20.00% 为高实地化率 C_3 景区,16.00% 为低实地化率 C_3 景区;西安居民的中向往度景区中,有 70.74% 为中实地化率 C_3 景区,14.63% 为高实地化率 C_3 景区,14.63% 为低实地化率 C_3 景区;成都居民的中向往度景区中,有 68.29% 为中实地化率 C_3 景区,9.76% 为高实地化率 C_3 景区,21.95% 为低实地化率 C_3 景区。

(3)低知名度景区的实地化率 C_3 的等级可能为高、中、低,但以中等级为主,高、低等级较少。统计结果显示:北京居民的低向往度景区中,有 77.78% 为中实地化率 C_3 景区,14.81% 为低实地化率 C_3 景区,7.41% 为高实地化率 C_3 景区;武汉居民的低向往度景区中,有 83.33% 为中实地化率 C_3 景区,16.67% 为低实地化率 C_3 景区,无高实地化率 C_3 景区;西安居民的低向往度景区中,有 94.74% 为中实地化率 C_3 景区,5.26% 为低实地化率 C_3 景区,无为高实地化率 C_3 景区;成都居民的低向往度景区中,有 77.42% 为中实地化率 C_3 景区,22.58% 为低实地化率 C_3 景区,无高实地化率 C_3 景区。

二、实地化率 C_3 与到访率

从图 6-1 的(a2)、(b2)、(c2)、(d2)来看,4 个客源城市居民的景区到访率与实地化率 C_3 均存在正相关关系,且为指数曲线相关关系,拟

合曲线的 R^2 分别约达到了 0.89、0.75、0.82、0.88。

从总体趋势来看,景区的实地化率 C_3 越高,到访率越高,并且实地化率 C_3 越高,到访率增长的速度越快。但这并不意味着实地化率 C_3 越高,景区到访率一定越高。从散点的分布可以看出,有不少景区的实地化率 C_3 虽然比一些景区低,但是到访率却高于这些景区。

对景区到访率的数值统计发现:约有 20% 的北京居民对目标景区的到访率高于 27.44%,约有 60% 的北京居民对目标景区的到访率为 7.90%~23.93%,其余约 20% 的北京居民对目标景区的到访率低于 7.80%;约有 20% 的武汉居民对目标景区的到访率高于 20.12%,约有 60% 的武汉居民对目标景区的到访率为 6.35%~19.44%,其余约 20% 的武汉居民对目标景区的到访率低于 6.35%;约有 20% 的西安居民对目标景区的到访率高于 24.94%,约有 60% 的西安居民对目标景区的到访率为 8.92%~24.94%,其余约 20% 的西安居民对目标景区的到访率低于 8.58%;约有 20% 的成都居民对目标景区的到访率高于 24.29%,约有 60% 的成都居民对目标景区的到访率为 6.74%~23.11%,其余约 20% 的成都居民对目标景区的到访率低于 6.67%。经综合考虑,本书将到访率划分为 3 个等级:高(>25%)、中(10~25%)、低(<10%)。按照到访率的等级划分标准,北京居民的高、中、低到访率的景区分别占 20.00%、41.18%、38.82%;武汉居民的高、中、低到访率的景区分别占 13.25%、26.51%、60.24%;西安居民的高、中、低到访率的景区分别占 19.28%、48.19%、32.53%;成都居民的高、中、低到访率的景区分别占 17.39%、40.22%、42.39%。

通过对比景区实地化率 C_3 和到访率的等级情况,可以发现两者存在以下几种关系。

(1) 高实地化率 C_3 景区的到访率等级可能为高、中,但以高等级为主,中等级较少。统计结果显示:北京居民的高实地化率C_3景区中,有75.00%为高到访率景区,只有25%为中到访率景区;武汉居民的高实地化率C_3景区中,有63.64%为高到访率景区,36.36%为中到访率景区;西安居民的高实地化率C_3景区中,有81.25%为高到访率景区,只有18.75%为中到访率景区;成都居民的高实地化率C_3景区中,有82.35%为高到访率景区,只有17.65%为中到访率景区。

(2)中实地化率C_3景区的到访率等级可能为高、中、低,但以中、低等级为主,高等级较少。统计结果显示:北京居民的中实地化率C_3景区中,有52.83%为中到访率景区,43.40%为低到访率景区,仅有3.77%为高到访率景区;武汉居民的中实地化率C_3景区中,有63.79%为低到访率景区,29.31%为中到访率景区,仅有6.90%为高到访率景区;西安居民的中实地化率C_3景区中,有61.41%为中到访率景区,33.3%为低到访率景区,仅有5.26%为高到访率景区;成都居民的中实地化率C_3景区中,有56.90%为中到访率景区,39.65%为低到访率景区,仅有3.45%为高到访率景区。

(3)低实地化率C_3景区的到访率等级可能为中、低,但以低等级为主,中等级较少。统计结果显示:北京居民的低实地化率C_3景区中,有83.33%为低到访率景区,仅有16.67%为中到访率景区;武汉居民的低实地化率C_3景区中,有92.86%为低到访率景区,仅有7.14%为中到访率景区;西安居民的低实地化率C_3景区中,有80.00%为低到访率景区,仅有20.00%为中到访率景区;成都居民的低实地化率C_3景区中,有94.12%为低到访率景区,仅有5.88%为中到访率景区。

三、向往度与到访率

从图6-1的(a3)、(b3)、(c3)、(d3)来看,4个客源城市居民的景区到访率与向往度均存在正相关关系,且为指数曲线相关关系,拟合曲线的 R^2 分别约达到了 0.86、0.85、0.82、0.91。从总体趋势来看,景区的向往度越高,到访率越高,并且向往度越高,到访率增长的速度越快。

通过对比景区向往度和到访率的等级情况,可以发现两者存在以下几种关系。

(1)高向往度景区的到访率等级可能为高、中、低,但以高等级为主,中、低等级较少。统计结果显示:北京居民的高向往度景区中,有73.33%为高到访率景区,26.67%为中到访率景区,无低到访率景区;武汉居民的高向往度景区中,有 62.50%为高到访率景区,25.00%为中到访率景区,仅有 12.50%为低到访率景区;西安居民的高向往度景区中,有56.52%为高到访率景区,39.13%为中到访率景区,仅有 4.35%为低到访率景区;成都居民的高向往度景区中,有 75.00%为高到访率景区,25.00%为中到访率景区,无低到访率景区。

(2)中向往度景区的到访率等级可能为高、中、低,但以中等级为主,低、高等级较少。统计结果显示:北京居民的中向往度景区中,有60.47%为中到访率景区,25.58%为低到访率景区,13.95%为高到访率景区;武汉居民的中向往度景区中,有 64.00%为中到访率景区,32.00%为低到访率景区,仅有 4.00%为高到访率景区;西安居民的中向往度景区中,有 68.29%为中到访率景区,24.39%为低到访率景区,7.32%为高到访率景区;成都居民的中向往度景区中,有 65.85%为中到访率景区,31.71%为低到访率景区,仅有 2.44%为高到访率景区。

(3)低向往度景区的到访率等级可能为中、低,但绝大部分为低等级,中等级很少。统计结果显示:北京居民的低向往度景区中,有81.48%为低到访率景区,仅有 18.52%为中到访率景区;武汉居民的低向往度景区中,有 95.24%为低到访率景区,仅有 4.76%为中到访率景区;西安居民的低向往度景区中,有 84.21% 为低到访率景区,仅有 15.79% 为中到访率景区;成都居民的低向往度景区中,有 83.87% 为低到访率景区,仅有 16.13% 为中到访率景区。

第二节 实地化率 C_3 的距离分布特征

一、按球面距离分布

本书按照目标景区距客源城市球面距离由近及远的顺序,分别绘制了 4 个客源城市对各自目标景区实地化率 C_3 的球面距离分布图,见图 6-2 的(a1)、(b1)、(c1)、(d1)。按照 O-D 球面距离由近及远的顺序,对实地化率 C_3 进行累计计算,并按照累计实地化率 C_3 总和为 100% 进行标准化处理,绘制了累计实地化率 C_3 的球面距离分布图,见图 6-2 的(a2)、(b2)、(c2)、(d2)。

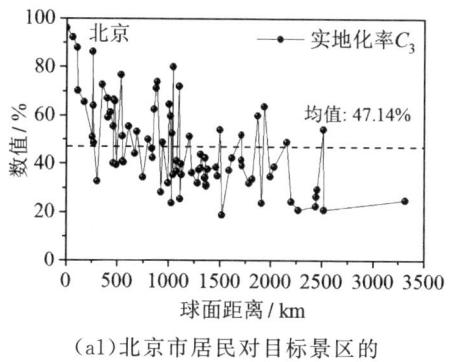

(a1)北京市居民对目标景区的
实地化率 C_3 的球面距离分布

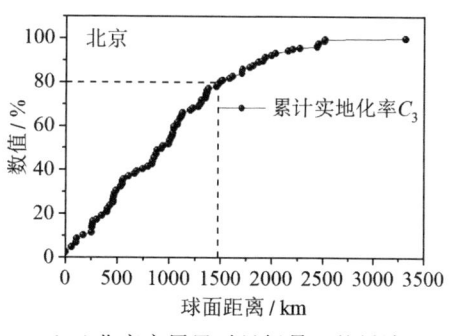

(a2)北京市居民对目标景区的累计
实地化率 C_3 的球面距离分布

(b1) 武汉市居民对目标景区的实地化率 C_3 的球面距离分布

(b2) 武汉市居民对目标景区的累计实地化率 C_3 的球面距离分布

(c1) 西安市居民对目标景区的实地化率 C_3 的球面距离分布

(c2) 西安市居民对目标景区的累计实地化率 C_3 的球面距离分布

(d1) 成都市居民对目标景区的实地化率 C_3 的球面距离分布

(d2) 成都市居民对目标景区的累计实地化率 C_3 的球面距离分布

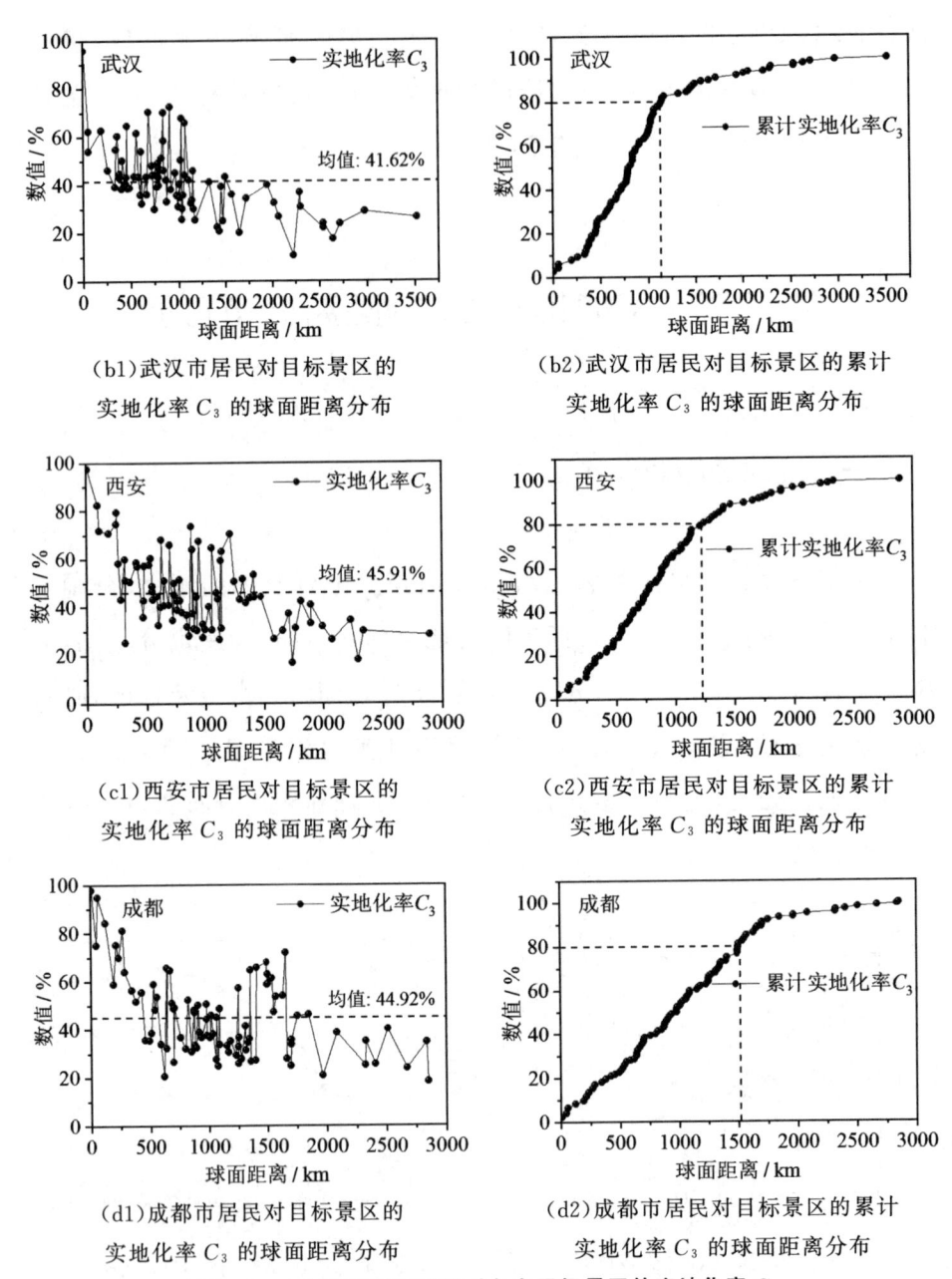

图 6-2　4 个客源城市居民对各自目标景区的实地化率 C_3 和累计实地化率 C_3 的球面距离分布

从图 6-2 的(a1)、(b1)、(c1)、(d1)可以直观看出,球面距离对实地化率 C_3 的影响较大。总体上,4 个客源城市居民对不同球面距离景区的实地化率 C_3 均呈现出较为明显的距离衰减特征,随着球面距离的不断增加,实地化率 C_3 呈波动下降。经计算,北京、武汉、西安和成都居民的景区实地化率 C_3 的方差依次为:316.05、205.21、248.04、292.96,说明北京居民的景区实地化率 C_3 的波动最大,武汉居民的景区实地化率 C_3 的波动最小。对比 4 个客源城市可以发现,球面距离较近的景区实地化率 C_3 通常较高,且波动幅度较大,而球面距离较远的景区实地化率 C_3 通常较低,且波动幅度较小。这反映出在一定球面距离范围内,实地化率 C_3 比较容易克服球面距离衰减作用,但超过一定球面距离范围后,球面距离的衰减作用将不易被克服。另外,球面距离对不同客源城市居民的景区实地化率 C_3 的衰减作用存在差异,从图中可以看出,球面距离超过 1500km 的景区,北京居民对其的实地化率 C_3 仍有不少是较高的,超过了均值,而其他 3 个城市居民对其的实地化率 C_3 大都在均值以下。4 个城市中,北京居民的实地化率 C_3 的均值最高,为 47.14%;西安和成都次之,分别为 45.91%、44.92%;武汉最低,为 41.62%。可见,北京居民的景区实地化率 C_3 相对较高,即向往市场最容易转化成为现实市场,而武汉居民的景区实地化率 C_3 相对较低,即向往市场转化成为现实市场的难度较大。

从图 6-2 的(a2)、(b2)、(c2)、(d2)可以直观看出,北京居民的 80%累计实地化率 C_3 分布在距北京球面距离接近 1500km 处,武汉居民的 80%累计实地化率 C_3 分布在距武汉球面距离 1100km 附近,西安居民的 80%累计实地化率 C_3 分布在距西安球面距离 1200km 附近,成都居民的 80%累计实地化率 C_3 分布在距成都球面距离略超过 1500km 处。由此可见,不同城市居民的累计实地化率 C_3 的球面距离分布存在差异。北京和成都居民的80%累计实地化率C_3分布的球面距离较远，武汉和西安居民的80%累计实地化率C_3分布的球面距离较近。这反映出球面距离对北京和成都居民实地化率C_3的影响相对较小，对武汉和西安居民实地化率C_3的影响相对较大。

为了更加深入地分析球面距离对实地化率C_3的影响，本书根据图6-2不同球面距离景区实地化率C_3的波动情况，按照距客源城市球面距离<200km、200～500km、501～1000km、1001～1500km、1501～2000km、>2000km的区间划分，分别计算各球面距离区间内景区的实地化率C_3均值，结果见表6-1。

表6-1　不同球面距离景区的实地化率C_3均值对比

单位：%

客源城市	球面距离						全部
	<200 km	200～500 km	501～1000 km	1001～1500 km	1501～2000 km	>2000 km	
北京	82.33	57.81	50.06	42.39	39.92	31.14	47.14
武汉	68.67	45.89	45.85	37.99	32.62	25.42	41.62
西安	80.59	53.39	44.68	47.13	32.20	27.33	45.91
成都	82.15	58.29	43.87	39.38	44.34	30.09	44.92
全部	78.86	53.41	45.63	41.44	39.11	28.48	44.91

从表6-1可以看出，不同球面距离景区的实地化率C_3均值差异较大。4个客源城市居民对距离小于200km的景区实地化率C_3均值最高，其中北京为82.33%、武汉为68.67%、西安为80.59%、成都为82.15%，分别是各自球面距离为200～500km景区实地化率C_3均值的1.42倍、1.50倍、1.51倍、1.41倍，是各自全部景区实地化率C_3均值的1.75倍、1.65倍、1.76倍、1.83倍。4个客源城市居民对球面距离在200～500km区间的景区实地化率C_3均值也较高，北京为57.81%、武汉为45.89%、西安为53.39%、成都为58.29%，分别是各自球面距离为501～

1000km 景区实地化率 C_3 均值的 1.15 倍、1.00 倍、1.20 倍、1.33 倍,分别是各自全部景区实地化率 C_3 均值的 1.23 倍、1.10 倍、1.16 倍、1.30 倍。

距客源城市球面距离 501～1000km 的景区实地化率 C_3 均值与全部景区实地化率 C_3 均值相差不大。其中,北京和武汉居民的实地化率 C_3 均值略高于全部景区实地化率 C_3 均值,西安和成都居民的实地化率 C_3 均值略低于全部景区实地化率 C_3 均值。在距客源城市球面距离大于 1500km 的景区中,除了西安居民球面距离 1501～2000km、>2000km 景区的实地化率 C_3 均值略高于全部景区实地化率 C_3 均值之外,其他客源城市居民球面距离 1501～2000km、>2000km 景区的实地化率 C_3 均值均低于全部景区实地化率 C_3 均值,尤其是球面距离>2000km 的景区实地化率 C_3 均值明显低于全部景区实地化率 C_3 均值,且低 14.83% 以上。进一步观察发现,除了西安居民的球面距离 1001～1500km 景区实地化率 C_3 均值略高于球面距离 501～1000km 景区,成都居民的球面距离 1501～2000km 景区实地化率 C_3 均值略高于球面距离 501～1500km 景区之外,4 个客源城市居民其他球面距离区间景区均是球面距离越近,实地化率 C_3 均值越高,球面距离越远,实地化率 C_3 均值越低。由此可见,实地化率 C_3 均呈现出较为明显的球面距离衰减现象。

二、按交通距离分布

按照 O-D 交通距离由近及远的顺序,本书分别绘制了 4 个客源城市对各自目标景区实地化率 C_3 的交通距离分布图,见图 6-3 的(a1)、(b1)、(c1)、(d1)。按照 O-D 交通距离由近及远的顺序,对实地化率 C_3 进行累计计算,并按照累计实地化率 C_3 总和为 100% 进行标准化处理,绘制了累计实地化率 C_3 的交通距离分布图,见图 6-3 的(a2)、(b2)、(c2)、(d2)。

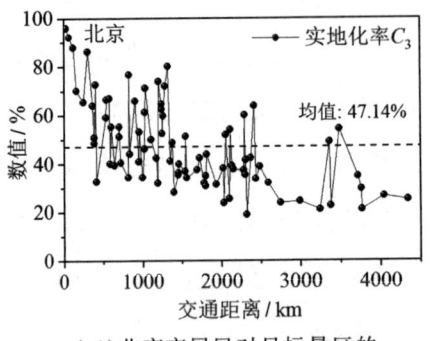

(a1)北京市居民对目标景区的实地化率 C_3 的交通距离分布

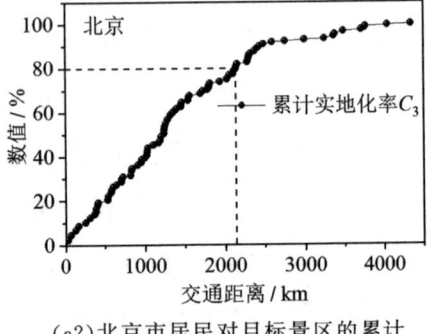

(a2)北京市居民对目标景区的累计实地化率 C_3 的交通距离分布

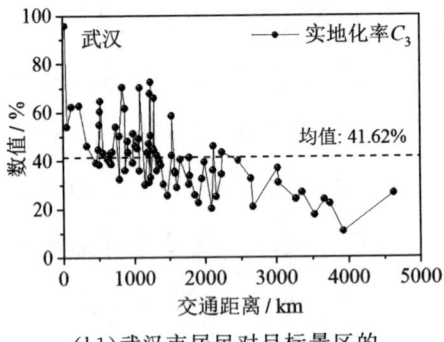

(b1)武汉市居民对目标景区的实地化率 C_3 的交通距离分布

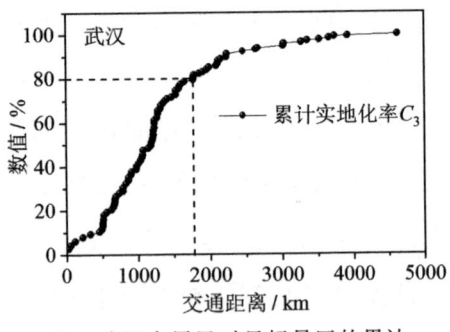

(b2)武汉市居民对目标景区的累计实地化率 C_3 的交通距离分布

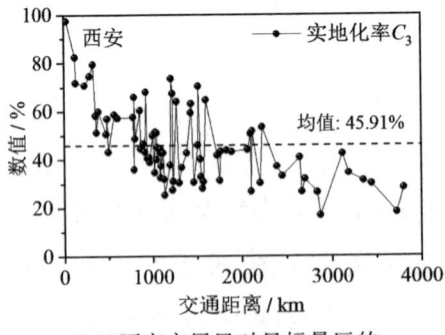

(c1)西安市居民对目标景区的实地化率 C_3 的交通距离分布

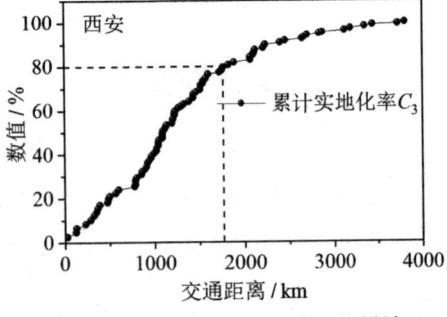

(c2)西安市居民对目标景区的累计实地化率 C_3 的交通距离分布

(d1) 成都市居民对目标景区的
实地化率 C_3 的交通距离分布

(d2) 成都市居民对目标景区的累计
实地化率 C_3 的交通距离分布

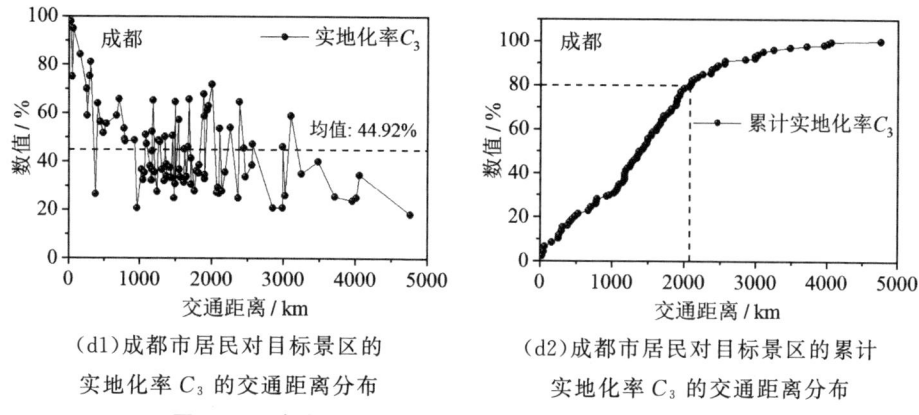

**图 6-3　4 个客源城市居民对各自目标景区的实地化率 C_3
和累计实地化率 C_3 的交通距离分布**

从图 6-3 的(a1)、(b1)、(c1)、(d1)可以直观地看出,总体上,4 个客源城市居民对不同交通距离景区的实地化率 C_3 均呈现出较为明显的距离衰减特征。随 O-D 交通距离的增加,景区的实地化率 C_3 虽然有所波动,但总体呈现出明显的下降趋势,交通距离较近的景区实地化率 C_3 明显高于交通距离较远的景区实地化率 C_3。

从图 6-3 的(a2)、(b2)、(c2)、(d2)可以看出,北京居民的 80% 累计实地化率 C_3 分布在距北京交通距离略超过 2100km 处,武汉居民的 80% 累计实地化率 C_3 分布在距武汉交通距离 1800km 附近,西安居民的 80% 累计实地化率 C_3 分布在距西安交通距离 1800km 附近,成都居民的 80% 累计实地化率 C_3 分布在距成都交通距离 2100km 附近。由此可见,在 4 个客源城市中,北京居民的实地化率 C_3 受交通距离的影响较小,成都居民的实地化率 C_3 受交通距离的影响中等,武汉和西安居民的实地化率 C_3 受交通距离的影响较大。尽管不同客源城市居民的实地化率 C_3 的交通距离分布存在差异,但是差异较小。总体上,客源城市居民的 80% 累计实地化率 C_3 分布在距客源城市交通距离 2000km 附近。

为了更加深入地分析交通距离对实地化率 C_3 的影响,本书根据图 6-3 不同交通距离景区实地化率 C_3 的波动情况,按照距客源城市交通距离 <200km、200～500km、501～1000km、1001～1500km、1501～2000km、2001～3000km、>3000km 的区间划分,分别计算各交通距离区间内景区的实地化率 C_3 均值,结果见表 6-2。

表 6-2 不同交通距离景区的实地化率 C_3 均值对比

单位:%

客源城市	交通距离							
	<200 km	200～500 km	501～1000 km	1001～1500 km	1501～2000 km	2001～3000 km	>3000 km	全部
北京	86.53	60.04	51.49	52.52	37.53	38.02	31.46	47.14
武汉	70.69	48.22	47.24	44.82	35.80	33.13	24.27	41.62
西安	83.84	60.56	50.51	43.73	42.99	36.67	30.69	45.91
成都	87.98	60.42	50.08	40.95	45.16	37.30	31.87	44.92
全部	82.97	58.63	49.56	45.01	41.16	36.84	28.29	44.91

从表 6-2 可以看出:(1)4 个客源城市居民对交通距离小于 200km 的景区实地化率 C_3 均值最高,其中北京为 86.53%、武汉为 70.69%、西安为 83.84%、成都为 87.98%,分别约是交通距离 200～500km 景区实地化率 C_3 均值的 1.44 倍、1.47 倍、1.38 倍、1.46 倍,约是各自全部景区实地化率 C_3 均值的 1.84 倍、1.70 倍、1.83 倍、1.96 倍。(2)距客源城市交通距离 200～500km 的景区实地化率 C_3 均值同样较高,其中北京为 60.04%、武汉为 48.22%、西安为 60.56%、成都为 60.42%,分别约是交通距离 501～1000km 景区实地化率 C_3 均值的 1.17 倍、1.02 倍、1.20 倍、1.21 倍,分别约是各自全部景区实地化率 C_3 均值的 1.27 倍、1.16 倍、1.32 倍、1.35 倍。(3)4 个客源城市居民对交通距离 500～1000km 景区的实地化率 C_3 均值全部高于各自全部景区实地化率 C_3 的均值,

且高5%左右。(4)在距客源城市交通距离大于1000km的景区中,除了距北京和武汉交通距离1001～1500km、距成都交通距离1501～2000km的景区实地化率C_3均值略高于各自全部景区实地化率C_3均值之外,其他交通距离区间景区的实地化率C_3均低于全部景区实地化率C_3均值。(5)4个客源城市中,距北京交通距离1001～1500km景区实地化率C_3均值略高于距北京交通距离501～1000km景区,距北京交通距离2001～3000km景区实地化率C_3均值略高于距北京交通距离1501～2000km景区,距成都交通距离1501～2000km景区实地化率C_3均值略高于距成都交通距离1001～1500km景区,4个客源地城市其他交通距离区间景区均是距客源城市交通距离越近,实地化率C_3均值越高,距客源城市交通距离越远,实地化率C_3均值越低。由此可见,不同交通区间景区的实地化率C_3均值呈现出较为明显的距离衰减现象,说明向往市场到现实市场的转化受O-D交通距离的影响较大。

三、按时间距离分布

按照O-D时间距离由近及远的顺序,本书分别绘制了4个客源城市对各自目标景区的实地化率C_3的时间距离分布图,见图6-4的(a1)、(b1)、(c1)、(d1)。按照O-D时间距离由近及远的顺序,对实地化率C_3进行累计计算,并按照累计实地化率C_3总和为100%进行标准化处理,绘制了累计实地化率C_3的时间距离分布图,见图6-4的(a2)、(b2)、(c2)、(d2)。

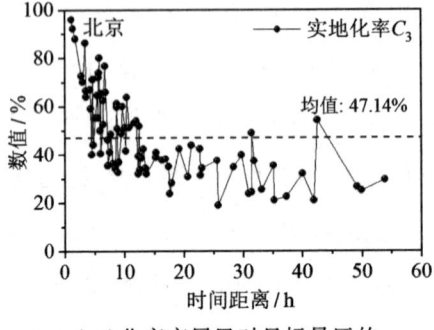

(a1)北京市居民对目标景区的
实地化率 C_3 的时间距离分布

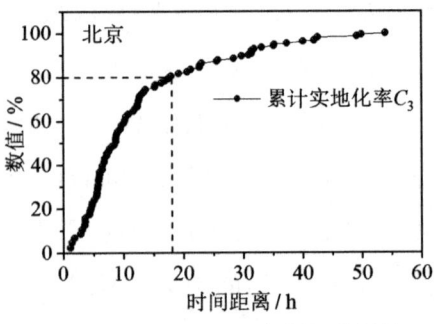

(a2)北京市居民对目标景区的累计
实地化率 C_3 的时间距离分布

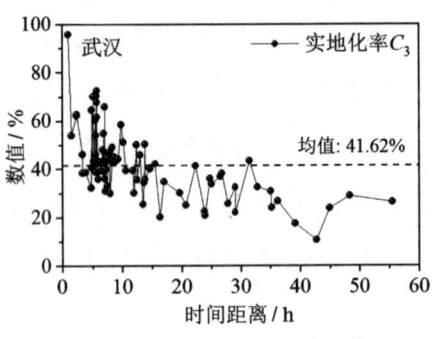

(b1)武汉市居民对目标景区的
实地化率 C_3 的时间距离分布

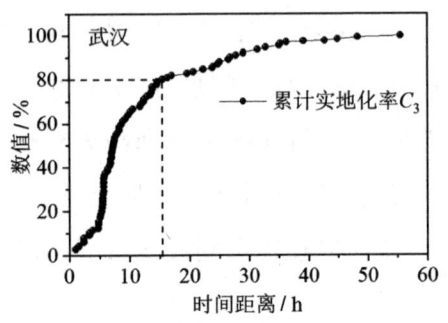

(b2)武汉市居民对目标景区的累计
实地化率 C_3 的时间距离分布

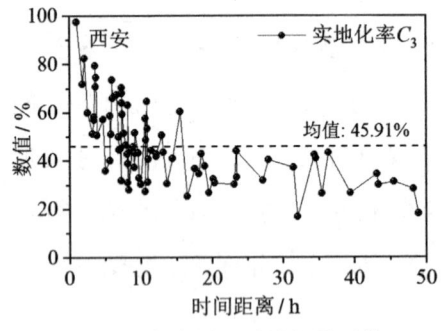

(c1)西安市居民对目标景区的
实地化率 C_3 的时间距离分布

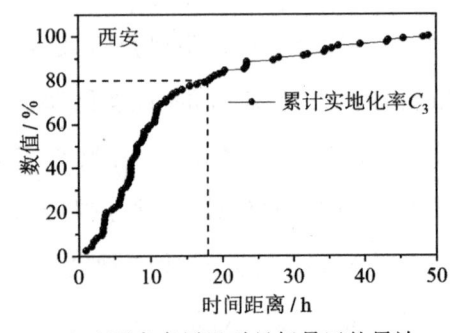

(c2)西安市居民对目标景区的累计
实地化率 C_3 的时间距离分布

(d1) 成都市居民对目标景区的
实地化率 C_3 的时间距离分布

(d2) 成都市居民对目标景区的累计
实地化率 C_3 的时间距离分布

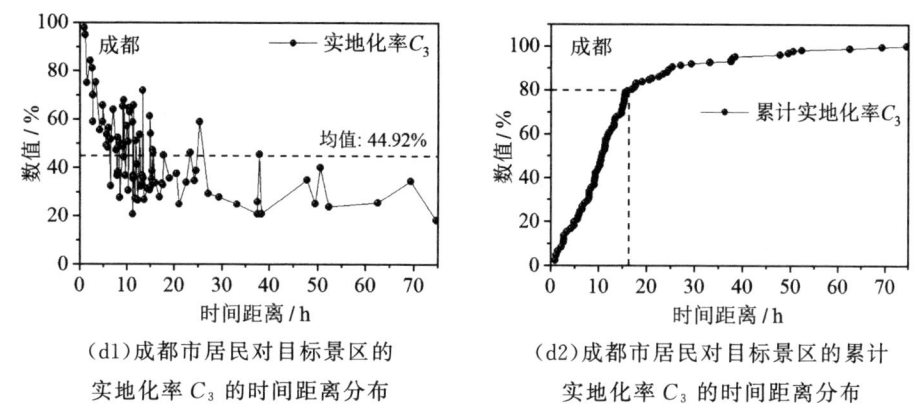

**图 6-4　4 个客源城市居民对各自目标景区的实地化率 C_3
和累计实地化率 C_3 的时间距离分布**

从图 6-4 的(a1)、(b1)、(c1)、(d1)可以看出,4 个客源城市居民对不同时间距离景区的实地化率 C_3 均呈现出明显的距离衰减特征。随 O-D 时间距离的增加,景区实地化率 C_3 波动下降,时间距离超过 15h,大多数景区的实地化率 C_3 低于均值。

从图 6-4 的(a2)、(b2)、(c2)、(d2)可以看出,北京居民的 80% 累计实地化率 C_3 分布在距北京时间距离 18h 附近,武汉居民的 80% 累计实地化率 C_3 分布在距武汉时间距离略超过 15h 处,西安居民的 80% 累计实地化率 C_3 分布在距西安时间距离 18h 附近,成都居民的 80% 累计实地化率 C_3 分布在距成都时间距离 16h 附近。可见,北京和西安居民的实地化率 C_3 受时间距离的影响相对较小,武汉和成都居民的实地化率 C_3 受时间距离的影响相对较大。总体上,4 个客源城市居民的 80% 累计实地化率 C_3 分布在距客源城市时间距离 15～20h 处。

为了更加深入地分析时间距离对实地化率 C_3 的影响,本书根据图 6-4 不同时间距离景区实地化率 C_3 的波动情况,按照距客源城市时间距离 <2h、2～5h、6～10h、11～15h、16～20h、21～30h、>30h 的区间划分,分别计算各时间距离区间内景区的实地化率 C_3 均值,结果见表 6-3。

表 6-3　不同时间距离景区的实地化率 C_3 均值对比

单位：%

客源城市	时间距离							
	<2h	2~5h	6~10h	11~15h	16~20h	21~30h	>30h	全部
北京	91.99	64.09	54.10	43.90	35.60	34.84	30.48	47.14
武汉	74.86	48.22	47.85	39.88	31.78	30.43	26.41	41.62
西安	84.58	64.15	49.16	43.24	37.75	35.79	31.24	45.91
成都	89.23	68.69	48.36	43.95	38.13	36.88	28.33	44.92
全部	86.25	61.60	49.76	43.02	36.67	34.23	29.28	44.91

从表 6-3 可以看出，不同时间距离区间景区的实地化率 C_3 均值呈现出明显的距离衰减特征。4 个客源城市居民对时间距离小于 2h 景区的实地化率 C_3 均值最高，其中北京为 91.99%、武汉为 74.86%、西安为 84.58%、成都为 89.23%，分别约是各自时间距离 2~5h 景区实地化率 C_3 均值的 1.44 倍、1.55 倍、1.32 倍、1.30 倍，约是各自全部景区实地化率 C_3 均值的 1.95 倍、1.80 倍、1.84 倍、1.99 倍。4 个客源城市居民对时间距离 2~5h 景区的实地化率 C_3 均值也较高，其中北京为 64.09%、武汉为 48.22%、西安为 64.15%、成都为 68.69%，分别约是各自时间距离 5~10h 景区实地化率 C_3 均值的 1.18 倍、1.01 倍、1.31 倍、1.42 倍，约是各自全部景区实地化率 C_3 均值的 1.36 倍、1.16 倍、1.40 倍、1.53 倍。距客源城市时间距离在 10h 以内的各时间距离区间景区的实地化率 C_3 均值均高于全部景区实地化率 C_3 均值，距客源城市时间距离在 10h 以上的各时间距离区间景区的实地化率 C_3 均值均低于全部景区实地化率 C_3 均值。4 个客源城市居民对时间距离大于 30h 景区的实地化率 C_3 均值比时间距离小于 2h 景区的实地化率 C_3 均值分别低 61.51%、48.44%、53.34%、60.90%。

四、按经济距离分布

按照 O-D 经济距离由近及远的顺序,本书分别绘制了 4 个客源城市对各自目标景区的实地化率 C_3 的经济距离分布图,见图 6-5 的(a1)、(b1)、(c1)、(d1)。按照 O-D 经济距离由近及远的顺序,对实地化率 C_3 进行累计计算,并按照累计实地化率 C_3 总和为 100% 进行标准化处理,绘制了累计实地化率 C_3 的经济距离分布图,见图 6-5 的(a2)、(b2)、(c2)、(d2)。

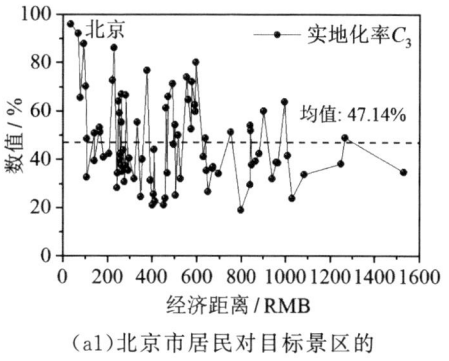

(a1)北京市居民对目标景区的
实地化率 C_3 的经济距离分布

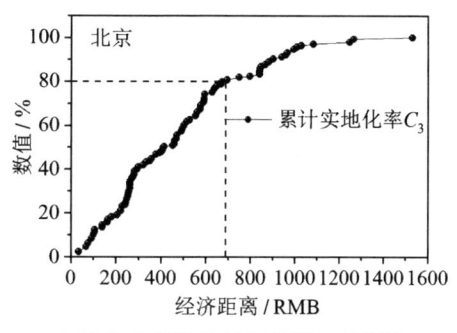

(a2)北京市居民对目标景区的累计
实地化率 C_3 的经济距离分布

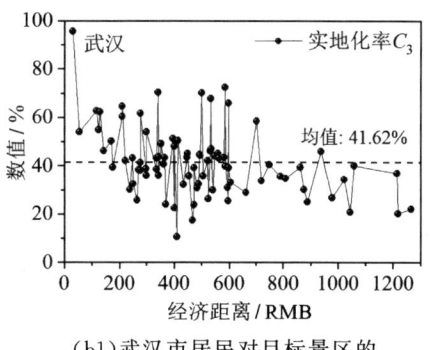

(b1)武汉市居民对目标景区的
实地化率 C_3 的经济距离分布

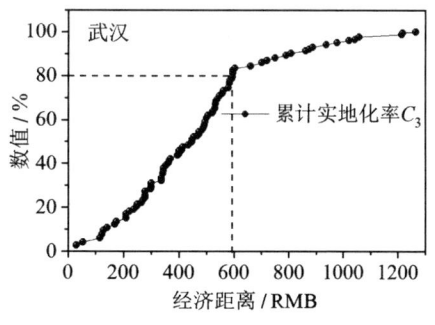

(b2)武汉市居民对目标景区的累计
实地化率 C_3 的经济距离分布

(c1) 西安市居民对目标景区的
实地化率 C_3 的经济距离分布

(c2) 西安市居民对目标景区的累计
实地化率 C_3 的经济距离分布

(d1) 成都市居民对目标景区的
实地化率 C_3 的经济距离分布

(d2) 成都市居民对目标景区的累计
实地化率 C_3 的经济距离分布

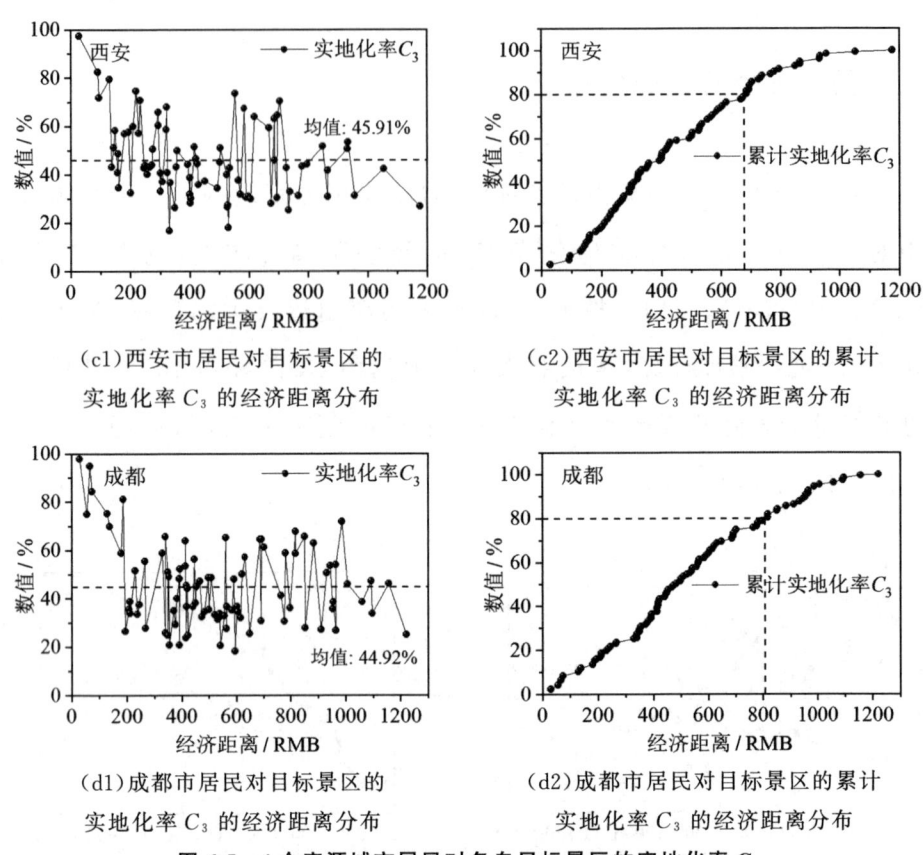

图 6-5　4 个客源城市居民对各自目标景区的实地化率 C_3
和累计实地化率 C_3 的经济距离分布

从图 6-5 的 (a1)、(b1)、(c1)、(d1) 可以直观地看出,总体上,4 个客源城市居民对不同经济距离景区的实地化率 C_3 均呈现出一定的距离衰减特征,但衰减并不明显。除了经济距离在 200RMB 以内的景区实地化率 C_3 较高之外,其他景区的实地化率 C_3 随经济距离的增加呈上下波动分布,只是总体上呈略微下降趋势。

从图 6-5 的 (a2)、(b2)、(c2)、(d2) 可以看出,北京居民的 80％累计实地化率 C_3 分布在距北京经济距离接近 700RMB 处,武汉居民的 80％累计实地化率 C_3 分布在距武汉经济距离接近 600RMB 处,西安居民的80%累计实地化率C_3分布在距西安经济距离接近700RMB处,成都居民的80%累计实地化率C_3分布在距成都经济距离略超过800RMB处。总体上,4个客源城市居民的80%累计实地化率C_3分布在距客源城市经济距离601~800RMB处。

为了更加深入地分析经济距离对实地化率C_3的影响,本书根据图6-5不同经济距离景区实地化率C_3的波动情况,按照距客源城市经济距离<200RMB、200~400RMB、401~600RMB、601~800RMB、801~1000RMB、>1000RMB的区间划分,分别计算各经济距离区间景区的实地化率C_3均值,结果见表6-4。

表6-4 不同经济距离景区的实地化率C_3均值对比

单位:%

客源城市	经济距离						全部
	<200 RMB	200~400 RMB	401~600 RMB	601~800 RMB	801~1000 RMB	>1000 RMB	
北京	60.69	47.11	48.32	36.59	44.35	36.79	47.14
武汉	58.17	42.80	41.04	38.31	33.67	29.03	41.62
西安	60.24	46.67	39.56	45.00	43.27	34.54	45.91
成都	73.72	39.84	39.00	44.56	49.30	39.46	44.92
全部	62.92	44.31	41.69	42.23	44.18	35.04	44.91

从表6-4可以看出,4个客源城市居民对经济距离小于200RMB的景区实地化率C_3均值最高,其中北京为60.69%、武汉为58.17%、西安为60.24%、成都为73.72%,分别约是各自经济距离200~400RMB景区实地化率C_3均值的1.29倍、1.36倍、1.29倍、1.85倍,约是各自全部景区实地化率C_3均值的1.29倍、1.40倍、1.31倍、1.64倍。当距客源城市经济距离超过200RMB时,各经济距离区间景区的实地化率C_3均值围绕各自全部景区实地化率C_3均值上下波动,总体呈略微下降趋

势。这反映出 O-D 经济距离对景区实地化率 C_3 虽然有一定影响,但是影响较小,说明景区实地化率 C_3 比较容易克服经济距离的阻碍。

第三节 实地化率 C_3 的空间分布特征

实地化率 C_3 的空间分布可以直观地反映出哪些地方的景区向往市场容易转化为现实市场,以及有哪些地方的景区向往市场难以转化为现实市场,从而为旅游市场营销提供依据。

通过对比各个客源城市居民的景区向往度、实地化率 C_3、到访率的空间分布情况可以看出:①客源城市居民对有些地区的景区向往度、实地化率 C_3 和到访率均较高。例如:北京居民对环渤海、长三角等地区的景区,武汉居民对长江中下游地区的部分景区;西安居民对陕西省及周边、环渤海、长三角等地区的景区,成都居民对四川省、环渤海、长三角等地区的景区。②客源城市居民对有些地区的景区虽然向往度较高,但是实地化率 C_3 和到访率较低。例如:北京、武汉、西安居民对西南地区的景区,成都居民对西北地区的景区。③客源城市居民对有些地区的景区向往度、实地化率 C_3 和到访率较低。例如:武汉、西安、成都居民对东北地区的景区。由此可见,不同地区景区的向往度、实地化率 C_3、到访率两两之间的关系存在差异。总体上,位于客源城市及周边地区、东部沿海地区,尤其是环渤海和长三角地区的景区,其向往度、实地化率 C_3、到访率通常较高;位于边远地区的景区,例如拉萨布达拉宫、云南西双版纳热带植物园等,客源城市居民对其向往度较高,但实地化率 C_3 和到访率却较低。

从不同客源城市居民实地化率 C_3 的空间分布可以看出：北京居民实地化率 C_3 较高的景区主要分布在京沪沿线地区和珠三角地区；武汉居民实地化率 C_3 较高的景区主要分布在湖北和周边地区，以及长三角、珠三角、环渤海地区；西安居民实地化率 C_3 较高的景区主要分布在陕西和周边地区，以及长三角、珠三角地区；成都居民实地化率 C_3 较高的景区主要分布在西南地区，以及珠三角、长三角、环渤海地区。由此可见，尽管不同客源城市居民的景区实地化率 C_3 的空间分布格局存在着差异，但也有相同之处。位于客源城市周边地区、东部沿海地区，尤其是环渤海、长三角、珠三角地区景区的实地化率 C_3 通常较高。

为了能更加深入地分析景区实地化率 C_3 的空间分布特征，本书对比分析了位于东部、中部、西部地区景区的实地化率 C_3，以及位于直辖市、副省级城市、省会城市、地级市的景区实地化率 C_3，结果如下。

一、不同地区的景区实地化率 C_3 对比

按照东部（北京、天津、河北、辽宁、上海、江苏、浙江、福建、山东、广东和海南）、中部（山西、吉林、黑龙江、安徽、江西、河南、湖北、湖南）、西部（四川、重庆、贵州、云南、西藏、陕西、甘肃、青海、宁夏、新疆、广西、内蒙古）的划分标准，对 4 个客源城市的目标景区按地区进行分类，并计算出各个地区的景区实地化率 C_3 均值，结果见表 6-5。

表 6-5　不同地区的景区实地化率 C_3 均值对比

单位：%

客源城市	景区		
	东部地区景区	中部地区景区	西部地区景区
北京	68.51(66.09)	40.85	38.18
武汉	50.96	45.09(43.06)	33.67

续表

客源城市	景区		
	东部地区景区	中部地区景区	西部地区景区
西安	51.36	39.75	47.08(45.73)
成都	49.84	34.29	48.79(46.63)
全部	55.60(54.66)	39.98(39.42)	42.38(41.33)

注：括号内为不统计客源城市景区的实地化率 C_3。

从表 6-5 可以看出，不同地区景区的实地化率 C_3 均值存在较大差异。北京居民对东部地区景区的实地化率 C_3 均值很高，超过了 60%，明显高于中部和西部地区景区的实地化率 C_3 均值。若统计北京景区，则东部地区景区的实地化率 C_3 均值分别比中部、西部地区景区的实地化率 C_3 均值高 27.66%、30.33%；若不统计北京景区，则东部地区景区的实地化率 C_3 均值分别比中部、西部地区景区的实地化率 C_3 均值高 25.24%、27.91%。武汉虽位于中部地区，但其居民同样对东部地区景区的实地化率 C_3 均值最高，超过了 50%，略高于对中部地区景区的实地化率 C_3 均值；明显高于对西部地区景区的实地化率 C_3 均值，高了 17.29%。西安和成都虽位于西部地区，但其居民依然对东部地区景区的实地化率 C_3 均值最高，达到 50% 左右，略高于对西部地区景区的实地化率 C_3 均值；明显高于对中部地区景区的实地化率 C_3 均值，高 10% 以上。由此可见，4 个客源城市居民对东部地区景区的实地化率 C_3 均值都是最高的，说明东部地区景区的向往市场最容易转化成为现实市场。另外，4 个客源城市居民对客源城市所在地区的景区实地化率 C_3 通常也较高。

二、不同行政等级城市的景区实地化率 C_3 对比

按照直辖市（北京、上海、天津、重庆）、副省级城市（广州、武汉、哈

尔滨、沈阳、成都、南京、西安、长春、济南、杭州、大连、青岛、深圳、厦门、宁波)、省会城市、地级市的划分标准,对目标景区按城市行政等级进行分类统计,并分别计算出 4 个客源城市居民对不同行政等级城市景区的实地化率 C_3 均值,结果见表 6-6。

表 6-6 不同行政等级城市的景区实地化率 C_3 均值对比

单位:%

客源城市	景区所在城市的行政等级			
	直辖市	副省级城市	省会城市	地级市
北京	72.08(61.11)	62.55	52.91	41.27
武汉	60.12	56.85(53.31)	46.63(43.56)	37.47
西安	59.09	56.46(53.05)	49.70(46.90)	42.99
成都	64.70	58.04(51.66)	51.94(47.01)	39.82
全部	64.41(61.59)	58.65(55.62)	50.42(47.79)	40.36

注:括号内为不统计客源城市景区的实地化率 C_3。

从表 6-6 可以看出,4 个客源城市居民对不同行政等级城市景区的实地化率 C_3 均值存在较大差异,呈现出明显的随行政等级降低而递减的特征。4 个客源城市居民对直辖市景区的实地化率 C_3 均值最高,大都超过了 60%;对副省级城市的景区实地化率 C_3 均值也较高,超过了 50%,略低于对直辖市景区的实地化率 C_3 均值;对省会城市的景区实地化率 C_3 均值明显比对直辖市和副省级城市的景区实地化率 C_3 均值低,其中,北京居民对省会城市景区的实地化率 C_3 均值分别比对直辖市和副省级城市景区的实地化率 C_3 均值低 19.17% 和 9.64%,武汉居民对省会城市景区的实地化率 C_3 均值分别比对直辖市和副省级城市景区的实地化率 C_3 均值低 13.49% 和 10.22%,西安居民对省会城市景区的实地化率 C_3 均值分别比对直辖市和副省级城市景区的实地化率 C_3 均值低 9.39% 和 6.76%,成都居民对省会城市景区的实地化率 C_3

均值分别比对直辖市和副省级市景区的实地化率 C_3 均值低 12.76% 和 6.10%；对地级市景区的实地化率 C_3 均值是最低的，只能达到 40% 左右。由此可见，景区所在城市的行政等级对实地化率 C_3 的影响较大。总体上看，若景区所在城市的行政等级越高，则景区的实地化率 C_3 越高，即向往市场越有可能转化成为现实市场。

第四节 不同客源市场的实地化率 C_3 差异特征

一、对应分析

为了分析不同客源市场对相同目标景区的实地化率 C_3 的差异，本书以 4 个客源城市共同的 70 家景区（见表 1-1）为例，分别统计这 70 家景区在 4 个客源城市居民中的实地化率 C_3，并将数据导入 SPSS19.0 软件，使用菜单分析中的"分析—降维—对应分析"命令，以客源城市为行变量，以景区为列变量，依据实地化率 C_3 进行对应分析，对应分析结果见表 6-7，并绘制了 4 个客源城市与 70 家景区的散点图，见图 6-6。

表 6-7 依据实地化率 C_3 的对应分析结果

维数	奇异值	惯量	惯量比例		标准差
			解释	累积	
1	0.126	0.016	0.392	0.392	0.003
2	0.121	0.015	0.361	0.754	0.004
3	0.100	0.010	0.246	1.000	—
总计	—	0.040	1.000	1.000	—

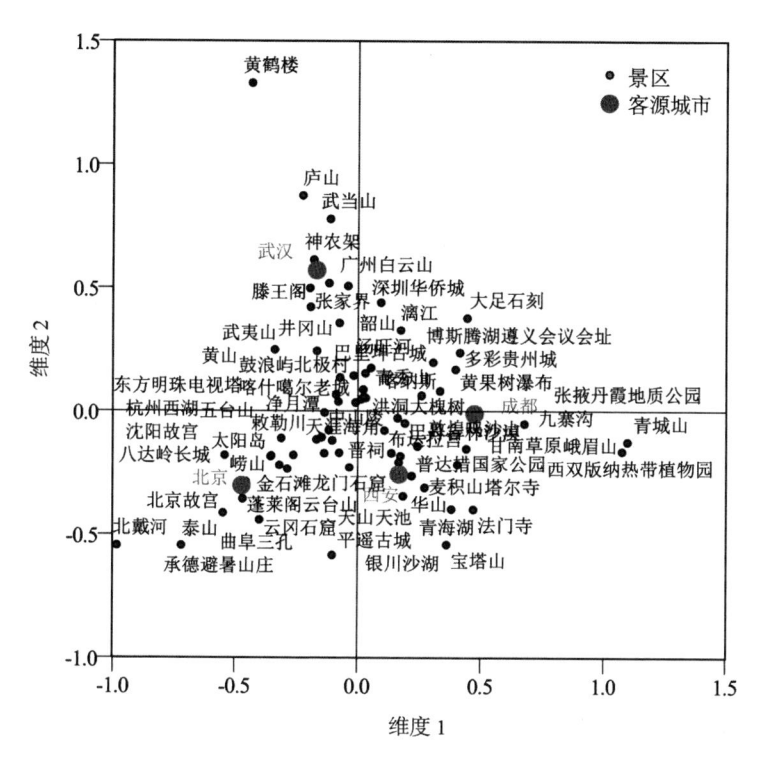

图 6-6 依据实地化率 C_3 的景区与客源城市的对应分析

从表 6-7 实地化率 C_3 的对应分析结果看，维度 1（横轴）约占 39.2%，维度 2（纵轴）约占 36.1%，两个维度累积携带了 75.4% 的原始信息，说明这两个维度能较好地解释两个变量之间的对应关系。

从图 6-6 可以看出，4 个客源城市在两个维度上具有一定区分度，70 家景区与对应的客源城市形成集聚分布，这反映出不同客源城市居民对相同景区的实地化率 C_3 存在差异。

成都位于第一象限与第四象限交界处，武汉位于第二象限，北京位于第三象限，西安位于第四象限，说明西安和成都居民对相同景区的实地化率 C_3 更为一致，即有较多景区在西安居民中的实地化率 C_3 与在成都居民中的实地化率 C_3 相差不大。

从客源城市与景区的距离远近可以看出,有不少景区在某一客源城市居民中的实地化率 C_3 明显高于在其他客源城市居民中的实地化率 C_3。例如:青城山、峨眉山、西双版纳热带植物园、多彩贵州城、黄果树瀑布等景区在成都居民中的实地化率 C_3,明显高于在其他 3 个客源城市居民中的实地化率 C_3;黄鹤楼、庐山、武当山、神农架、张家界、广州白云山、滕王阁、韶山等景区在武汉居民中的实地化率 C_3,明显高于在其他 3 个客源城市居民中的实地化率 C_3;北戴河、承德避暑山庄、泰山、曲阜三孔、北京故宫、八达岭长城、蓬莱阁、金石滩、太阳岛、云冈石窟等景区在北京居民中的实地化率 C_3,明显高于在其他 3 个客源城市居民中的实地化率 C_3;法门寺、宝塔山、塔尔寺、华山、麦积山、青海湖、银川沙湖等景区在西安居民中的实地化率 C_3,明显高于在其他 3 个客源城市居民中的实地化率 C_3。

二、位序分析

为了便于进一步观察对比,本书对 4 个客源城市共有的 70 家目标景区的实地化率 C_3 进行了位序排名。首先,按照实地化率 C_3 由高到低的顺序,获取了这 70 家景区分别在 4 个客源城市中的位序,各客源城市实地化率 C_3 排名前 10 位的景区见表 6-8。其次,基于景区在 4 个客源城市中实地化率 C_3 的位序,计算位序的平均值,并以位序平均值的排序作为景区实地化率 C_3 的综合位序,结果见表 6-9。

表 6-8 各客源城市实地化率 C_3 排名前 10 位的景区

位序	北京	武汉	西安	成都
1	北京故宫	黄鹤楼	法门寺	青城山
2	八达岭长城	深圳华侨城	宝塔山	峨眉山

续表

位序	北京	武汉	西安	成都
3	北戴河	东方明珠电视塔	北京故宫	东方明珠电视塔
4	东方明珠电视塔	广州白云山	华山	北京故宫
5	崂山	北京故宫	东方明珠电视塔	中山陵
6	杭州西湖	八达岭长城	青城山	深圳华侨城
7	中山陵	中山陵	中山陵	九寨沟
8	泰山	庐山	塔尔寺	八达岭长城
9	曲阜三孔	杭州西湖	崂山	杭州西湖
10	金石滩	武当山	八达岭长城	多彩贵州城

从表 6-8 可以看出,不同客源城市实地化率 C_3 排名前 10 位的景区既有相同点也有不同点。其中,北京故宫、八达岭长城、东方明珠电视塔、中山陵 4 家景区在 4 个客源城市实地化率 C_3 排名中均位于前 10 名,且这 4 家景区全部位于东部沿海地区。杭州西湖在北京、武汉、成都居民中的实地化率 C_3 位于前 10 名。崂山在北京、西安居民中的实地化率 C_3 位于前 10 名。深圳华侨城在武汉、成都实地化率 C_3 排名中位于前 10 名。青城山在西安和成都中的实地化率 C_3 排名中位于前 10 名。其余景区只在某个客源城市实地化率 C_3 排名中位于前 10 名。例如:北戴河、泰山、曲阜三孔、金石滩只在北京实地化率 C_3 排名中位于前 10 名;黄鹤楼、广州白云山、庐山、武当山只在武汉实地化率 C_3 排名中位于前 10 名;法门寺、宝塔山、华山、塔尔寺只在西安实地化率 C_3 排名中位于前 10 名;峨眉山、九寨沟、多彩贵州城只在成都实地化率 C_3 排名中位于前 10 名。由此可见,相同景区在不同客源城市中的实地化率 C_3 存在较大的差异性,只有少数几家景区的实地化率 C_3 在 4 个客源城市实地化率 C_3 排名中均位列前 10 名,而大部分景区的实地化率 C_3 只在某些或者某个客源城市实地化率 C_3 排名中位列前 10 名。换

言之,对于同一景区而言,向往市场到现实市场的转化程度在不同客源城市中存在较大差异。

表6-9为景区实地化率C_3的综合位序。从表6-9可以看出,在4个客源城市共有的70家目标景区中,北京故宫、东方明珠电视塔、八达岭长城实地化率C_3在综合排名中位列前3名,说明这3家景区的向往市场最容易转化成为现实市场。

从景区实地化率C_3的综合位序排名情况来看,景区的地理位置对其影响较大。在实地化率C_3综合位序排名前10名的景区中,除了青城山位于西部地区之外,其他9家景区全部位于东部沿海地区。在实地化率C_3综合位序排名最后10名的景区中,只有2家景区(神农架、北极村)位于中部地区,其余8家景区全部位于西部地区。进一步的统计数据表明:在实地化率C_3综合位序排前35名(含35名)的景区中,有16家景区位于东部地区、7家景区位于中部地区、12家景区位于西部地区,分别占东部、中部、西部地区景区总数的84.21%、35.00%、38.71%。由此可见,东部地区实地化率C_3综合位序排前35名的景区比例明显高于中部和西部地区。在实地化率C_3综合位序排后35名的景区中,东部地区景区仅有3家——蓬莱阁(39名)、承德避暑山庄(52名)、武夷山(58名),占东部地区景区总数的15.79%;中部地区景区共有13家,占中部地区景区总数的65.00%,这13家景区中,有61.54%位于36~50名,有38.46%位于51~70名;西部地区景区共有19家,占西部地区景区总数的61.29%,这19家景区中,有31.58%位于36~50名,有68.42%位于51~70名。从中可以看出,尽管中部和西部地区实地化率C_3排名在后35名的景区的比例相差不大,但是总体上来看,中部地区景区的位序排名靠前,西部地区景区的位序排名靠后。

表 6-9　景区实地化率 C_3 的综合位序

位序	景区	位序	景区	位序	景区
1	北京故宫	26	普陀山	51	敦煌鸣沙山
2	东方明珠电视塔	27	青秀山	52	承德避暑山庄
3	八达岭长城	28	沈阳故宫	53	井冈山
4	中山陵	29	太阳岛	54	敕勒川
5	杭州西湖	30	多彩贵州城	55	云冈石窟
6	深圳华侨城	31	洪洞大槐树	56	汤旺河
7	崂山	32	银川沙湖	57	黄果树瀑布
8	青城山	33	漓江	58	武夷山
9	广州白云山	34	平遥古城	59	普达措国家公园
10	苏州园林	35	泰山	60	西双版纳热带植物园
11	法门寺	36	遵义会议会址	61	神农架
12	晋祠	37	九寨沟	62	中俄边境旅游区
13	黄鹤楼	38	龙门石窟	63	巴丹吉林沙漠
14	宝塔山	39	蓬莱阁	64	喀纳斯
15	华山	40	麦积山	65	巴里坤古城
16	金石滩	41	庐山	66	喀什噶尔老城
17	塔尔寺	42	五台山	67	天山天池
18	天涯海角	43	张家界	68	博斯腾湖
19	鼓浪屿	44	武当山	69	布达拉宫
20	大足石刻	45	张掖丹霞地质公园	70	北极村
21	北戴河	46	净月潭		
22	云台山	47	黄山		
23	韶山	48	滕王阁		
24	峨眉山	49	青海湖		
25	曲阜三孔	50	甘南草原		

第五节　本章小结

　　向往市场到现实市场的转化是旅游市场转化的第三个阶段。实地化率 C_3 是衡量向往市场到现实市场转化程度的指标。本章围绕实地化率 C_3 开展了相关研究。基于北京、武汉、西安和成都 4 个案例客源城市的问卷调查数据，计算了客源城市对目标景区的实地化率 C_3，提出了实地化率 C_3 的等级划分标准，讨论了实地化率 C_3 与向往度、到访率的关系，分析了实地化率 C_3 的距离分布特征和空间分布特征，以及不同客源市场的实地化率 C_3 的差异。主要结论如下。

　　(1)实地化率 C_3 与向往度虽然存在一定的正相关关系，但相关性很弱。实地化率 C_3 受向往度的影响较小，向往度越高，实地化率 C_3 不一定也越高。4 个客源城市对目标景区实地化率 C_3 的总均值为 44.91%，其中北京为 47.14%、武汉为 41.62%、西安为 45.91%、成都为 44.92%。根据实地化率 C_3 的数值分布情况，可以将实地化率 C_3 的等级标准划分为高(>60%)、中(30%~60%)、低(<30%)。

　　(2)实地化率 C_3 和向往度共同影响到访率的高低，二者的乘积越大，到访率越高；二者的乘积越小，到访率越低。到访率与实地化率 C_3、向往度均呈正相关关系，且为指数曲线相关关系。到访率随实地化率 C_3、向往度的提升而加速增长，实地化率 C_3、向往度较低时，到访率的增长速度较慢；实地化率 C_3、向往度较高时，到访率的增长速度较快。统计结果显示：4 个客源城市对目标景区到访率的总均值为 16.86%，其中北京为 18.08%、武汉为 13.43%、西安为 18.29%、成都为

17.55%。根据到访率的数值分布情况,可以将到访率的等级标准划分为高(>25%)、中(10%~25%)、低(<10%)。

(3)实地化率 C_3 受 O-D 距离的影响较大,呈现出明显的距离衰减特征。案例研究表明,当 O-D 球面距离处在<200km、200~500km、501~1000km、1001~1500km、1501~2000km、>2000km 这些区间时,实地化率 C_3 均值依次为 78.86%、53.41%、45.63%、41.44%、39.11%、28.48%;当 O-D 交通距离处在<200km、200~500km、501~1000km、1001~1500km、1501~2000km、2001~3000km、>3000km 这些区间时,实地化率 C_3 均值依次为 82.97%、58.63%、49.56%、45.01%、41.16%、36.84%、28.29%;当 O-D 时间距离处在<2h、2~5h、6~10h、11~15h、16~20h、21~30h、>30h 这些区间时,实地化率 C_3 均值依次为 86.25%、61.60%、49.76%、43.02%、36.67%、34.23%、29.28%;当 O-D 经济距离处在<200RMB、200~400RMB、401~600RMB、601~800RMB、801~1000RMB、>1000RMB 这些区间时,实地化率 C_3 均值依次为 62.92%、44.31%、41.69%、42.23%、44.18%、35.04%。对比上述 4 类距离,O-D 经济距离对实地化率 C_3 的影响相对较小,除了经济距离<200RMB 的景区实地化率 C_3 均值明显较高,以及经济距离>1000RMB 的景区实地化率 C_3 均值明显较低之外,其他经济距离区间景区的实地化率 C_3 均值相差不大。

(4)实地化率 C_3 受旅游目的地区位及行政等级的影响较大。从不同地区的景区来看,案例客源城市对东部、中部、西部地区景区的实地化率 C_3 均值依次为55.60%、39.98%、42.38%,可见东部地区景区的实地化率 C_3 均值明显高于中部和西部地区景区。从不同行政等级城市的景区来看,案例客源城市对直辖市、副省级城市、省会城市、地级市景区的实地化率 C_3 均值依次为 64.41%、58.65%、50.42%、40.36%,呈现出明显的随行政等级降低而递减的特征。

(5)不同客源市场对相同旅游目的地的实地化率C_3存在差异。案例研究表明,有些景区在某个客源市场中的实地化率C_3较高,但在其他客源市场中的实地化率C_3却较低。不过也有一些景区在不同客源市场中的实地化率C_3差异较小,例如4个案例客源城市对北京故宫、八达岭长城、东方明珠电视塔、中山陵的实地化率C_3都很高。

第七章　旅游市场总转化率

第一节　总转化率 C_t 与阶段转化率的关系

现实市场是静默市场完成 3 次转化之后的结果，每一阶段的旅游市场转化率都会影响到旅游市场的总转化率 C_t。为了具体分析旅游市场总转化率 C_t 与知名化率 C_1、意向化率 C_2、实地化率 C_3 的关系，本书基于问卷调查数据，根据式（3-1）、（3-2）、（3-3）、（3-4），分别计算北京、武汉、西安和成都 4 个客源城市居民对各自目标景区的 3 个阶段转化率以及总转化率 C_t，以知名化率 C_1、意向化率 C_2、实地化率 C_3 为横坐标，以总转化率 C_t 为纵坐标，绘制"知名化率 C_1—总转化率 C_t""意向化率 C_2—总转化率 C_t""实地化率 C_3—总转化率 C_t"散点图，并根据散点的分布趋势，分别对 4 个客源城市居民的景区"知名化率 C_1—总转化率 C_t""意向化率 C_2—总转化率 C_t""实地化率 C_3—总转化率 C_t"的散点进行曲线拟合，具体结果见图 7-1。

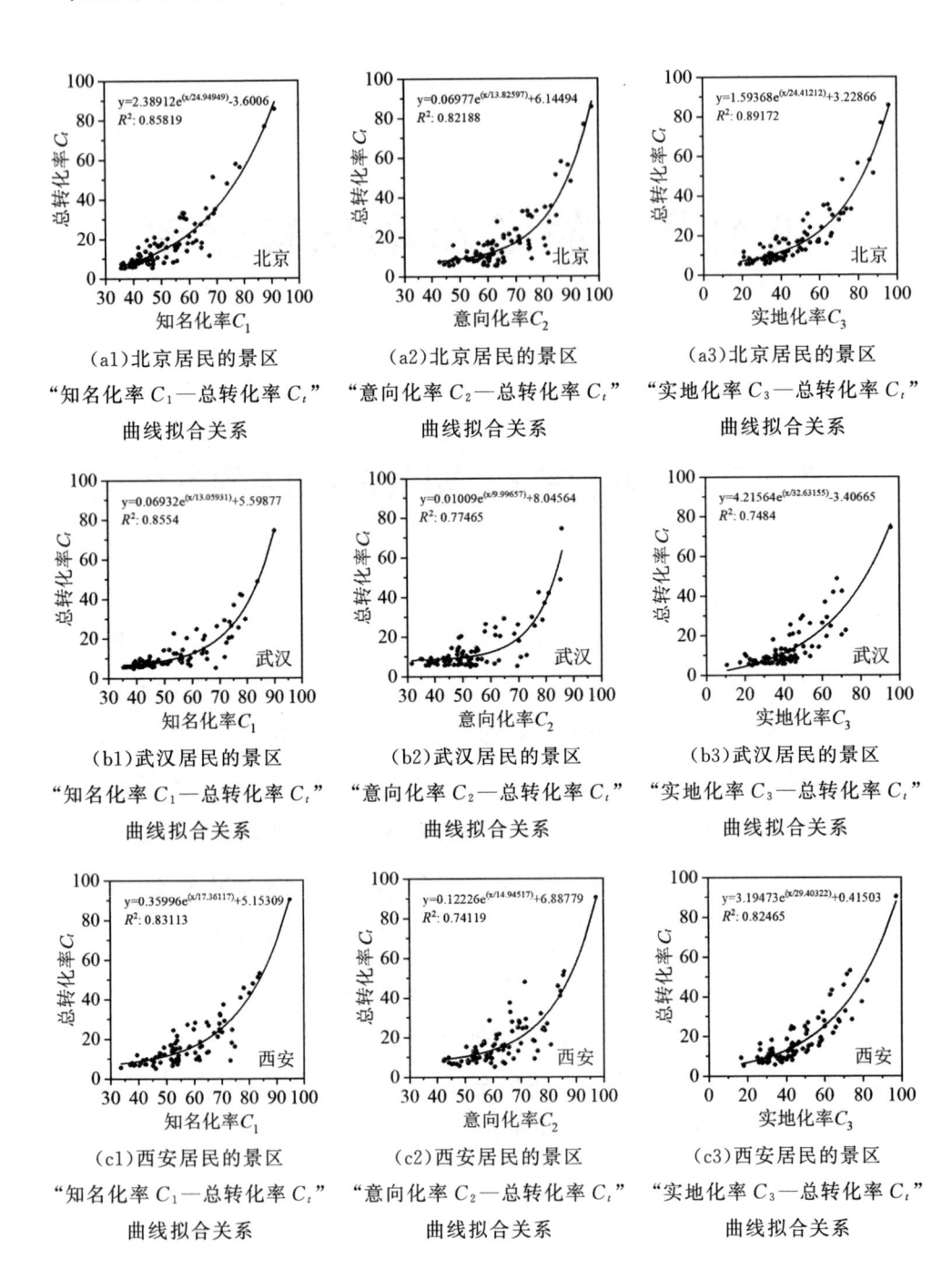

(a1)北京居民的景区"知名化率 C_1 —总转化率 C_t"曲线拟合关系

(a2)北京居民的景区"意向化率 C_2 —总转化率 C_t"曲线拟合关系

(a3)北京居民的景区"实地化率 C_3 —总转化率 C_t"曲线拟合关系

(b1)武汉居民的景区"知名化率 C_1 —总转化率 C_t"曲线拟合关系

(b2)武汉居民的景区"意向化率 C_2 —总转化率 C_t"曲线拟合关系

(b3)武汉居民的景区"实地化率 C_3 —总转化率 C_t"曲线拟合关系

(c1)西安居民的景区"知名化率 C_1 —总转化率 C_t"曲线拟合关系

(c2)西安居民的景区"意向化率 C_2 —总转化率 C_t"曲线拟合关系

(c3)西安居民的景区"实地化率 C_3 —总转化率 C_t"曲线拟合关系

(d1) 成都居民的景区 (d2) 成都居民的景区 (d3) 成都居民的景区
"知名化率 C_1—总转化率 C_t" "意向化率 C_2—总转化率 C_t" "实地化率 C_3—总转化率 C_t"
曲线拟合关系 曲线拟合关系 曲线拟合关系

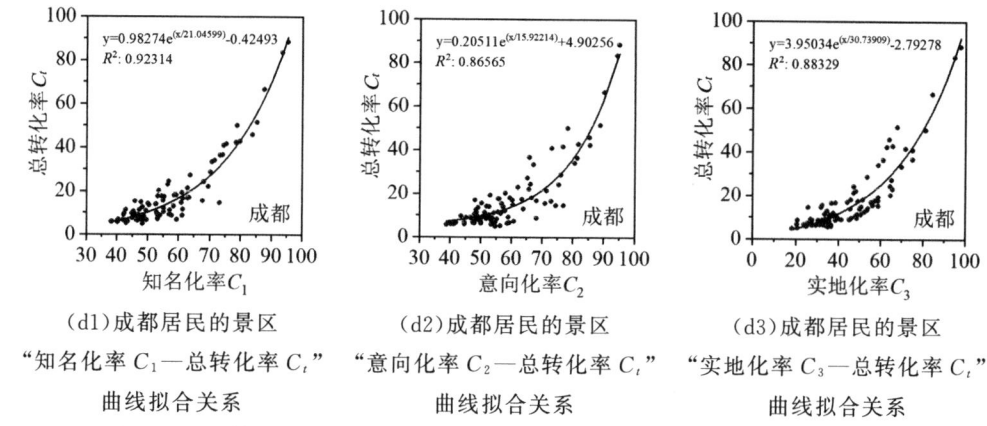

图 7-1 总转化率 C_t 与知名化率 C_1、意向化率 C_2、实地化率 C_3 的拟合关系

一、总转化率 C_t 与知名化率 C_1

从图 7-1 的(a1)、(b1)、(c1)、(d1)来看,4 个客源城市居民的景区总转化率 C_t 与知名化率 C_1 均存在正相关关系,且为指数曲线相关关系,拟合曲线的 R^2 分别约达到了 0.86、0.86、0.83、0.92。从总体趋势来看,景区的知名化率 C_1 越高,总转化率 C_t 越高,并且知名化率 C_1 越高,总转化率 C_t 增长的速度越快。但这并不意味着景区的知名化率 C_1 越高,总转化率 C_t 一定越高。从散点的实际分布可以直观看出,有些景区的知名化率 C_1 虽然较高,但是总转化率 C_t 却较低。基于前文分析可知,知名化率 C_1 可以划分为高(>60%)、中(40%~60%)、低(<40%)3 个等级。由式(3-4)和式(3-8)可知,总转化率 C_t 与到访率在数值上是相等,因此它的等级划分标准与到访率的等级划分标准(见第六章)一样,同样可以划分为高(>25%)、中(10%~25%)、低(<10%)3 个等级。

通过对比景区知名化率 C_1 和总转化率 C_t 的等级情况,可以发现两者存在以下几种关系:(1)对于高知名化率 C_1 景区而言,其总转化率

C_t的等级可能为高、中、低,但以高、中等级为主,低等级很少。统计结果显示:在北京居民的高知名化率C_1景区中,有63.16%为高总转化率C_t景区,36.84%为中总转化率C_t景区,无低总转化率C_t景区;在武汉居民的高知名化率C_1景区中,高、中总转化率C_t景区均占45.83%,低总转化率C_t景区仅占8.34%;在西安居民的高知名化率C_1景区中,高、中总转化率C_t景区均占45.45%,低总转化率C_t景区仅占9.10%;在成都居民的高知名化率C_1景区中,有55.17%为高总转化率C_t景区,41.38%为中总转化率C_t景区,仅有3.45%为低总转化率C_t景区。(2)对于中知名化率C_1景区而言,其总转化率C_t的等级可能为高、中、低,但以中、低等级为主,高等级很少。统计结果显示:在北京居民的中知名化率C_1景区中,有52.83%为中总转化率C_t景区,37.74%为低总转化率C_t景区,仅有9.43%高总转化率C_t景区;在武汉居民的中知名化率C_1景区中,有23.40%为中总转化率C_t景区,76.60%为低总转化率C_t景区,无高总转化率C_t景区;在西安居民的中知名化率C_1景区中,有54.55%为中总转化率C_t景区,43.18%为低总转化率C_t景区,仅有2.27%高总转化率C_t景区;在成都居民的中知名化率C_1景区中,有40.98%为中总转化率C_t景区,59.02%为低总转化率C_t景区,无高总转化率C_t景区。(3)对于低知名化率C_1景区而言,其总转化率C_t大都为低等级,少数为中等级。统计结果显示:除了西安居民的低知名化率C_1景区中,有16.67%为中总转化率C_t之外,其他3个城市居民的低知名化率C_1景区全部为低总转化率C_t景区。

二、总转化率C_t与意向化率C_2

从图7-1的(a2)、(b2)、(c2)、(d2)来看,4个客源城市居民的景区

总转化率 C_t 与意向化率 C_2 均存在正相关关系,且为指数曲线相关关系,拟合曲线的 R^2 分别约达到了 0.82、0.77、0.74、0.87。从总体趋势来看,景区的意向化率 C_2 越高,总转化率 C_t 越高,并且意向化率 C_2 越高,总转化率 C_t 增长的速度越快。

通过对比景区意向化率 C_2 和总转化率 C_t 的等级情况,可以发现两者存在以下几种关系:(1)对于高意向化率 C_2 景区而言,其总转化率 C_t 的等级可能为高、中、低,但以高、中等级为主,低等级很少。统计结果显示:在北京居民的高意向化率 C_2 景区中,高、中、低总转化率 C_t 景区分别占55.17%、41.38%、3.45%;在武汉居民的高意向化率 C_2 景区中,高、中、低总转化率 C_t 景区分别占72.73%、18.18%、9.09%;在西安居民的高意向化率 C_2 景区中,高、中、低总转化率 C_t 景区分别占47.62%、47.62%、4.76%;在成都居民的高意向化率 C_2 景区中,高、中总转化率 C_t 景区分别占 68.42%、31.58%,无低总转化率 C_t 景区。(2)对于中意向化率 C_2 景区而言,其总转化率 C_t 的等级可能为高、中、低,但以中、低等级为主,高等级很少。统计结果显示:在北京居民的中意向化率 C_2 景区中,中、低总转化率 C_t 景区均占 48.89%,高总转化率 C_t 景区仅占 2.22%;在武汉居民的中意向化率 C_2 景区中,中、低总转化率 C_t 景区分别占34.38%、56.24%,高总转化率 C_t 景区仅占 9.38%;在西安居民的中意向化率 C_2 景区中,中、低总转化率 C_t 景区分别占 56.60%、32.08%,高总转化率 C_t 景区仅占 11.32%;在成都居民的中意向化率 C_2 景区中,中、低总转化率 C_t 景区分别占 53.19%、40.43%,高总转化率 C_t 景区仅占 6.38%。(3)对于低意向化率 C_2 景区而言,其总转化率 C_t 的等级大都为低,少数为中。统计结果显示:北京居民的低意向化率 C_2 景区中,低、中总转化率 C_t 景区分别占 90.91%、9.09%;武汉居民的低意向化率 C_2 景区中,低、中总转化率 C_t 景区分别占

77.50%、22.50%;西安居民的低意向化率C_2景区全部为低总转化率C_t景区;成都居民的低意向化率C_2景区中,低、中总转化率C_t景区分别占76.92%、23.08%。

三、总转化率C_t与实地化率C_3

从图7-1的(a3)、(b3)、(c3)、(d3)来看,4个客源城市居民的景区总转化率C_t与实地化率C_3均存在正相关关系,且为指数曲线相关关系,拟合曲线的R^2分别约达到了0.89、0.75、0.82、0.88。从总体趋势来看,景区的实地化率C_3越高,总转化率C_t越高,并且实地化率C_3越高,总转化率C_t增长的速度越快。

通过对比景区实地化率C_3和总转化率C_t的等级情况,可以发现两者存在以下几种关系:(1)对于高实地化率C_3景区而言,其总转化率C_t的等级可能为高、中,但以高等级为主。统计结果显示:北京居民的高实地化率C_3景区中,高、中总转化率C_t景区分别占75.00%、25.00%;武汉居民的高实地化率C_3景区中,高、中总转化率C_t景区分别占63.64%、36.36%;西安居民的高实地化率C_3景区中,高、中总转化率C_t景区分别占81.25%、18.75%;成都居民的高实地化率C_3景区中,高、中总转化率C_t景区分别占82.35%、17.65%。(2)对于中实地化率C_3景区而言,其总转化率C_t的等级可能为高、中、低,但以中、低等级为主,高等级很少。统计:北京居民的中实地化率C_3景区中,中、低总转化率C_t景区分别占52.83%、43.40%,高总转化率C_t景区仅占3.77%;武汉居民的中实地化率C_3景区中,中、低总转化率C_t景区分别占29.31%、63.79%,高总转化率C_t景区仅占6.90%;西安居民的中实地化率C_3景区中,中、低总转化率C_t景区分别占61.41%、33.33%,

高总转化率C_t景区仅占5.26%;成都居民的中实地化率C_3景区中,中、低总转化率C_t景区分别占56.90%、39.65%,高总转化率C_t景区仅占3.45%。(3)对于低实地化率C_3景区而言,其总转化率C_t的等级大都为低,少数为中。经统计:北京居民的低实地化率C_3景区中,低、中总转化率C_t景区分别占83.33%、16.67%;武汉居民的低实地化率C_3景区中,低/中总转化率C_t景区分别占92.86%、7.14%;西安居民的低实地化率C_3景区中,低、中总转化率C_t景区分别占80.00%、20.00%;成都居民的低实地化率C_3景区中,低、中总转化率C_t景区分别占94.12%、5.88%。

第二节 总转化率C_t的距离分布特征

一、按球面距离分布

为了探究球面距离对总转化率C_t的影响,本书按照目标景区距客源城市球面距离由近及远的顺序,分别绘制了4个客源城市对各自目标景区的总转化率C_t的球面距离分布图,见图7-2的(a1)、(b1)、(c1)、(d1)。考虑到累计总转化率C_t可以直观地反映出总转化率C_t在O-D球面距离上的分布规律,因此本书按照O-D球面距离由近及远的顺序,对总转化率C_t进行累计计算,并按照累计总转化率C_t总和为100%进行标准化处理,绘制了累计总转化率C_t的球面距离分布图,见图7-2的(a2)、(b2)、(c2)、(d2)。

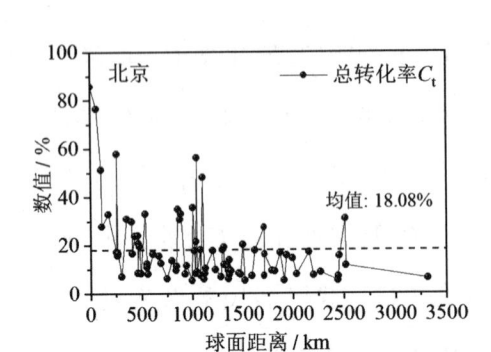

(a1) 北京市居民对目标景区的总转化率 C_t 的球面距离分布

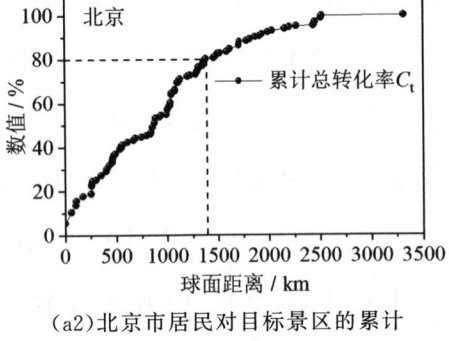

(a2) 北京市居民对目标景区的累计总转化率 C_t 的球面距离分布

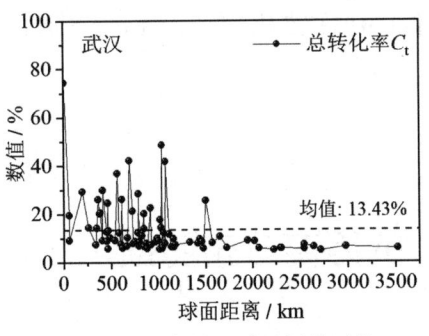

(b1) 武汉市居民对目标景区的总转化率 C_t 的球面距离分布

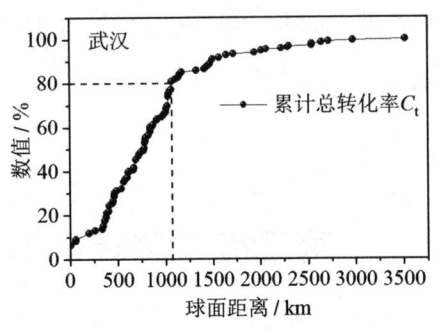

(b2) 武汉市居民对目标景区的累计总转化率 C_t 的球面距离分布

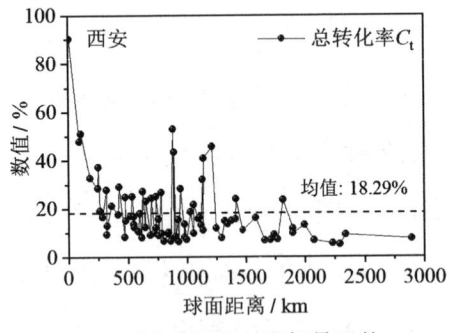

(c1) 西安市居民对目标景区的总转化率 C_t 的球面距离分布

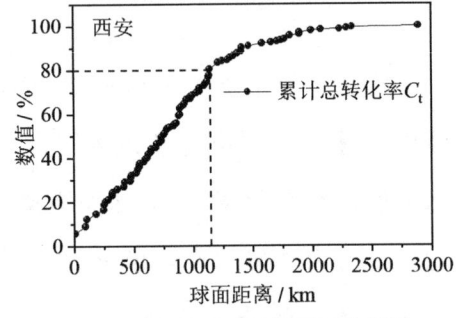

(c2) 西安市居民对目标景区的累计总转化率 C_t 的球面距离分布

(d1) 成都市居民对目标景区的
总转化率 C_t 的球面距离分布

(d2) 成都市居民对目标景区的累计
总转化率 C_t 的球面距离分布

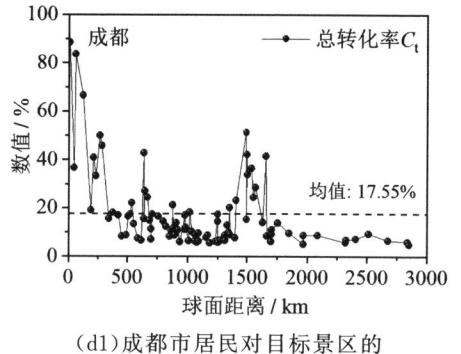

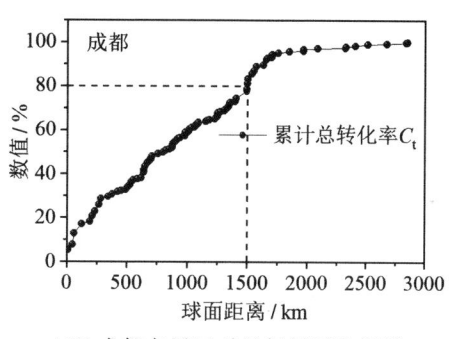

图 7-2　4 个客源城市居民对各自目标景区的总转化率 C_t
和累计总转化率 C_t 的球面距离分布

从图 7-2 的(a1)、(b1)、(c1)、(d1)可以看出，球面距离对总转化率 C_t 的影响较大。总体上，4 个客源城市居民对不同球面距离景区的总转化率 C_t 均呈现出较为明显的距离衰减特征，随着球面距离的不断增加，景区的总转化率 C_t 整体呈波动下降趋势。经计算，北京、武汉、西安和成都居民的景区总转化率 C_t 的方差依次为 230.26、131.92、187.21、257.79，这反映出成都和北京居民的景区总转化率 C_t 的波动幅度最大，武汉居民的景区总转化率 C_t 的波动幅度最小。对比 4 个客源城市可以发现，距客源城市球面距离<500km 的景区总转化率 C_t 大都在均值线以上波动，500～1500km 的景区总转化率 C_t 大都在均值线上下波动，>1500km 的景区总转化率 C_t 大都在均值线以下波动。在 4 个城市中，武汉居民的景区总转化率 C_t 的平均值明显低于其他 3 个城市，受球面距离衰减的影响最为明显，球面距离超过 1000km 的景区总转化率 C_t 很少超过平均值，且波动幅度较小。

从图 7-2 的(a2)、(b2)、(c2)、(d2)可以看出，北京居民的 80% 累计总转化率 C_t 分布在距北京球面距离 1400km 附近，武汉居民的 80% 累计总转化率 C_t 分布在距武汉球面距离接近 1100km 处，西安居民的

80%累计总转化率 C_t 分布在距西安球面距离略超过 1100km 处,成都居民的 80%累计总转化率 C_t 分布在距成都球面距离 1500km 附近。可见,不同城市居民的累计总转化率 C_t 的球面距离分布存在差异,成都和北京居民的 80%累计总转化率 C_t 分布的球面距离远于西安和武汉居民的 80%累计总转化率 C_1 分布的球面距离。这反映出 O-D 球面距离对成都和北京居民的景区总转化率 C_t 的影响相对较小,对武汉和西安居民的景区总转化率 C_t 的影响相对较大。

为了更加深入地分析球面距离对总转化率 C_t 的影响,本书根据图 7-2 不同球面距离景区总转化率 C_t 的波动情况,按照距客源城市球面距离<200km、200~500km、501~1000km、1001~1500km、1501~2000km、>2000km 的区间划分,分别计算各球面距离区间内景区的总转化率 C_t 均值,结果见表 7-1。

表 7-1 不同球面距离景区的总转化率 C_t 均值对比

单位:%

客源城市	球面距离						
	<200 km	200~500 km	501~1000 km	1001~1500 km	1501~2000 km	>2000 km	全部
北京	54.82	21.23	16.07	15.66	12.66	11.74	18.08
武汉	33.04	15.54	13.47	13.03	8.45	6.12	13.43
西安	55.47	20.59	16.21	18.85	11.61	6.82	18.29
成都	58.86	26.41	14.93	11.70	19.56	6.88	17.55
全部	51.25	20.40	15.12	14.53	14.59	8.06	16.86

从表 7-1 可以看出,不同球面距离区间景区的总转化率 C_t 均值差异较大。4 个客源城市居民对球面距离<200km 的景区总转化率 C_t 均值都最高,其中北京居民为 54.82%、武汉居民为 33.04%、西安居民为 55.47%、成都居民为 58.86%,分别约是各自球面距离 200~500km

景区总转化率 C_t 均值的 2.58 倍、2.13 倍、2.69 倍、2.23 倍,约是各自全部景区总转化率 C_t 均值的 3.03 倍、2.46 倍、3.03 倍、3.35 倍。4 个客源城市居民对球面距离 200～500km 的景区总转化率 C_t 均值也较高,其中北京居民为 21.23%、武汉居民为 15.54%、西安居民为 20.59%、成都居民为 26.41%,分别约是各自球面距离 501～1000km 景区总转化率 C_t 均值的 1.32 倍、1.15 倍、1.27 倍、1.77 倍,约是各自全部景区总转化率 C_t 均值的 1.17 倍、1.16 倍、1.13 倍、1.50 倍。

在球面距离>500km 的景区中,除了武汉居民对球面距离 501～1000km、西安居民对球面距离 1001～1500km、成都居民对球面距离 1501～2000km 景区的总转化率 C_t 均值略高于各自全部景区的总转化率 C_t 均值之外,其他球面距离区间的景区总转化率 C_t 均值全部低于全部景区的总转化率 C_t 均值。

球面距离 501～1000km 和 1001～1500km 的景区总转化率 C_t 均值相差不大,接近全部景区的总转化率 C_t 均值;4 个客源城市球面距离>2000km 的景区总转化率 C_t 均值明显低于全部景区的总转化率 C_t 均值,分别低 6.34%、7.31%、11.47%、10.67%。

进一步对比不同球面距离区间景区的总转化率 C_t 均值可以发现,除了西安居民对球面距离 1001～1500km 景区的总转化率 C_t 均值略高于球面距离 501～1000km 景区,成都居民对球面距离 1501～2000km 景区的总转化率 C_t 均值略高于球面距离 501～1500km 景区之外,其他球面距离区间景区均是距客源城市越近,总转化率 C_t 均值越高,距离客源城市越远,总转化率 C_t 均值越低。

从上述分析可以看出,客源城市居民对不同球面距离区间景区的总转化率 C_t 呈现出较为明显的距离衰减特征。

二、按交通距离分布

按照 O-D 交通距离由近及远的顺序，本书分别绘制了 4 个客源城市对各自目标景区的总转化率 C_t 的交通距离分布图，见图 7-3 的 (a1)、(b1)、(c1)、(d1)。按照 O-D 交通距离由近及远的顺序，对总转化率 C_t 进行累计计算，并按照累计总转化率 C_t 总和为 100% 进行标准化处理，累计总转化率 C_t 的交通距离分布见图 7-3 的 (a2)、(b2)、(c2)、(d2)。

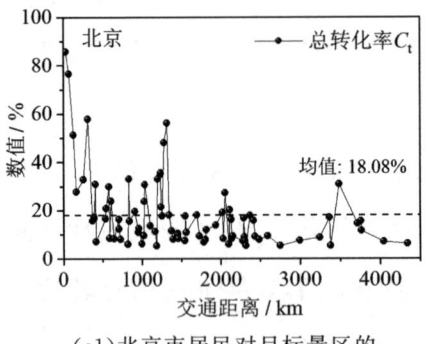

(a1) 北京市居民对目标景区的
总转化率 C_t 的交通距离分布

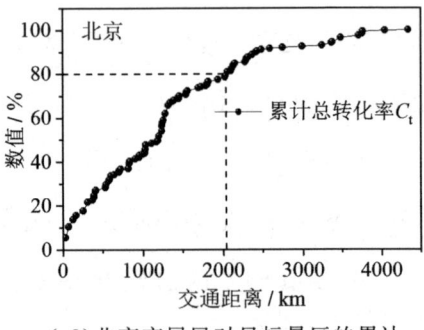

(a2) 北京市居民对目标景区的累计
总转化率 C_t 的交通距离分布

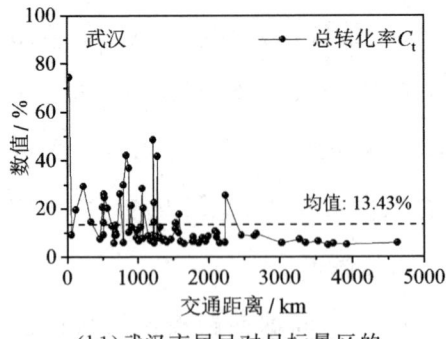

(b1) 武汉市居民对目标景区的
总转化率 C_t 的交通距离分布

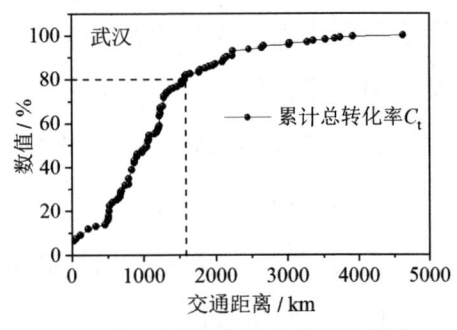

(b2) 武汉市居民对目标景区的累计
总转化率 C_t 的交通距离分布

(c1)西安市居民对目标景区的
总转化率 C_t 的交通距离分布

(c2)西安市居民对目标景区的累计
总转化率 C_t 的交通距离分布

(d1)成都市居民对目标景区的
总转化率 C_t 的交通距离分布

(d2)成都市居民对目标景区的累计
总转化率 C_t 的交通距离分布

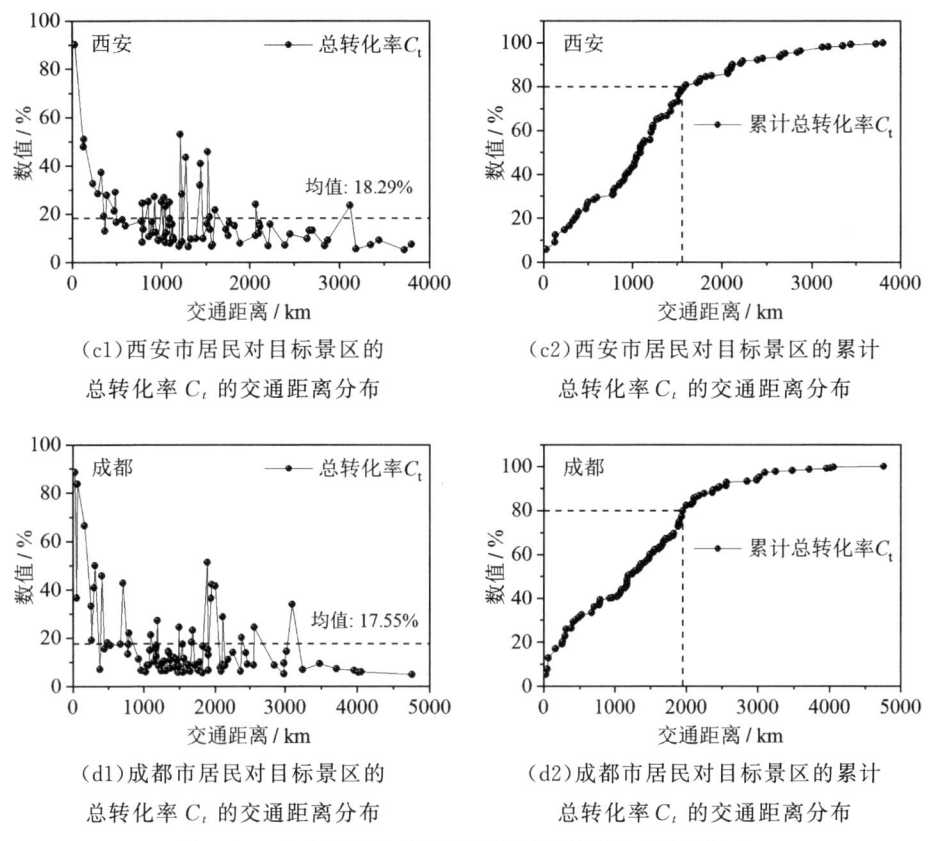

图 7-3　4 个客源城市居民对各自目标景区的总转化率 C_t
和累计总转化率 C_t 的交通距离分布

从图 7-3 的(a1)、(b1)、(c1)、(d1)可以看出，总体上 4 个客源城市居民对不同交通距离景区的总转化率 C_t 均呈现出明显的距离衰减特征：距客源城市交通距离越近，高总转化率 C_t 的景区比例越高；距客源城市交通距离越远，低总转化率 C_t 的景区比例越高。当交通距离超过 2000km 时，只有少数景区的总转化率 C_t 高于均值。

从图 7-3 的(a2)、(b2)、(c2)、(d2)可以看出，北京居民的 80% 累计总转化率 C_t 分布在距北京交通距离略超过 2000km 处，武汉居民的 80% 累计总转化率 C_t 分布在距武汉交通距离 1600km 附近，西安居民的 80% 累计总转化率 C_t 分布在距西安交通距离 1600km 附近,成都居民的 80% 累计总转化率 C_t 分布在距成都交通距离接近 2000km 处。由此可见,不同城市居民总转化率 C_3 的交通距离分布存在差异。在 4 个客源城市中,成都和北京居民的总转化率 C_t 受交通距离的影响相对较小,而武汉和西安居民的总转化率 C_3 受交通距离的影响相对较大。总体上,客源城市居民的 80% 累计总转化率 C_3 分布在距客源城市交通距离 1600~2000km 处。

为了更加深入地分析交通距离对总转化率 C_t 的影响,本书根据图 7-3 不同交通距离景区总转化率 C_t 的波动情况,按照距客源城市交通距离＜200km、200~500km、501~1000km、1001~1500km、1501~2000km、2001~3000km、＞3000km 的区间划分,分别计算各交通距离区间内景区总转化率 C_t 的均值,结果见表 7-2。

表 7-2 不同交通距离景区的总转化率 C_t 均值对比

单位:%

客源城市	交通距离							
	＜200 km	200~500 km	501~1000 km	1001~1500 km	1501~2000 km	2001~3000 km	＞3000 km	全部
北京	60.32	25.48	15.55	21.44	11.17	11.65	12.93	18.08
武汉	34.33	17.90	17.07	13.41	8.85	10.33	5.80	13.43
西安	63.09	24.99	15.63	18.51	16.12	12.23	9.67	18.29
成都	68.79	28.73	18.49	12.14	17.16	11.93	10.54	17.55
全部	57.76	25.17	16.51	16.03	13.94	11.87	9.01	16.86

从表 7-2 可以看出:①4 个客源城市居民对交通距离小于 200km 的景区总转化率 C_t 均值最高,北京为 60.32%、武汉为 34.33%、西安为 63.09%、成都为 68.79%,约是各自交通距离 200~500km 景区总转化率 C_t 均值的 2.37 倍、1.92 倍、2.52 倍、2.39 倍,约是各自全部景区总转化率 C_t 均值的 3.34 倍、2.56 倍、3.45 倍、3.92 倍;②距客源城市交通距

离 200～500km 景区的总转化率 C_t 均值同样也较高,均高于全部景区总转化率 C_t 均值,高 4.47%～11.18%。③对于距客源城市交通距离超过 500km 的景区而言,除了北京居民对 1001～1500km 景区、武汉居民对 501～1000km 景区、西安居民对 1001～1500km 景区、成都居民对 501～1000km 景区的总转化率 C_t 均值略高于全部景区总转化率 C_t 均值之外,4 个客源城市其他交通距离区间景区的总转化率 C_t 均值均低于全部景区的总转化率 C_t 均值。④除北京居民外,其他 3 个客源城市居民对交通距离超过 3000km 的景区总转化率 C_t 均值都是最低的,武汉为 5.80%、西安为 9.67%、成都为 10.54%,分别比各自全部景区总转化率 C_t 均值低 7.63%、8.62%、7.01%。由此可见,O-D 交通距离对景区总转化率 C_t 的影响较大,距客源城市交通距离在 500km 以内,尤其是 200km 以内的景区总转化率 C_t 均值明显高于交通距离超过 500km 的景区总转化率 C_t 均值。总体上,随着 O-D 交通距离的增加,景区总转化率 C_t 呈波动下降趋势。

三、按时间距离分布

按照 O-D 时间距离由近及远的顺序,本书分别绘制了 4 个客源城市对各自目标景区的总转化率 C_t 的时间距离分布图,见图 7-4 的 (a1)、(b1)、(c1)、(d1)。按照 O-D 时间距离由近及远的顺序,对总转化率 C_t 进行累计计算,并按照累计总转化率 C_t 总和为 100% 进行标准化处理,累计总转化率 C_t 的时间距离分布见图 7-4 的 (a2)、(b2)、(c2)、(d2)。

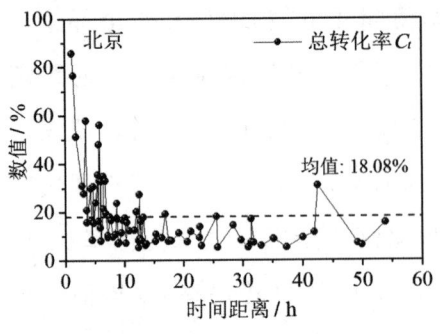

(a1) 北京市居民对目标景区的
总转化率 C_t 的时间距离分布

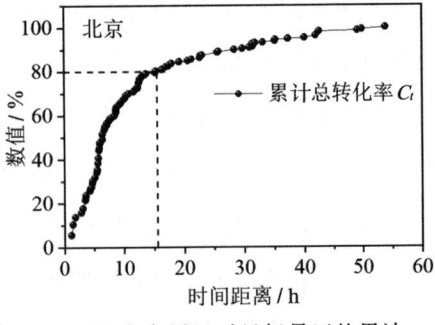

(a2) 北京市居民对目标景区的累计
总转化率 C_t 的时间距离分布

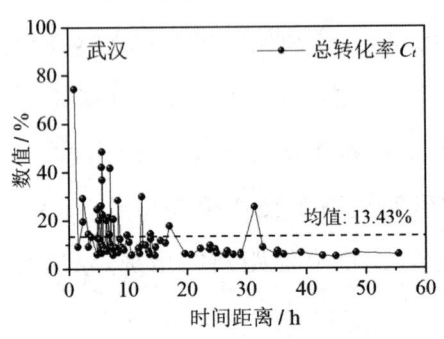

(b1) 武汉市居民对目标景区的
总转化率 C_t 的时间距离分布

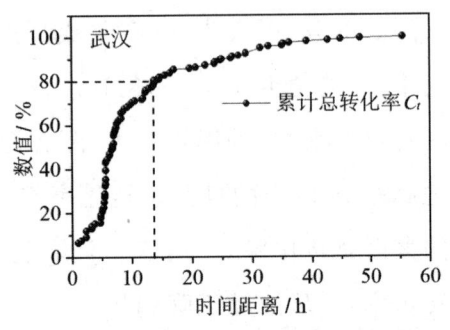

(b2) 武汉市居民对目标景区的累计
总转化率 C_t 的时间距离分布

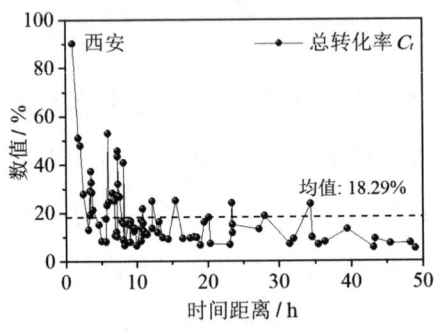

(c1) 西安市居民对目标景区的
总转化率 C_t 的时间距离分布

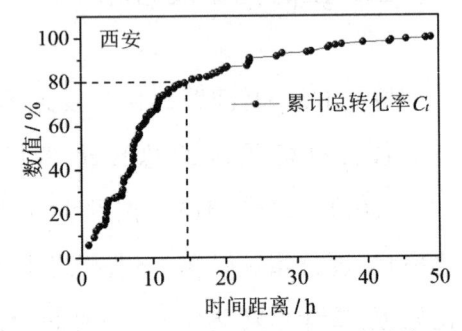

(c2) 西安市居民对目标景区的累计
总转化率 C_t 的时间距离分布

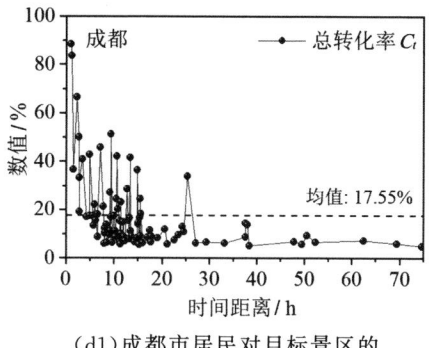

(d1) 成都市居民对目标景区的
总转化率 C_t 的时间距离分布

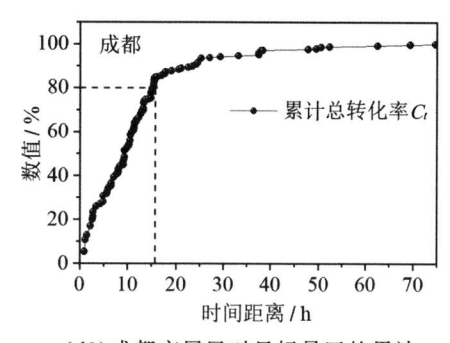

(d2) 成都市居民对目标景区的累计
总转化率 C_t 的时间距离分布

图 7-4　4 个客源城市居民对各自目标景区的总转化率 C_t
和累计总转化率 C_t 的时间距离分布

从图 7-4 的(a1)、(b1)、(c1)、(d1)可以直观地看出,总体上,4 个客源城市居民对不同时间距离景区的总转化率 C_t 均呈现出明显的距离衰减特征。随着 O-D 时间距离的增加,景区总转化率 C_t 呈波动下降趋势,当时间距离超过 15h,大多数景区的总转化率 C_t 低于均值。

从图 7-4 的(a2)、(b2)、(c2)、(d2)可以看出,北京居民的 80% 累计总转化率 C_t 分布在距北京时间距离略超过 15h 处,武汉居民的 80% 累计总转化率 C_t 分布在距武汉时间距离 14h 附近,西安居民的 80% 累计总转化率 C_t 分布在距西安时间距离 15h 附近,成都居民的 80% 累计总转化率 C_t 分布在距成都时间距离略超过 15h 处。由此可见,总体上,客源城市居民的 80% 累计总转化率 C_t 分布在距客源城市时间距离 15h 附近。

为了更加深入地分析时间距离对总转化率 C_t 的影响,本书根据图 7-4 不同时间距离景区总转化率 C_t 的波动情况,按照距客源城市时间距离 <2h、2~5h、6~10h、11~15h、16~20h、21~30h、>30h 的区间划分,分别计算各时间距离区间内景区的总转化率 C_t 均值,结果见表 7-3。

表 7-3　不同时间距离景区的总转化率 C_t 均值对比

单位:%

客源城市	时间距离						
	<2h	2~5h	6~10h	11~15h	16~20h	21~30h	>30h	全部
北京	71.18	25.47	21.28	12.74	10.32	10.54	10.46	18.08
武汉	41.77	16.11	16.06	10.45	11.55	6.97	8.16	13.43
西安	70.65	27.16	20.35	13.52	12.32	14.33	9.30	18.29
成都	69.57	35.89	17.19	15.91	11.51	11.71	7.89	17.55
全部	64.71	26.18	18.63	13.67	11.40	10.58	9.05	16.86

从表 7-3 可以看出:(1)4 个客源城市居民对时间距离小于 2h 的景区总转化率 C_t 均值最高,北京为 71.18%、武汉为 41.77%、西安为 70.65%、成都为 69.57%,约是各自时间距离 2~5h 景区总转化率 C_t 均值的 2.79 倍、2.59 倍、2.60 倍、1.94 倍,约是各自全部景区总转化率 C_t 均值的 3.94 倍、3.11 倍、3.86 倍、3.96 倍;(2)4 个客源城市中,距客源城市时间距离 2~5h 的景区总转化率 C_t 均值也较高,均高于时间距离 6~10h 的景区总转化率 C_t 均值以及全部景区总转化率 C_t 均值。(3)距客源城市时间距离 10h 以内的景区总转化率 C_t 均值均高于全部景区总转化率 C_t 均值;距客源城市时间距离超过 10h 的景区总转化率 C_t 均值均低于全部景区总转化率 C_t 均值,并且时间距离在 11~15h、16~20h、21~30h、>30h 这些区间的景区总转化率 C_t 均值相差不大。由此可见,O-D 时间距离对景区总转化率 C_t 的影响较大,时间距离在 10h 以内,尤其是 2h 以内的景区总转化率 C_t 均值明显高于时间距离超过 10h 的景区总转化率 C_t 均值。总体上,随着 O-D 时间距离的增加,景区总转化率 C_t 呈波动下降趋势。

四、按经济距离分布

按照 O-D 经济距离由近及远的顺序,本书分别绘制了 4 个客源城市对各自目标景区的总转化率 C_t 的经济距离分布图,见图 7-5 的 (a1)、(b1)、(c1)、(d1)。按照 O-D 经济距离由近及远的顺序,对总转化率 C_t 进行累计计算,并按照累计总转化率 C_t 总和为 100% 进行标准化处理,绘制了累计总转化率 C_t 的经济距离分布图,见图 7-5 的 (a2)、(b2)、(c2)、(d2)。

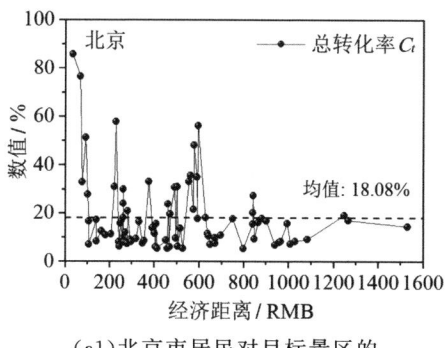

(a1)北京市居民对目标景区的
总转化率 C_t 的经济距离分布

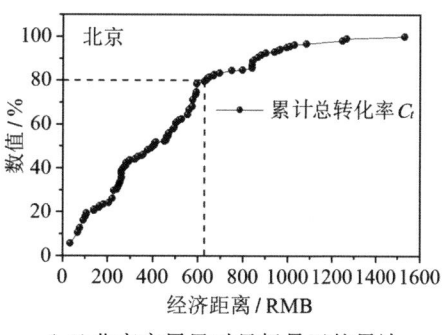

(a2)北京市居民对目标景区的累计
总转化率 C_t 的经济距离分布

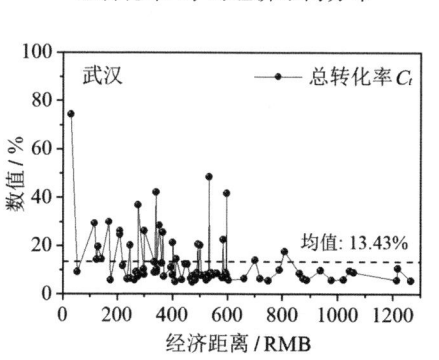

(b1)武汉市居民对目标景区的
总转化率 C_t 的经济距离分布

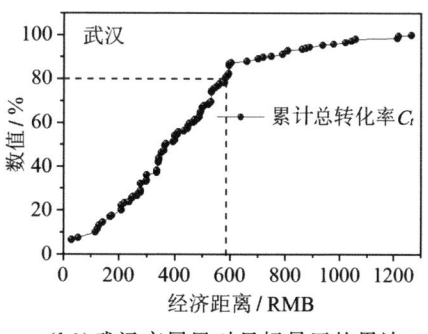

(b2)武汉市居民对目标景区的累计
总转化率 C_t 的经济距离分布

(c1) 西安市居民对目标景区的
总转化率 C_t 的经济距离分布

(c2) 西安市居民对目标景区的累计
总转化率 C_t 的经济距离分布

(d1) 成都市居民对目标景区的
总转化率 C_t 的经济距离分布

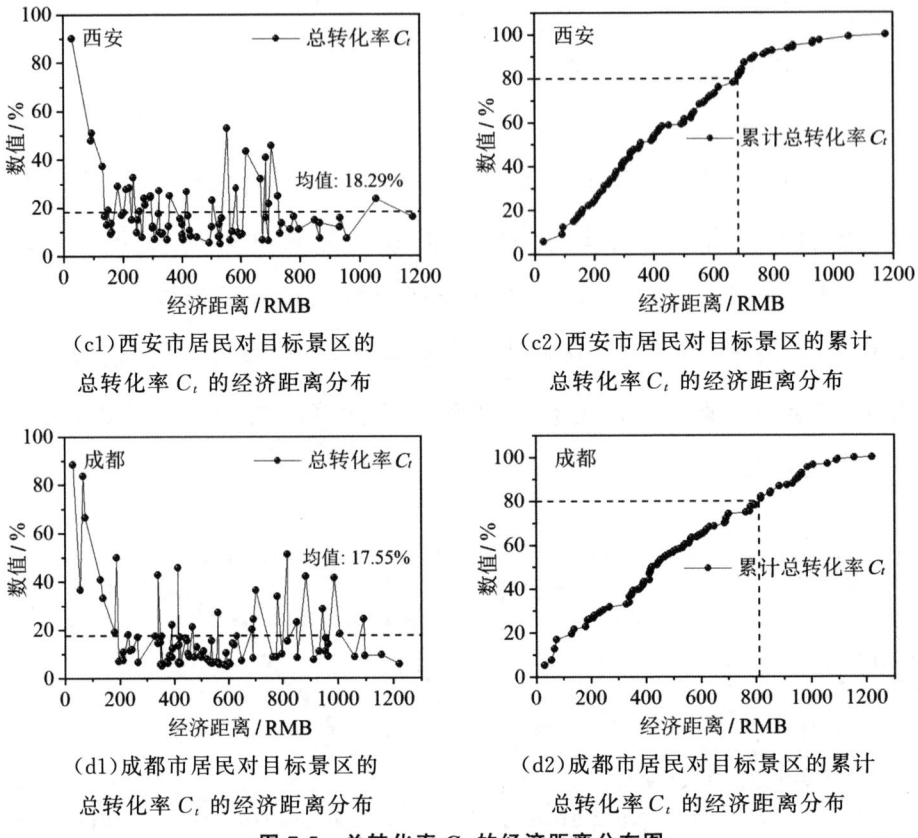

(d2) 成都市居民对目标景区的累计
总转化率 C_t 的经济距离分布

图 7-5 总转化率 C_t 的经济距离分布图

从图 7-5 的 (a1)、(b1)、(c1)、(d1) 可以直观地看出,总体上,4 个客源城市居民对不同经济距离景区的总转化率 C_t 均呈现出一定的距离衰减特征,但经济距离的衰减较容易被克服,有不少经济距离较远的景区总转化率 C_t 依然较高。

从图 7-5 的 (a2)、(b2)、(c2)、(d2) 可以看出,北京居民的 80% 累计总转化率 C_t 分布在距北京经济距离略超过 600RMB 处,武汉居民的 80% 累计总转化率 C_t 分布在距武汉经济距离接近 600RMB 处,西安居民的 80% 累计总转化率 C_t 分布在距西安经济距离接近 700RMB 处,成都居民的 80% 累计总转化率 C_t 分布在距成都经济距离略超过

800RMB 处。总体上,客源城市居民的 80% 累计总转化率 C_t 分布在距客源城市经济距离 601~800RMB 之间。

为了更加深入地分析经济距离对总转化率 C_t 的影响,本书根据图 7-5 不同经济距离景区总转化率 C_t 的波动情况,按照距客源城市经济距离 <200RMB、200~400RMB、401~600RMB、601~800RMB、801~1000RMB、>1000RMB 的区间划分,分别计算各经济距离区间内景区的总转化率 C_t 均值,结果见表 7-4。

表 7-4　不同经济距离景区的总转化率 C_t 均值对比

单位:%

客源城市	经济距离						全部
	<200 RMB	200~400 RMB	401~600 RMB	601~800 RMB	801~1000 RMB	>1000 RMB	
北京	29.94	15.90	20.22	10.89	14.70	12.53	18.08
武汉	24.55	15.36	12.07	8.04	8.95	7.73	13.43
西安	29.51	17.11	13.69	20.53	11.78	19.81	18.29
成都	47.29	13.09	11.78	15.45	21.57	12.59	17.55
全部	32.57	15.48	14.04	15.24	15.74	11.84	16.86

从表 7-4 可以看出,4 个客源城市居民对经济距离小于 200RMB 的景区总转化率 C_t 均值最高,其中北京为 29.94%、武汉为 24.55%、西安为 29.51%、成都为 47.29%,约是各自经济距离 200~400RMB 景区总转化率 C_t 均值的 1.88 倍、1.60 倍、1.72 倍、3.615 倍,约是各自全部景区总转化率 C_t 均值的 1.66 倍、1.83 倍、1.61 倍、2.69 倍。对于距客源城市经济距离超过 200RMB 的景区而言,除了北京居民对 401~600RMB 景区、武汉居民对 200~400RMB 景区、西安居民对 601~800RMB 和 >1000RMB 景区、成都居民对 801~1000RMB 景区的总转化率 C_t 均值略高于各自全部景区总转化率 C_t 均值以外,4 个客源城市

其他经济距离区间景区的总转化率 C_t 均值全都低于各自全部景区总转化率 C_t 均值。总体上,距客源城市经济距离超过 200RMB 的景区总转化率 C_t 呈波动分布,未呈现出明显的距离衰减特征。这反映出 O-D 经济距离对景区总转化率 C_t 的影响是有限的,即景区总转化率 C_3 较容易克服经济距离的影响。

第三节 总转化率 C_t 的空间分布特征

旅游市场总转化率 C_t 是三次市场转化的结果表现,反映的是潜在旅游市场到现实旅游市场的总转化程度。分析旅游市场总转化率 C_t 的空间分布特征,对整体评价和制定有针对性的市场营销策略具有指导意义。

通过分析可知:4 个客源城市居民的景区总转化率 C_t 的空间分布存在较大差异。北京居民的高总转化率 C_t 景区主要分布在京沪沿线地区;武汉居民的高总转化率 C_t 景区主要分布在湖北省以及环渤海、长三角部分地区;西安居民的高总转化率 C_t 景区主要分布在陕西省以及环渤海、长三角部分地区;成都居民的高总转化率 C_t 景区主要分布在川渝地区以及环渤海、长三角部分地区。

在 4 个客源城市中,武汉居民的高总转化率 C_t 景区的空间分布范围明显低于其他 3 个城市。

总体上看,景区的总转化率 C_t 呈现出以客源城市为中心然后向外衰减的分布格局。高总转化率 C_t 景区主要集中分布在距客源城市一定距离范围之内的区域,随着距客源城市距离的增加,景区的总转化率

C_t 逐渐减小,但衰减程度存在差异。一些区位条件优越的景区尽管距客源城市距离较远,但依然保持着较高的总转化率 C_t,例如位于环渤海、长三角地区的景区。

为了能更加深入地分析景区总转化率 C_t 的空间分布特征,本书对比分析了位于东部、中部、西部地区景区的总转化率 C_t,以及位于直辖市、副省级城市、省会城市、地级市景区的总转化率 C_t,对比结果如下。

一、不同地区的景区总转化率 C_t 对比

按照东部(北京、天津、河北、辽宁、上海、江苏、浙江、福建、山东、广东和海南)、中部(山西、吉林、黑龙江、安徽、江西、河南、湖北、湖南)、西部(四川、重庆、贵州、云南、西藏、陕西、甘肃、青海、宁夏、新疆、广西、内蒙古)的划分标准,对 4 个客源城市的目标景区按地区进行分类,并计算出各个地区的景区总转化率 C_t 均值,结果见表 7-5。

表 7-5 不同地区的景区总转化率 C_t 均值对比

单位:%

客源城市	东部地区景区	中部地区景区	西部地区景区
北京	33.96(29.47)	11.96	12.33
武汉	19.44	14.92(12.54)	8.86
西安	22.26	12.71	19.88(17.98)
成都	20.11	8.41	21.60(18.67)
全部	24.24(22.86)	12.00(11.37)	16.05(14.67)

注:括号内为不统计客源城市景区的总转化率 C_t。

从表 7-5 可以看出,4 个客源城市居民对不同地区景区的总转化率 C_t 均值存在较大差异。

北京居民对东部地区景区的总转化率 C_t 均值明显高于对中部、西

部地区景区的总转化率 C_t 均值。若统计北京景区,则东部地区景区的总转化率 C_t 均值分别比中部、西部地区景区的总转化率 C_t 均值高 22.00%、21.63%;若不统计北京景区,则东部地区景区的总转化率 C_t 均值分别比中部、西部地区景区的总转化率 C_t 均值高 17.51%、17.14%。北京居民对西部地区景区的总转化率 C_t 均值比对中部地区景区略高,高 0.37%。

武汉虽位于中部地区,但其居民同样对东部地区景区的总转化率 C_t 均值最高,达到了 19.44%。若统计武汉景区,则中部地区景区的总转化率 C_t 均值比东部地区景区低 4.52%,比西部地区景区高 6.06%;若不统计武汉景区,则中部地区景区的总转化率 C_t 均值比东部地区景区低 6.90%,比西部地区景区高 3.68%。武汉居民对东部地区景区的总转化率 C_t 均值比对西部地区景区高了 10.58%。

西安位于西部地区,其居民对东部地区景区的总转化率 C_t 均值最高,其次是西部地区景区,中部地区景区最低。若统计西安景区,则西安居民对西部地区景区的总转化率 C_t 均值比对东部地区景区低 2.38%,比对中部地区景区高 7.17%;若不统计西安景区,则西安居民对西部地区景区的总转化率 C_t 均值比对东部地区景区低 4.28%,比对中部地区景区高 5.27%。

成都居民对东部、西部地区景区的总转化率 C_t 均值均较高,但二者相差不大。若统计成都景区,则成都居民对西部地区景区的总转化率 C_t 均值比对东部地区景区高 1.49%;若不统计成都景区,则成都居民对东部地区景区的总转化率 C_t 均值比对西部地区景区高 1.44%。成都居民对中部地区景区的总转化率 C_t 均值仅 8.41%,明显低于对东部和西部地区景区的总转化率 C_t 均值,低 10% 以上。

由此可以看出,景区的总转化率 C_t 存在地域差异性,4个客源城市居民对东部地区景区,以及客源城市所在地区的景区总转化率 C_t 通常较高。

二、不同行政等级城市的景区总转化率 C_t 对比

按照直辖市(北京、上海、天津、重庆)、副省级城市(广州、武汉、哈尔滨、沈阳、成都、南京、西安、长春、济南、杭州、大连、青岛、深圳、厦门、宁波)、省会城市、地级市的划分标准,对目标景区按城市行政等级进行分类统计,并分别计算出 4 个客源城市居民对不同行政等级城市景区的总转化率 C_t 均值,结果见表 7-6。

表 7-6 不同行政等级城市的景区总转化率 C_3 均值对比

单位:%

客源城市	直辖市	副省级城市	省会城市	地级市
北京	47.87(31.25)	25.04	19.45	14.00
武汉	30.45	22.38(17.66)	15.97(12.33)	10.82
西安	33.05	25.04(19.61)	20.44(16.33)	16.29
成都	33.97	28.70(19.14)	23.27(16.30)	13.83
全部	36.63(32.39)	25.39(20.70)	19.92(16.25)	13.72

注:括号内为不统计客源城市景区的总转化率 C_t。

从表 7-6 可以看出,不同行政等级城市的景区总转化率 C_t 均值差异较大,呈现出明显的随行政等级降低而递减的特征。4 个客源城市居民对直辖市景区的总转化率 C_t 均值全都超过了 30%,明显高于对其他行政等级城市景区的总转化率 C_t 均值。若统计客源城市景区,则北京居民对直辖市景区的总转化率 C_t 均值分别比对副省级城市景区、省会城市景区、地级市景区高 22.83%、28.42%、33.87%;武汉居民对直辖市景区的总转化率 C_t 均值分别比对副省级城市景区、省会城市景区、

地级市景区高8.07%、14.48%、19.63%;西安居民对直辖市景区的总转化率C_t均值分别比副省级市景区、省会城市景区、地级市景区高8.01%、12.61%、16.76%;成都居民对直辖市景区的总转化率C_t均值分别比对副省级城市景区、省会城市景区、地级市景区高5.27%、10.70%、20.14%。若不统计客源城市景区,北京居民对直辖市景区的总转化率C_t均值分别比对副省级城市景区、省会城市景区、地级市景区高6.21%、11.80%、17.25%;武汉居民对直辖市景区的总转化率C_t均值分别比对副省级城市景区、省会城市景区、地级市景区高12.79%、18.12%、19.63%;西安居民对直辖市景区的总转化率C_t均值分别比副省级城市景区、省会城市景区、地级市景区高13.44%、16.72%、16.76%;成都居民对直辖市景区的总转化率C_t均值分别比对副省级城市景区、省会城市景区、地级市景区高14.83%、17.67%、20.14%。由此可见,景区所在城市的行政等级对总转化率C_t的影响较大。

第四节 不同客源市场的总转化率C_t差异特征

一、对应分析

对了分析不同客源市场对相同目标景区总转化率C_t的差异,本书以4个客源城市共同的70家景区为例(见表1-1),分别统计这70家景区在4个客源城市中的总转化率C_t,并将数据导入SPSS19.0软件,使用菜单分析中的"分析—降维—对应"分析命令,以客源城市为行变量,以景区为列变量,依据总转化率C_t进行对应分析,对应分析结果见表

7-7,并绘制了 70 家景区与 4 个客源城市对应分析的散点图,见图 7-6。

表 7-7 依据总转化率 C_t 的对应分析结果

维数	奇异值	惯量	惯量比例		标准差
			解释	累积	
1	0.320	0.103	0.451	0.451	0.008
2	0.256	0.065	0.288	0.739	0.008
3	0.244	0.059	0.261	1.000	—
总计	—	0.228	1.000	1.000	—

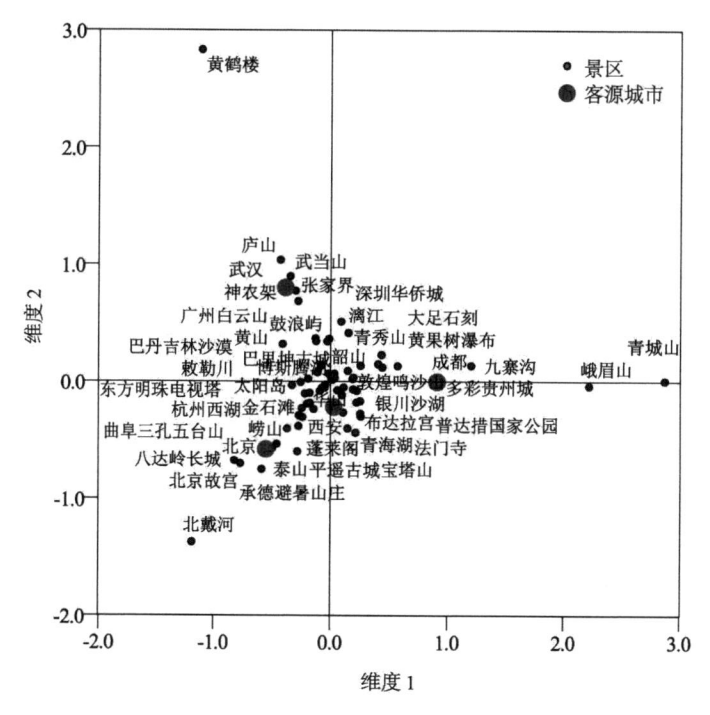

图 7-6 依据总转化率 C_t 的景区与客源城市的对应分析

从表 7-7 的对应分析结果看,维度 1(横轴)约占 45.1%,维度 2(纵轴)约占 28.8%,两个维度累积携带了 73.9% 的原始信息,说明这两个维度能较好地解释两个变量之间的对应关系。

从图 7-6 可以看出,4 个客源城市在两个维度上具有一定区分度,70 家景区与对应的客源城市形成集聚分布。这反映出不同客源城市居民对相同景区的总转化率 C_t 存在差异。成都位于第一象限与第四象限交界处,武汉位于第二象限,北京位于第三象限,西安位于第三象限与第四象限交界处。这说明较多景区在西安居民中的总转化率 C_t 与在其他 3 个城市居民中的总转化率 C_t 相差不大。

从客源城市与景区的距离远近可以看出,有不少景区在某一客源城市居民中的总转化率 C_t 明显高于在其他客源城市居民中的总转化率 C_t,例如:青城山、峨眉山、九寨沟、黄果树瀑布、大足石刻、多彩贵州城等景区在成都居民中的总转化率 C_t 明显高于在其他客源城市居民中的总转化率 C_t;黄鹤楼、庐山、武当山、神农架、张家界等景区在武汉居民中的总转化率 C_t 明显高于在其他客源城市居民中的总转化率 C_t;北戴河、北京故宫、八达岭长城、承德避暑山庄、泰山、崂山、蓬莱阁、东方明珠电视塔、曲阜三孔、杭州西湖、五台山、金石滩等景区在北京居民中的总转化率 C_t 明显高于在其他客源城市居民中的总转化率 C_t;华山、法门寺、宝塔山、银川沙湖、青海湖、平遥古城等景区在西安居民中的总转化率 C_t 明显高于在其他客源城市居民中的总转化率 C_t。

当然,也有一些景区在不同客源城市居民中的总转化率 C_t 差异较小。经统计,共有 18 家景区(巴丹吉林沙漠、武夷山、敕勒川、喀纳斯、博斯腾湖、中俄边境旅游区、井冈山、喀什噶尔老城、巴里坤古城、净月潭、北极村、普陀山、鼓浪屿、汤旺河、韶山、漓江、青秀山、普达措国家公园)在 4 个客源城市居民中的总转化率 C_t 差值在 5% 以内,这些景区大都位于边远地区,总转化率 C_t 普遍较低。

由此可见,相同景区在不同客源城市居民中的总转化率 C_t 不尽相同,不同景区之间的总转化率 C_t 差异程度不同。

二、位序分析

为了便于进一步观察对比,本书对 4 个客源城市共有的 70 家目标景区的总转化率 C_t 进行了位序排名。首先,按照总转化率 C_t 由高到低的顺序,获取了这 70 家景区分别在 4 个客源城市中的位序,各客源城市总转化率 C_t 排名前 10 位的景区见表 7-8。

表 7-8 各客源城市总转化率 C_t 排名前 10 位的景区

位序	北京	武汉	西安	成都
1	北京故宫	黄鹤楼	北京故宫	青城山
2	八达岭长城	北京故宫	华山	峨眉山
3	北戴河	东方明珠电视塔	法门寺	北京故宫
4	东方明珠电视塔	八达岭长城	东方明珠电视塔	九寨沟
5	杭州西湖	杭州西湖	八达岭长城	八达岭长城
6	苏州园林	张家界	杭州西湖	东方明珠电视塔
7	崂山	庐山	宝塔山	杭州西湖
8	承德避暑山庄	鼓浪屿	苏州园林	天涯海角
9	天涯海角	武当山	平遥古城	苏州园林
10	中山陵	苏州园林	中山陵	鼓浪屿

从表 7-8 可以看出,不同客源城市总转化率 C_t 排名前 10 位的景区既有相同点也有不同点。北京故宫、八达岭长城、东方明珠电视塔、杭州西湖、苏州园林 5 家景区在 4 个客源城市总转化率 C_t 排名中均位列前 10 名,是实至名归的高总转化率 C_t 景区。此外,也有一些景区虽然不是所有客源城市总转化率 C_t 排名前 10 位的景区,但是在部分客源城市总转化率 C_t 排名中是位列前 10 名的。例如:天涯海角景区在北京和成都总转化率 C_t 排名中位列前 10 名;中山陵景区在北京和西安

总转化率 C_t 排名中位列前 10 名;鼓浪屿景区在武汉和成都总转化率 C_t 排名中位列前 10 名。除上述景区之外,其余景区只在某个客源城市总转化率 C_t 排名中位列前 10 名。例如:北戴河、崂山、承德避暑山庄只在总转化率 C_t 排名中位列前 10 名;黄鹤楼、张家界、庐山、武当山只在武汉总转化率 C_t 排名中位列前 10 名;华山、法门寺、宝塔山、平遥古城只在西安总转化率 C_t 排名中位列前 10 名;青城山、峨眉山、九寨沟只在成都总转化率 C_t 排名中位列前 10 名。由此可见,相同景区在不同客源城市总转化率 C_t 存在差异,只有少数几家景区的总转化率 C_t 在 4 个客源城市总转化率 C_t 排名中均位列前 10 名,而大部分景区的总转化率 C_t 只在某些或者某个客源城市总转化率 C_t 排名中位列前 10 名。

其次,基于景区在 4 个客源城市中总转化率 C_t 的位序,计算位序的平均值,并以位序平均值的排序作为景区总转化率 C_t 的综合位序,景区总转化率 C_t 的综合位序见表 7-9。

表 7-9 景区总转化率 C_t 的综合位序

位序	景区	位序	景区	位序	景区
1	北京故宫	26	青海湖	51	遵义会议会址
2	八达岭长城	27	黄山	52	多彩贵州城
3	东方明珠电视塔	28	法门寺	53	布达拉宫
4	杭州西湖	29	塔尔寺	54	甘南草原
5	苏州园林	30	宝塔山	55	麦积山
6	中山陵	31	普达措国家公园	56	云冈石窟
7	天涯海角	32	金石滩	57	天山天池
8	鼓浪屿	33	晋祠	58	青秀山
9	青城山	34	大足石刻	59	洪洞大槐树
10	黄鹤楼	35	银川沙湖	60	井冈山

续表

位序	景区	位序	景区	位序	景区
11	九寨沟	36	武当山	61	敕勒川
12	峨眉山	37	庐山	62	喀纳斯
13	张家界	38	敦煌鸣沙山	63	净月潭
14	崂山	39	曲阜三孔	64	中俄边境旅游区
15	漓江	40	太阳岛	65	巴丹吉林沙漠
16	华山	41	韶山	66	喀什噶尔老城
17	深圳华侨城	42	黄果树瀑布	67	巴里坤古城
18	北戴河	43	云台山	68	汤旺河
19	广州白云山	44	承德避暑山庄	69	博斯腾湖
20	平遥古城	45	沈阳故宫	70	北极村
21	西双版纳热带植物园	46	张掖丹霞地质公园		
22	泰山	47	滕王阁		
23	龙门石窟	48	武夷山		
24	普陀山	49	五台山		
25	蓬莱阁	50	神农架		

从表 7-9 可以看出,景区的总转化率 C_t 综合位序排名与景区的地理位置密切相关。总转化率 C_t 综合位序排名前 10 的景区中,除了青城山位于西部地区、黄鹤楼位于中部地区之外,其他 8 家景区全部位于东部沿海地区。总转化率 C_t 综合位序排名末尾 10 名的景区全部位于中西部偏远地区,其中,敕勒川、中俄边境旅游区、巴丹吉林沙漠位于内蒙古,喀纳斯、喀什噶尔老城、巴里坤古城、博斯腾湖位于新疆,净月潭位于吉林,汤旺河、北极村位于黑龙江。

进一步的统计数据表明:在总转化率 C_t 综合位序排前 35 名(含 35 名)的景区中,有 15 家景区位于东部地区、6 家景区位于中部地区、14 家景区位于西部地区,分别占东部、中部、西部地区景区总数的

78.95%、30.00%、45.16%。可见,东部地区景区总转化率 C_t 综合位序排前 35 名的比例明显高于中部和西部地区。在总转化率 C_t 综合位序排后 35 名的景区中,东部地区景区仅有 4 家,依次为曲阜三孔(39 名)、承德避暑山庄(44 名)、沈阳故宫(45)、武夷山(48 名),占东部地区景区总数的 21.05%;中部地区景区共有 14 家,占中部地区景区总数的 70.00%,这 14 家景区中,57.14% 的景区位于 36~50 名,42.86% 的景区位于 51~70 名;西部地区景区共有 17 家,占西部地区景区总数的 54.84%,这 17 家景区中,17.65% 的景区位于 36~50 名,82.35% 的景区位于 51~70 名。可以看出,东部地区景区在总转化率 C_t 综合位序排名中排末尾 35 名的比例最低,并且全部位于前 50 名;中部地区景区在总转化率 C_t 综合位序排名中排末尾 35 名的比例虽然最高,但超过一半的景区位于前 50 名;西部地区景区在总转化率 C_t 综合位序排名中排末尾 35 名的比例虽略低于中部地区,但绝大部分景区位于 50 名之后。

总体而言,东部地区景区总转化率 C_t 综合位序靠前的比例最高,西部地区景区总转化率 C_t 综合位序靠前和靠后的比例均较高,而中部地区景区总转化率 C_t 综合位序大都居中。

第五节 本章小结

总转化率 C_t 是衡量潜在旅游市场到现实旅游市场转化程度的指标。本章围绕旅游市场总转化率 C_t 开展了相关研究。基于北京、武汉、西安和成都 4 个案例城市的问卷调查数据,计算了客源城市对目标

景区的总转化率 C_t，提出了总转化率 C_t 的等级划分标准，讨论了总转化率 C_t 与知名化率 C_1、意向化率 C_2、实地化率 C_3 的关系，分析了总转化率 C_t 的距离分布特征和空间分布特征，以及不同客源市场总转化率 C_t 的差异。本章主要结论如下。

(1) 总转化率 C_t 受知名化率 C_1、意向化率 C_2、实地化率 C_3 的共同影响，3 个阶段转化率的乘积越大，总转化率 C_t 越高。单独来看，总转化率 C_t 与 3 个阶段转化率均存在正相关关系，且为指数曲线相关关系。总转化率 C_t 随阶段转化率的提升呈加速增长趋势，阶段转化率较低时，总转化率 C_t 的增长速度较慢；阶段转化率较高时，总转化率 C_t 的增长速度较快。经统计，案例客源城市对目标景区的总转化率 C_t 均值为 16.86%，其中北京为 18.08%、武汉为 13.43%、西安为 18.29%、成都为 17.55%。根据总转化率 C_t 的数值分布情况，可以将总转化率 C_t 的等级标准划分为高（>25%）、中（10%~25%）、低（<10%）。

(2) 总转化率 C_t 受 O-D 距离的影响较大，呈现出明显的距离衰减特征。案例研究表明，当 O-D 球面距离处在<200km、200~500km、501~1000km、1001~1500km、1501~2000km、>2000km 这些区间时，总转化率 C_t 均值依次为 51.25%、20.40%、15.12%、14.53%、14.59%、8.06%；当 O-D 交通距离处在<200km、200~500km、501~1000km、1001~1500km、1501~2000km、2001~3000km、>3000km 这些区间时，总转化率 C_t 均值依次为 57.76%、25.17%、16.51%、16.03%、13.94%、11.87%、9.01%；当 O-D 时间距离处在<2h、2~5h、6~10h、11~15h、16~20h、21~30h、>30h 这些区间时，总转化率 C_t 均值依次为 64.71%、26.18%、18.63%、13.67%、11.40%、10.58%、9.05%；当 O-D 经济距离处在<200RMB、200~400RMB、401~600RMB、601~800RMB、801~1000RMB、>1000RMB 这些区间时，总

转化率 C_t 均值依次为 32.57%、15.48%、14.04%、15.24%、15.74%、11.84%。对比 4 类距离可以发现，O-D 经济距离对总转化率 C_t 的影响相对较小，除了经济距离<200RMB 的景区总转化率 C_t 均值明显较高，以及经济距离>1000RMB 的景区总转化率 C_t 均值明显较低之外，其他经济距离区间景区的总转化率 C_t 均值相差不大。

(3) 总转化率 C_t 与景区所在城市的区位及行政等级有密切关系。从不同地区的景区来看，案例客源城市居民对东部、中部、西部地区景区的总转化率 C_t 的均值依次为 24.24%、12.00%、16.05%，对东部地区景区的总转化率 C_t 均值明显高于对中部和西部地区景区。从不同行政等级城市的景区来看，案例客源城市居民对直辖市、副省级城市、省会城市、地级市景区的总转化率 C_t 均值依次为 36.63%、25.39%、19.92%、13.72%，呈现出明显的随行政等级降低而递减的特征。

(4) 不同客源市场对相同景区的总转化率 C_t 存在差异。案例研究表明，有些景区在某个客源市场中的总转化率 C_t 较高，但在其他客源市场中的总转化率 C_t 却较低。不过也有一些景区在不同客源市场中的总转化率 C_t 差异较小，如 4 个客源城市对北京故宫、八达岭长城、东方明珠电视塔、杭州西湖、苏州园林的总转化率 C_t 都很高。

第八章 旅游市场总转化率计算模型的构建和检验

第一节 模型假设

对DMOs而言,究竟有多少潜在旅游市场能成功转化为现实旅游市场是其最为关心的问题之一。精准掌握旅游市场的总转化率,可以帮助DMOs在一些方面进行科学决策,如旅游景区的规划和管理、酒店的投资、旅游设施的建设等。虽然DMOs可以采用抽样调查法来获取旅游市场总转化率,但这要求市场抽样调查的样本量足够大,而大样本抽样调查通常需要耗费大量的人力、物力和财力。因此,通过构建模型来计算旅游市场总转化率具有重要的实践价值,它具有成本低、速度快等优势。本书将采用假说演绎法,基于前人的研究成果以及本书前文的研究发现,构建旅游市场总转化率计算模型,并以在北京、武汉、西安和成都4个案例地实际调查获取的总转化率值来检验模型计算的总转化率值。

以往的旅游目的地选择行为研究已经表明旅游者的目的地决策受诸多因素的共同影响,例如目的地的旅游吸引力、目的地的旅游形象、旅游者的收入水平、人口统计学特征、客源地与目的地之间的距离、文化差异等。尽管影响旅游者目的地选择的因素是多样的,但其始终脱离不了旅游系统的3个基本要素,即客源地、目的地以及连接客源地与目的地的通道。客源地因素包括居民收入水平、兴趣爱好、闲暇时间等,目的地因素包括旅游吸引力、旅游形象、接待水平等,通道因素包括交通时间、交通费用、可通达性等。众多因素的叠加给旅游市场总转化率计算模型的构建带来了困难。

构建模型的目的是将复杂的问题简单化,所含的自变量以少为佳。因此,构建旅游市场总转化率计算模型,首先需要识别出影响旅游市场总转化率的主要因素及其作用机制。基于前文的分析,本书认为,客源地潜在旅游者选择目的地时会基于旅游效益最大化的考虑,即花费最少的旅游成本访问旅游吸引力最大的目的地。目的地的旅游吸引力是客源地潜在旅游者选择到访该目的地的客观基础,决定了客源地潜在旅游者所能获取的最大旅游效益。

O-D距离是客源地潜在旅游者能否转化为目的地现实旅游者的重要影响因素。为了克服距离的阻碍,客源地潜在旅游者必须支付一定数额的交通成本,包括时间成本和经济成本。不同的潜在旅游者对交通时间成本和经济成本的承受能力是有差异的。换言之,不同潜在旅游者的出游能力存在差异,主要体现在两个方面:一方面,作为生物体,每个人必定会存在体感疲惫的交通时间,即乘坐某种交通工具时出现疲惫感的交通时长。潜在旅游者的体感疲惫交通时间越长,O-D交通时间成本对其影响越小,客源地潜在旅游者越有可能转化成为时间距离较远的目的地的现实旅游者。另一方面,潜在旅游者的经济水平也是影响其出游能力的重要因素。潜在旅游者的可自由支配月收入越高,O-D交通经济成本对其的影响越小,即客源地潜在旅游者越有可能转化成为经济距离较远的目的地的现实旅游者。由此可见,潜在旅游者能否转化成为现实旅游者受上述因素的综合影响。

基于上述分析,本书认为目的地的旅游吸引力、O-D交通时间、O-D交通费用、客源地潜在旅游者的体感疲惫交通时间、客源地潜在旅游者可以自由支配的月收入是潜在旅游市场向现实旅游市场转化的5个主要影响因素。基于此,本书假设并建构了旅游市场总转化率的计算模型,计算公式如下:

$$C_{ij} = \frac{a_j}{(t_{ij}/T_i + c_{ij}/C_i)} \tag{8-1}$$

式(8-1)中:C_{ij}表示潜在客源市场O_i转化为目的地D_j现实旅游市场的总转化率。a_j表示目的地D_j的旅游吸引力,t_{ij}表示客源地O_i至目的地D_j的交通时间,c_{ij}表示客源地O_i至目的地D_j的往返交通费用,T_i表示客源地O_i居民的体感疲惫交通时间,C_i表示客源地O_i居民的人均可自由支配的月收入。

第二节 模型检验数据获取

为了验证旅游市场总转化率计算模型的有效性,本书将以北京、武汉、西安和成都4个案例客源市场对目标景区的市场总转化率调查值来检验模型计算值的有效性。

鉴于航空交通方式与陆路交通方式在时间和费用成本上差异较大,旅游者在选择这两类交通方式时的行为模式存在较大差异,有必要区分不同交通工具的到访率,以确保研究结果的精度。长期以来,中国旅游者的国内旅游交通方式以火车、公共汽车、私家车等陆路交通工具为主

(史春云 等,2014;Wang et al.,2017;王海江 等,2019;石晓腾,2020)。因此,本书着重讨论基于陆路交通方式的旅游市场总转化率,后文所指的旅游市场转化率均为基于陆路交通工具的旅游市场总转化率。

一、模型计算值

目的地 D_j 的旅游吸引力值与景区级别高低有关,根据孙根年、汪德根等的研究,5A 级景区的吸引力是 4A 级景区吸引力的两倍(Drucker,1973;Malhotra,1996)。本书经过数据初步尝试,最终将 5A 级景区的吸引力值设定为 0.2,4A 级景区的吸引力值设定为 0.1。此外,考虑到景区对外地旅游者的吸引力一般会受到整个城市的综合旅游吸引力的影响(Kotoua et al.,2017),因此,本书结合中国旅游百强城市的有关研究成果(Wu,2018),将对位于北京、上海、苏州、杭州、西安和青岛 6 个热门旅游百强城市景区的吸引力值做部分修正,即将位于这 6 个城市中的 5A 级景区对外地旅游者的吸引力值调整为 0.4,但对客源地当地居民的吸引力值不做调整。

客源地 O_i 至目的地 D_j 的交通时间 t_{ij},通过"12306 铁路客户服务中心"网站和"百度地图"网站获取。查询标准为:若景区所在地有火车站点,则客源地至该景区的交通时间为客源地至该火车站的铁路时间与该火车站至景区的公路时间之和;若景区所在地无火车站点,但其所在的地级市有火车站点,则客源地至该景区的交通时间为客源地至该景区地级市火车站的铁路时间与该地级市火车站至景区的公路时间之和;若景区所在地和所在地级市均无火车站点,则以客源地至该景区的热门旅游线路的中转城市的火车站为测量节点,客源地至该景区的交通时间为客源地至该中转城市火车站的铁路时间与中转城市火车站至景区的公路时间之和。

客源地 O_i 至目的地 D_j 的往返交通费用 C_{ij}，通过"12306 铁路客户服务中心"网站和"百度地图"网站获取。查询标准为：若景区所在地有火车站点，则客源地至该景区的交通费用为客源地至该火车站的铁路费用与该火车站至景区的公路费用（1RMB/km）之和；若景区所在地无火车站点，但其所在的地级市有火车站点，则客源地至该景区的交通费用为客源地至该景区地级市火车站的铁路费用与该地级市火车站至景区的公路费用之和；若景区所在地和所在地级市均无火车站点，则以客源地至该景区的热门旅游线路的中转城市的火车站为测量节点，客源地至该景区的交通费用为客源地至该中转城市火车站的铁路费用与中转城市火车站至景区的公路费用之和。

客源地 O_i 居民的体感疲惫交通时间 T_i，通过在线问卷调查获取。2018 年 1 月，通过"问卷星"网站对国内居民乘坐火车旅行的体感疲惫时间进行了网络调查，调查内容包括乘坐火车硬座、火车硬卧、高铁（动车）旅行的体感疲惫时间。本次调查共回收有效电子问卷 1079 份，问卷样本覆盖了 31 个省、区、市。调查结果显示，51.5% 的受访者认为乘坐火车硬座的单程时间超过 5h 身体会出现疲惫感，53.6% 的受访者认为乘坐火车硬卧的单程时间超过 10h 身体会出现疲惫感，53.8% 的受访者认为乘坐高铁（动车）的单程时间超过 5h 身体会出现疲惫感。在同时期内，国内各客源地居民的体感疲惫交通时间一般相差不大。经综合考虑，本书将 T_i 的值均取为 5h。

客源地 O_i 居民的人均可自由支配月收入 C_i 的值来源于《中华人民共和国 2017 年国民经济和社会发展统计公报》。经查询，北京居民的人均可自由支配月收入为 4769RMB，武汉居民的人均可自由支配收入为 3220 RMB，西安居民的人均可自由支配月收入为 2716 RMB，成都居民的人均可自由支配月收入为 3243RMB。

将获取的 a_j、t_{ij}、C_{ij}、T_i、C_i 值代入公式(8-1),分别计算得到北京、武汉、西安、成都 4 个客源市场对各自目标景区的总转化率模型计算值。

二、实际调查值

旅游市场总转化率的实际调查值来源于大样本问卷调查,获取的问卷数量以及样本特征详见前文,总转化率实际调查值的计算方法见式(3-4)和式(3-5)。

第三节 模型检验结果分析

一、总转化率的模型值与调查值对比

为了直观对比旅游市场总转化率的模型计算值与实际调查值的数值分布情况,本书按照 O-D 球面距离由近及远的顺序,绘制了总转化率模型计算值和实际调查值的球面距离分布图,见图 8-1 的(a1)、(b1)、(c1)、(d1),并以总转化率的模型计算值为横坐标,以总转化率的实际调查值为纵坐标,绘制了"模型值—调查值"散点图,进行了线性拟合,结果见图 8-1 的(a2)、(b2)、(c2)、(d2)。另外,根据总转化率的模型计算值与实际调查值的差值,本书对少数景区进行了剔除,其中,客源城市北京的目标景区剔除了北戴河,武汉的目标景区剔除了莲花山和张家界,西安的目标景区剔除了宝塔山和汉中武侯祠,成都的目标景区剔除了洪崖洞、九寨沟、峨眉山。剔除少数景区之后的总转化率模型计算值和实际调查值的球面距离分布见图 8-2 的(a1)、(b1)、(c1)、(d1)，二者的线性拟合结果见图 8-2 的(a2)、(b2)、(c2)、(d2)。

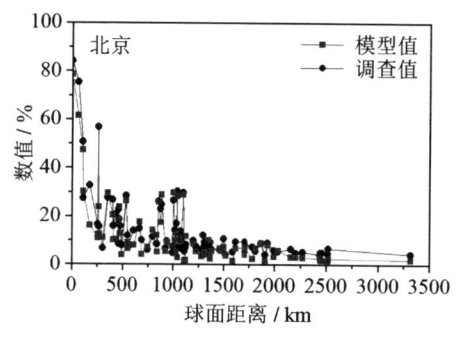

(a1) 北京市旅游市场总转化率的模型计算值和实际调查值的球面距离分布

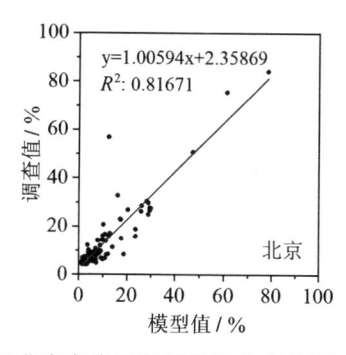

(a2) 北京市旅游市场总转化率的模型计算值和实际调查值的拟合关系

$y = 1.00594x + 2.35869$
$R^2: 0.81671$

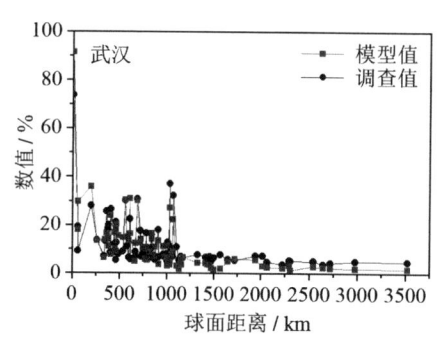

(b1) 武汉市旅游市场总转化率的模型计算值和实际调查值的球面距离分布

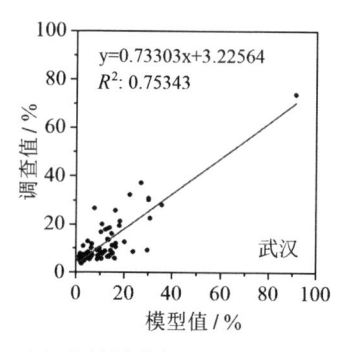

(b2) 武汉市旅游市场总转化率的模型计算值和实际调查值的拟合关系

$y = 0.73303x + 3.22564$
$R^2: 0.75343$

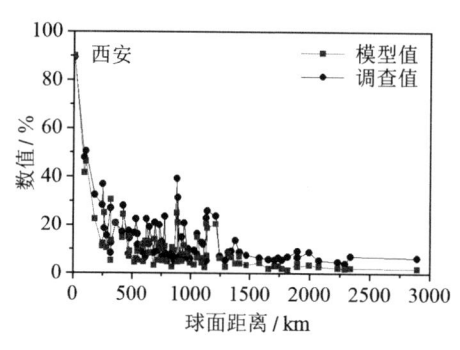

(c1) 西安市旅游市场总转化率的模型计算值和实际调查值的球面距离分布

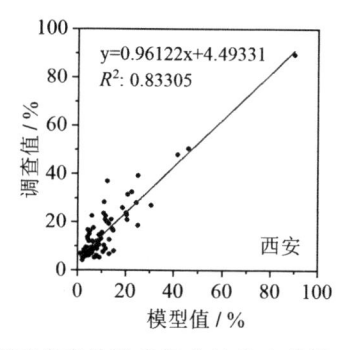

(c2) 西安市旅游市场总转化率的模型计算值和实际调查值的拟合关系

$y = 0.96122x + 4.49331$
$R^2: 0.83305$

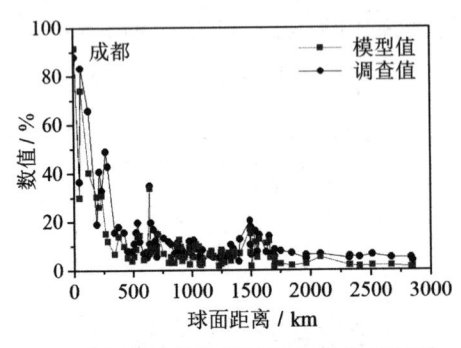

(d1)成都市旅游市场总转化率的模型计算值和实际调查值的球面距离分布

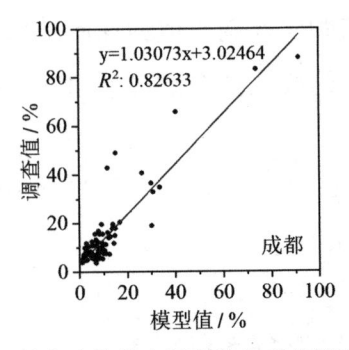

(d2)成都市旅游市场总转化率的模型计算值和实际调查值的拟合关系

图 8-1　4 个客源城市总转化率模型值与调查值的对比(全部景区)

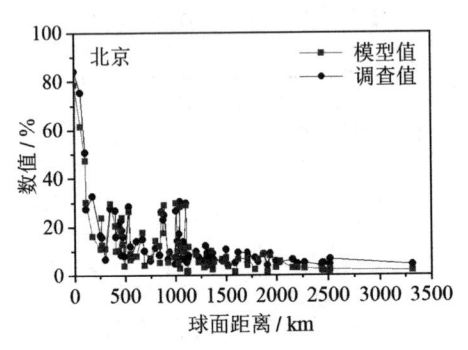

(a1)北京市旅游市场总转化率的模型计算值和实际调查值的球面距离分布

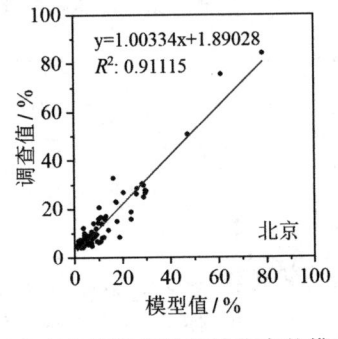

(a2)北京市旅游市场总转化率的模型计算值和实际调查值的拟合关系

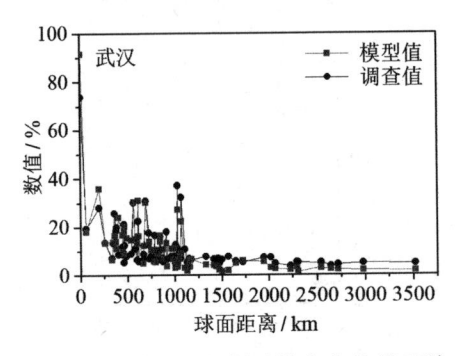

(b1)武汉市旅游市场总转化率的模型计算值和实际调查值的球面距离分布

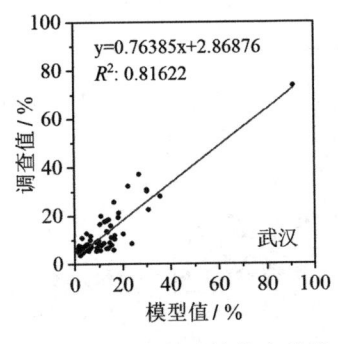

(b2)武汉市旅游市场总转化率的模型计算值和实际调查值的拟合关系

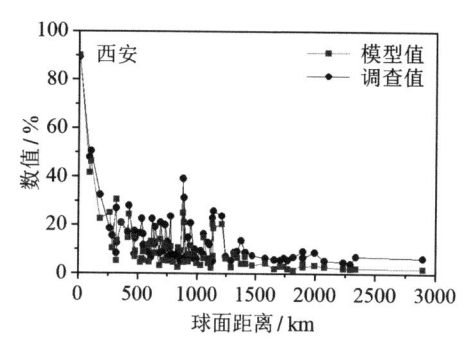

(c1)西安市旅游市场总转化率的模型计算值和实际调查值的球面距离分布

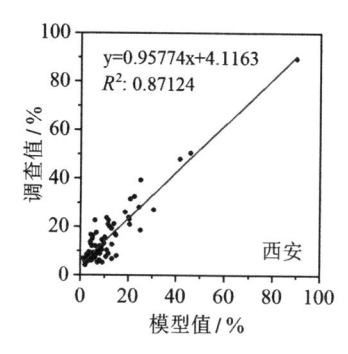

(c2)西安市旅游市场总转化率的模型计算值和实际调查值的拟合关系

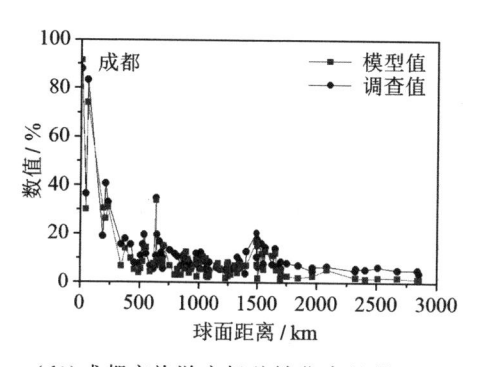

(d1)成都市旅游市场总转化率的模型计算值和实际调查值的球面距离分布

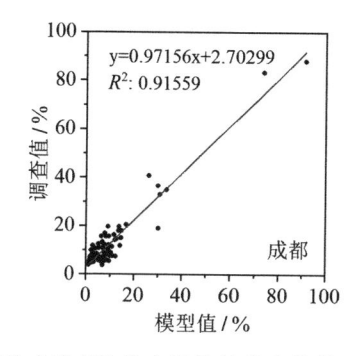

(d2)成都市旅游市场总转化率的模型计算值和实际调查值的拟合关系

图 8-2 4个客源城市总转化率模型值与调查值的对比(剔除少数景区)

从图 8-1 和图 8-2 可以看出,北京、武汉、西安和成都 4 个城市旅游市场总转化率的模型值和调查值,均随 O-D 距离的递增呈现出衰减的趋势,并且两组数据的起伏波动情况基本一致。其中,北京居民的景区总转化率模型值和调查值的 Pearson 相关系数达到了 90.37%,拟合直线的 R^2 约达到了 0.8167。剔除北戴河景区之后,北京居民的景区总转化率模型值和调查值的相关系数提升到了 95.45%,拟合直线的 R^2 约提升到了 0.9111。武汉居民的景区总转化率模型值和调查值的 Pearson 相关系数达到了 86.80%,拟合直线的 R^2 约达到了 0.7534。剔除莲花山和张家界景区之后,武汉居民的景区总转化率模型值和调查值的相关系数提升到了 90.35%,拟合直线系数 R^2 约提升到了 0.8162。西安居民的景区总转化率模型值和调查值的 Pearson 相关系数达到了 91.27%,拟合直线的 R^2 约达到了 0.8331。剔除宝塔山和汉中武侯祠景区之后,西安居民的景区总转化率模型值和调查值的相关系数提升到了 93.34%,拟合直线的 R^2 约提升到了 0.8712。成都居民的景区总转化率模型值和调查值的 Pearson 相关系数达到了 90.90%,拟合直线系数 R^2 约达到了 0.8263。剔除洪崖洞、九寨沟、峨眉山景区之后,成都居民的景区总转化率模型值和调查值的相关系数提升到了 95.69%,拟合直线的 R^2 约提升到了 0.9156。

总体上看,4 个客源城市居民的景区总转化率的模型值和调查值相关性很高。除了个别景区的总转化率的模型值和调查值差异较大,大部分景区的总转化率的模型值和调查值基本相符,说明旅游市场总转化率计算模型是有效的。

二、累计总转化率的模型值与调查值对比

1.按球面距离的累计总转化率模型值与调查值对比

为了进一步验证旅游市场总转化率计算模型的有效性,本书按照 O-D 球面距离由近及远的顺序,分别对北京、武汉、西安和成都 4 个城市总转化率的模型计算值和实际调查值进行累计计算,绘制了累计总转化率的模型计算值和实际调查值的球面距离分布图,见图 8-3 的(a1)、(b1)、(c1)、(d1)。以累计总转化率的模型计算值为横坐标,以累计总转化率的实际调查值为纵坐标,绘制了累计总转化率的"模型值—调查值"散点图,并对其进行线性拟合,拟合结果见图 8-3 的(a2)、(b2)、(c2)、(d2)。

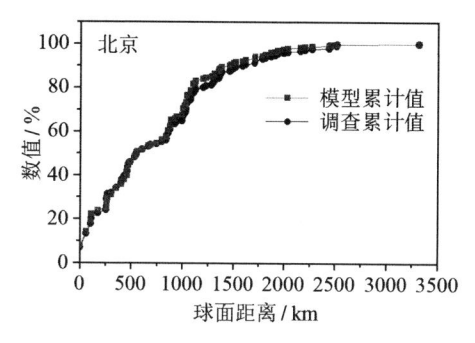

(a1) 北京市旅游市场累计总转化率的模型
计算值和实际调查值的球面距离分布

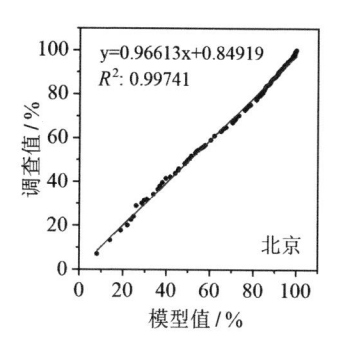

(a2) 北京市旅游市场累计总转化率的模
型计算值和实际调查值的拟合关系

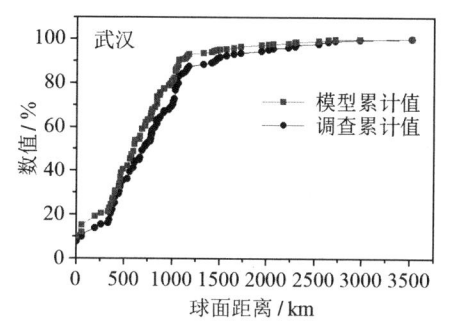

(b1) 武汉市旅游市场累计总转化率的模型
计算值和实际调查值的球面距离分布

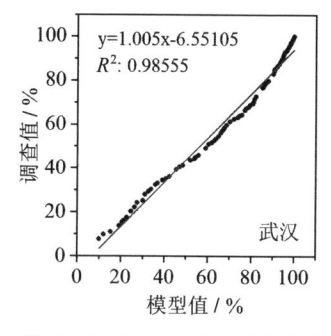

(b2) 武汉市旅游市场累计总转化率的模
型计算值和实际调查值的拟合关系

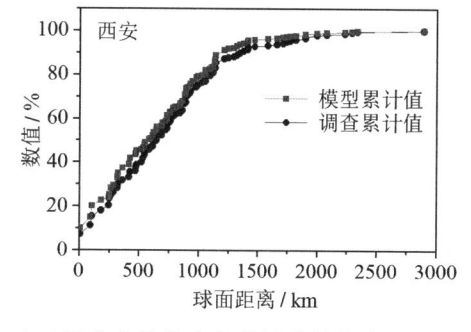

(c1) 西安市旅游市场累计总转化率的模型
计算值和实际调查值的球面距离分布

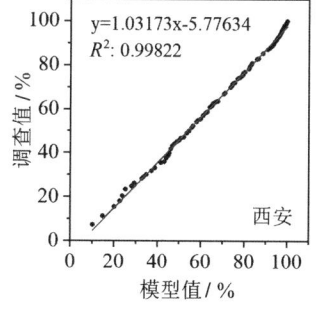

(c2) 西安市旅游市场累计总转化率的模
型计算值和实际调查值的拟合关系

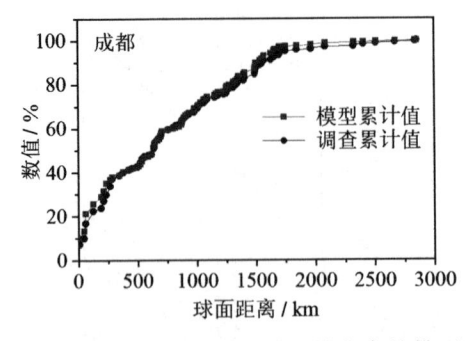

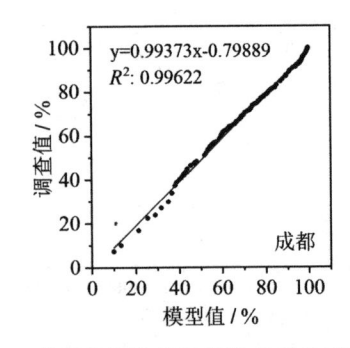

(d1) 成都市旅游市场累计总转化率的模型计算值和实际调查值的球面距离分布　　(d2) 成都市旅游市场累计总转化率的模型计算值和实际调查值的拟合关系

图 8-3　4 个客源城市累计总转化率模型值与调查值的对比 (按球面距离)

从图 8-3 可以直观看出,北京、武汉、西安和成都 4 个客源城市居民累计总转化率的模型值和调查值随 O-D 球面距离分布的总体趋势和波动情况基本一致。北京居民的 50% 累计总转化率的模型值和调查值分别出现在距北京球面距离 548km 和 560km 附近,80% 累计总转化率的模型值和调查值分别出现在距北京球面距离 1103km 和 1225km 附近;武汉居民的 50% 累计总转化率的模型值和调查值分别出现在距武汉球面距离 607km 和 720km 附近,80% 累计总转化率的模型值和调查值分别出现在距武汉球面距离 995km 和 1072km 附近;西安居民的 50% 累计总转化率的模型值和调查值分别出现在距西安球面距离 584km 和 650km 附近,80% 累计总转化率的模型值和调查值分别出现在距西安球面距离 1054km 和 1106km 附近;成都居民的 50% 累计总转化率的模型值和调查值均出现在距成都球面距离 640km 附近,80% 累计总转化率的模型值和调查值分别出现在距成都球面距离 1310km 和 1343km 附近。由此可见,按球面距离累计的总转化率的模型值和调查值相差不大。

经检验,北京居民累计总转化率的模型值和调查值的 Pearson 相关系数达到了 99.87%,拟合直线的 R^2 达到了 0.9974;武汉居民累计总转化率的模型值和调查值的Pearson相关系数达到了99.28%,拟合直线的R^2达到了0.9856;西安居民累计总转化率的模型值和调查值的Pearson相关系数达到了99.91%,拟合直线的R^2达到了0.9982;成都居民累计总转化率的模型值和调查值的Pearson相关系数达到了99.81%,拟合直线的R^2达到了0.9962。由此可见,4个客源城市按球面距离的累计总转化率模型值和调查值均为高度相关,二者的线性拟合效果理想,说明旅游市场总转化率计算模型是可靠的。

2.按交通距离的累计总转化率模型值与调查值对比

按照O-D交通距离由近及远的顺序,本书分别对北京、武汉、西安和成都4个城市居民总转化率的模型计算值和实际调查值进行累计计算,并绘制了累计总转化率的模型计算值和实际调查值的交通距离分布图,见图8-4的(a1)、(b1)、(c1)、(d1)。以累计总转化率的模型计算值为横坐标,以累计总转化率的实际调查值为纵坐标,绘制累计总转化率的"模型值—调查值"散点图,并对其进行线性拟合,拟合结果见图8-4的(a2)、(b2)、(c2)、(d2)。

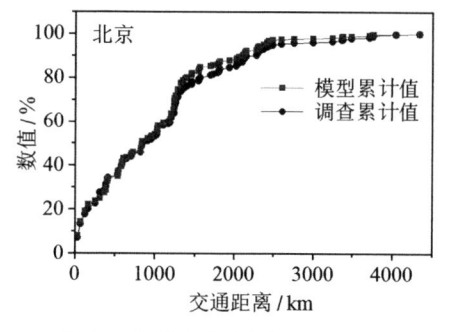

(a1)北京市旅游市场累计总转化率的模型计算值和实际调查值的交通距离分布

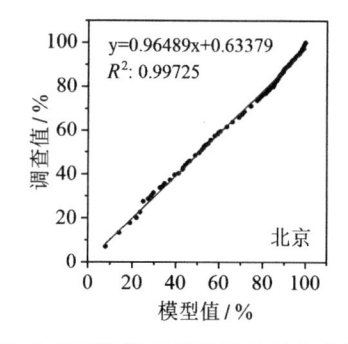

(a2)北京市旅游市场累计总转化率的模型计算值和实际调查值的拟合关系

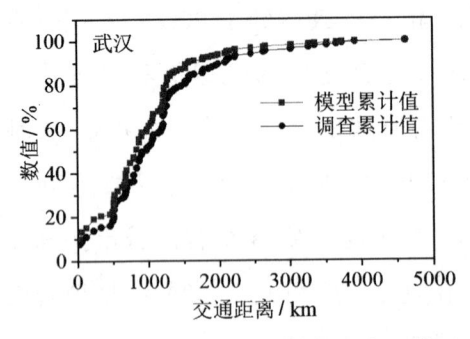

(b1) 武汉市旅游市场累计总转化率的模型计算值和实际调查值的交通距离分布

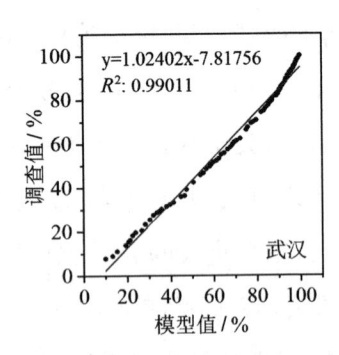

(b2) 武汉市旅游市场累计总转化率的模型计算值和实际调查值的拟合关系

$y=1.02402x-7.81756$
$R^2: 0.99011$

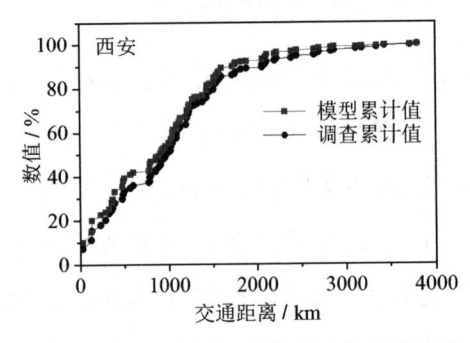

(c1) 西安市旅游市场累计总转化率的模型计算值和实际调查值的球面距离分布

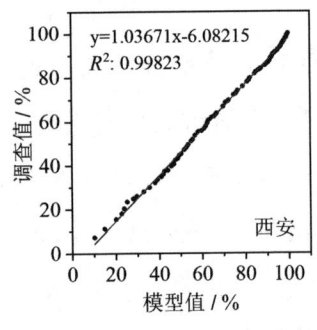

(c2) 西安市旅游市场累计总转化率的模型计算值和实际调查值的拟合关系

$y=1.03671x-6.08215$
$R^2: 0.99823$

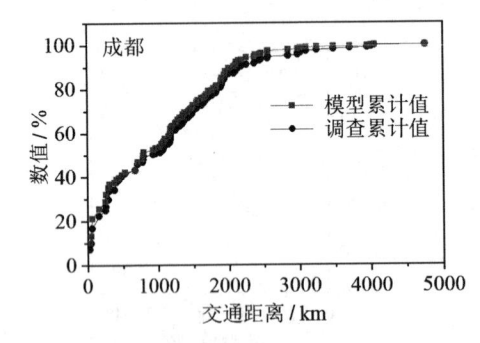

(d1) 成都市旅游市场累计总转化率的模型计算值和实际调查值的交通距离分布

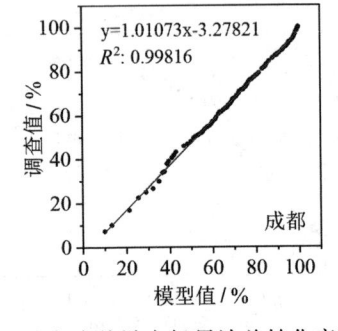

(d2) 成都市旅游市场累计总转化率的模型计算值和实际调查值的拟合关系

$y=1.01073x-3.27821$
$R^2: 0.99816$

图 8-4　4 个客源城市累计总转化率模型值与调查值的对比(按交通距离)

从图 8-4 可以直观看出，北京、武汉、西安和成都 4 个客源城市居民累计总转化率的模型值和调查值随 O-D 交通距离分布的总体趋势和波动情况基本一致。北京居民的 50% 累计总转化率的模型值和调查值分别出现在距北京交通距离 841km 和 908km 附近，80% 累计总转化率的模型值和调查值分别出现在距北京交通距离 1396km 和 1695km 附近；武汉居民的 50% 累计总转化率的模型值和调查值分别出现在距武汉交通距离 833km 和 978km 附近，80% 累计总转化率的模型值和调查值分别出现在距武汉交通距离 1266km 和 1536km 附近；西安居民的 50% 累计总转化率的模型值和调查值分别出现在距西安交通距离 909km 和 1002km 附近，80% 累计总转化率的模型值和调查值分别出现在距西安交通距离 1436km 和 1515km 附近；成都居民的 50% 累计总转化率的模型值和调查值分别出现在距成都交通距离 790km 和 923km 附近，80% 累计总转化率的模型值和调查值分别出现在距成都交通距离 1781km 和 1883km 附近。总体上，按交通距离的累计总转化率的模型值和调查值相差不大。

经检验，北京居民累计总转化率的模型值和调查值的 Pearson 相关系数达到了 99.86%，拟合直线的 R^2 约达到了 0.9973。武汉居民累计总转化率的模型值和调查值的 Pearson 相关系数达到了 99.50%，拟合直线的 R^2 约达到了 0.9901。西安居民累计总转化率的模型值和调查值的 Pearson 相关系数达到了 99.91%，拟合直线的 R^2 约达到了 0.9982。成都居民累计总转化率的模型值和调查值的 Pearson 相关系数达到了 99.91%，拟合直线的 R^2 约达到了 0.9982。由此可见，4 个客源城市按交通距离的累计总转化率的模型值和调查值均为高度相关，二者的线性拟合效果理想，说明旅游市场总转化率计算模型是可靠的。

3. 按时间距离的累计总转化率模型值与调查值对比

按照 O-D 时间距离由近及远的顺序，本书分别对北京、武汉、西安和成都 4 个城市总转化率的模型计算值和实际调查值进行累计计算，并绘制了累计总转化率的模型计算值和实际调查值的时间距离分布图，见图 8-5 的 (a1)、(b1)、(c1)、(d1)。以累计总转化率的模型计算值为横坐标，以累计总转化率的实际调查值为纵坐标，绘制累计总转化率的"模型值—调查值"散点图，并对其进行线性拟合，拟合结果见图 8-5 的 (a2)、(b2)、(c2)、(d2)。

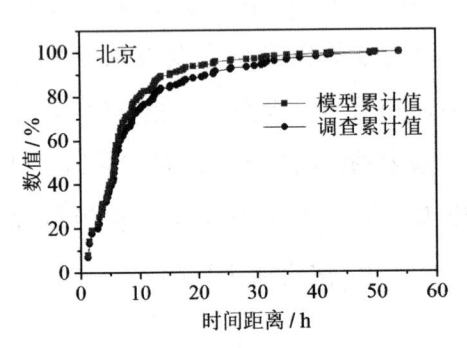

(a1) 北京市旅游市场累计总转化率的模型计算值和实际调查值的时间距离分布

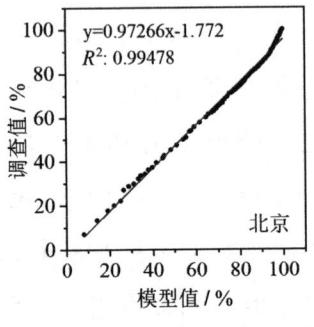

(a2) 北京市旅游市场累计总转化率的模型计算值和实际调查值的拟合关系

$y = 0.97266x - 1.772$
$R^2: 0.99478$

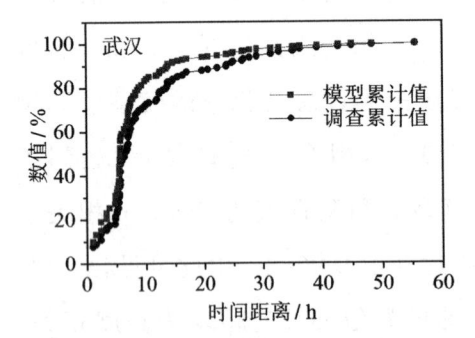

(b1) 武汉市旅游市场累计总转化率的模型计算值和实际调查值的时间距离分布

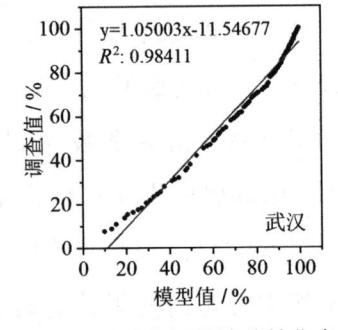

(b2) 武汉市旅游市场累计总转化率的模型计算值和实际调查值的拟合关系

$y = 1.05003x - 11.54677$
$R^2: 0.98411$

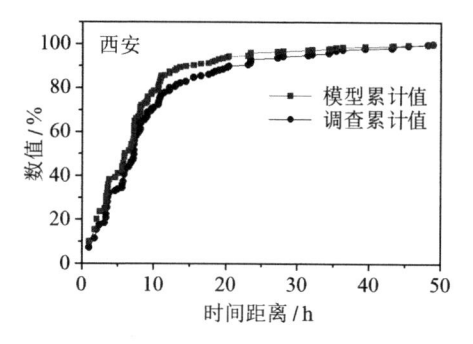

(c1) 西安市旅游市场累计总转化率的模型计算值和实际调查值的时间距离分布

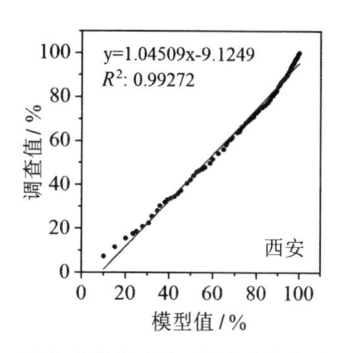

(c2) 西安市旅游市场累计总转化率的模型计算值和实际调查值的拟合关系

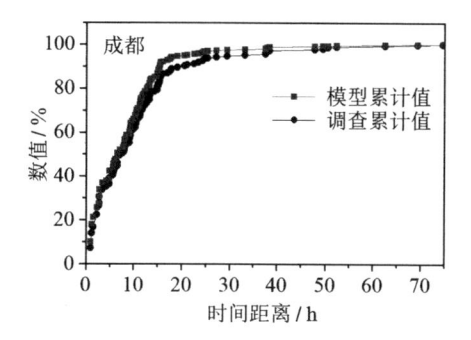

(d1) 成都市旅游市场累计总转化率的模型计算值和实际调查值的交通距离分布

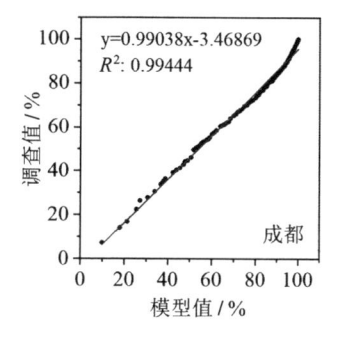

(d2) 成都市旅游市场累计总转化率的模型计算值和实际调查值的拟合关系

图 8-5 4 个客源城市累计总转化率模型值与调查值的对比(按时间距离)

从图 8-5 可以直观看出,北京、武汉、西安和成都 4 个客源城市居民的累计总转化率的模型值和调查值随 O-D 时间距离分布的总体趋势和波动情况基本一致。北京居民 50% 累计总转化率的模型值和调查值分别出现在距北京时间距离 5.77h 和 5.97h 附近,80% 累计总转化率的模型值和调查值分别出现在距北京时间距离 10.12h 和 12.53h 附近;武汉居民 50% 累计总转化率的模型值和调查值分别出现在距武汉时间距离 5.72h 和 6.75h 附近,80% 累计总转化率的模型值和调查值分别出现在距武汉时间距离 8.93h 和 13.65h 附近;西安居民 50% 累计总转化率的模型值和调查值分别出现在距西安时间距离 6.03h 和 7.27h 附近，80% 累计总转化率的模型值和调查值分别出现在距西安时间距离 10.68h 和 12.95h 附近；成都居民 50% 累计总转化率的模型值和调查值分别出现在距成都时间距离 6.58h 和 7.75h 附近，80% 累计总转化率的模型值和调查值分别出现在距成都时间距离 12.98h 和 14.88h 附近。总体上，除武汉之外，其他 3 个城市按时间距离的累计总转化率的模型值和调查值相差不大。

经检验，北京居民累计总转化率的模型值和调查值的 Pearson 相关系数达到了 99.74%，拟合直线的 R^2 约达到了 0.9948；武汉居民累计总转化率的模型值和调查值的 Pearson 相关系数达到了 99.20%，拟合直线的 R^2 约达到了 0.9841；西安居民的累计总转化率的模型值和调查值的 Pearson 相关系数达到了 99.64%，拟合直线的 R^2 达到了 0.9927；成都居民的累计总转化率的模型值和调查值的 Pearson 相关系数达到了 99.72%，拟合直线 R^2 约达到了 0.9944。由此可见，4 个客源城市按时间距离的累计总转化率的模型值和调查值均为高度相关，二者的线性拟合效果较为理想，说明旅游市场总转化率计算模型是可靠的。

4. 按经济距离的累计总转化率模型值与调查值对比

按照 O-D 经济距离由近及远的顺序，本书分别对北京、武汉、西安和成都 4 个城市总转化率的模型计算值和实际调查值进行累计计算，并绘制了累计总转化率的模型计算值和实际调查值的经济距离分布图，见图 8-6 的(a1)、(b1)、(c1)、(d1)。以累计总转化率的模型计算值为横坐标，以累计总转化率的实际调查值为纵坐标，绘制累计总转化率的"模型值—调查值"散点图，并对其进行线性拟合，拟合结果见图 8-6 的(a2)、(b2)、(c2)、(d2)。

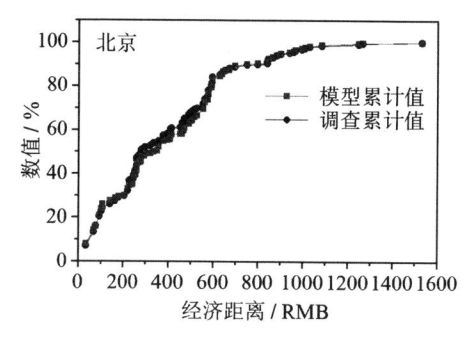

(a1)北京市旅游市场累计总转化率的模型计算值和实际调查值的经济距离分布

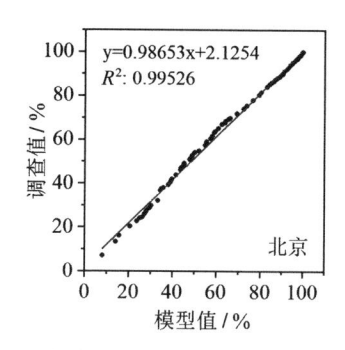

(a2)北京市旅游市场累计总转化率的模型计算值和实际调查值的拟合关系

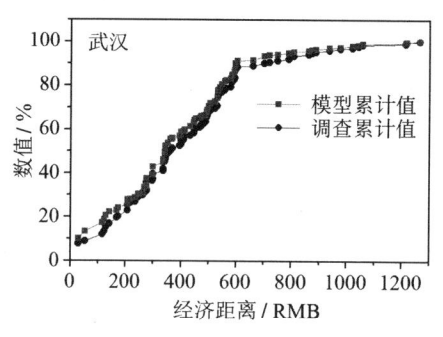

(b1)武汉市旅游市场累计总转化率的模型计算值和实际调查值的经济距离分布

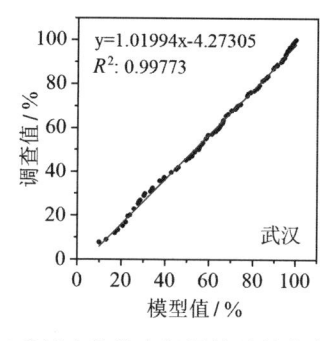

(b2)武汉市旅游市场累计总转化率的模型计算值和实际调查值的拟合关系

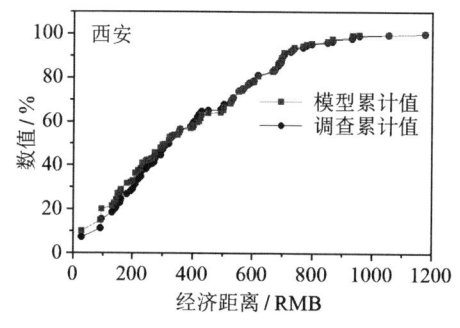

(c1)西安市旅游市场累计总转化率的模型计算值和实际调查值的经济距离分布

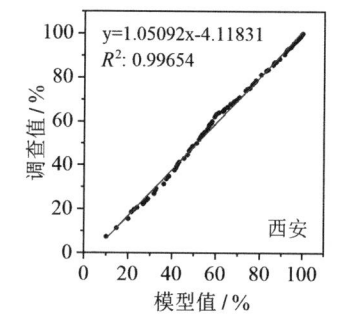

(c2)西安市旅游市场累计总转化率的模型计算值和实际调查值的拟合关系

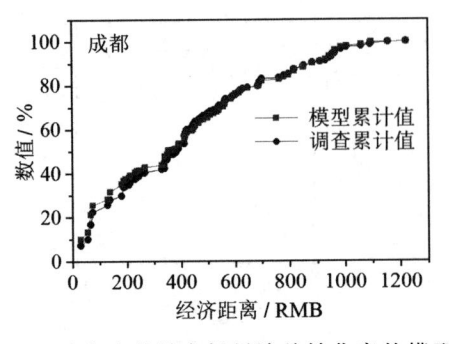

(d1) 成都市旅游市场累计总转化率的模型计算值和实际调查值的交通距离分布

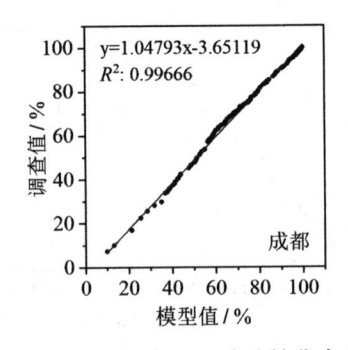

(d2) 成都市旅游市场累计总转化率的模型计算值和实际调查值的拟合关系

图 8-6　4 个客源城市累计总转化率模型值与调查值的对比（按经济距离）

从图 8-6 可以直观看出，北京、武汉、西安和成都 4 个客源城市居民累计总转化率的模型值和调查值随 O-D 经济距离分布的总体趋势和波动情况基本一致。北京居民 50% 累计总转化率的模型值和调查值分别出现在距北京经济距离 350RMB 和 283RMB 附近，80% 累计总转化率的模型值和调查值均出现在距北京经济距离 590RMB 附近；武汉居民 50% 累计总转化率的模型值和调查值分别出现在距武汉经济距离 343RMB 和 361RMB 附近，80% 累计总转化率的模型值和调查值分别出现在距武汉经济距离 546RMB 和 583RMB 附近；西安居民 50% 累计总转化率的模型值和调查值均出现在距西安经济距离 321RMB 附近，80% 累计总转化率的模型值和调查值均出现在距西安经济距离 619RMB 附近；成都居民 50% 累计总转化率的模型值和调查值分别出现在距成都经济距离 353RMB 和 391RMB 附近，80% 累计总转化率的模型值和调查值均出现在距成都经济距离 690RMB 附近。总体上，4 个城市按经济距离的累计总转化率的模型值和调查值十分接近。

经检验，北京居民累计总转化率的模型值和调查值的 Pearson 相关系数达到了 99.76%，拟合直线的 R^2 约达到了 0.9953；武汉居民累计总转化率的模型值和调查值的 Pearson 相关系数达到了 99.89%,拟合直线的 R^2 约达到了 0.9977;西安居民的累计总转化率的模型值和调查值的 Pearson 相关系数达到了 99.83%,拟合直线的 R^2 约达到了 0.9965;成都居民的累计总转化率的模型值和调查值的 Pearson 相关系数达到了 99.83%,拟合直线的 R^2 约达到了 0.9967。可见,4 个客源城市按经济距离的累计总转化率的模型值和调查值均为高度相关,二者的线性拟合效果十分理想,说明旅游市场总转化率计算模型是可靠的。

三、总转化率的模型值与调查值地理分布格局对比

通过对比旅游市场总转化率模型值和调查值的空间分布格局,可以进一步检验总转化率计算模型的有效性。旅游市场总转化率的模型值和调查值的地理空间分布基本吻合。其中,北京居民高总转化率的模型值和调查值,均主要集中分布在京津冀地区,并沿京沪高铁延伸分布;武汉居民高总转化率的模型值和调查值,均主要集中分布在长江中游地区,以及以北京和上海为中心的周边地区;西安居民高总转化率的模型值和调查值,均主要集中分布在关中地区,以及以北京和上海为中心的周边地区;成都居民高总转化率的模型值和调查值,均主要集中分布在西南地区,以及以北京、上海为中心的周边地区。从总体上看,模型计算与实际调查的旅游市场总转化率在地理空间上的分布均呈现距离衰减特征,主要集中分布在客源地及周边地区,并沿交通干线延伸分布,在局部区位条件较好的区域出现激增。另外,4 个客源城市居民对目标景区的总转化率模型值和调查值的标准差椭圆基本重合,说明旅游市场总转化率的模型值与调查值在地理空间上的分布格局吻合度较高,总转化率计算模型是可靠的。

第四节　本章小结

本章基于对旅游市场总转化率影响因素的分析，提出假设并构建了由旅游吸引力、O-D交通时间、O-D交通费用、体感疲惫交通时间和可自由支配月收入5个自变量构成的总转化率计算模型，以北京、武汉、西安和成都为案例城市，通过对比总转化率的模型计算值与实际调查值检验了模型的有效性，结果显示如下。

(1)4个案例城市总转化率的模型计算值和实际调查值均通过了Pearson相关检验，在1%水平上均呈显著相关，相关系数依次为90.37%、86.80%、91.27%、90.90%，达到了高度相关，拟合直线的R^2约达到了0.8167、0.7534、0.8331、0.8263。剔除少数几个特异景区之后，4个案例城市总转化率的模型计算值和实际调查值的相关系数提高到95.45%、90.35%、93.34%、95.69%，拟合直线的R^2约提高到0.9111、0.8162、0.8712、0.9156。

(2)4个案例城市按照O-D球面距离、交通距离、时间距离、经济距离的累计总转化率的模型计算值和实际调查值均通过了Pearson相关检验，在1%水平上均呈显著相关。其中：按O-D球面距离的累计总转化率的模型计算值和实际调查值的相关系数分别为99.87%、99.28%、99.91%、99.81%，拟合直线的R^2约达到了0.9974、0.9856、0.9982、0.9962；按O-D交通距离的累计总转化率的模型计算值和实际调查值的相关系数分别为99.86%、99.50%、99.91%、99.91%，拟合直线的R^2约达到了0.9973、0.9901、0.9982、0.9982；按O-D时间距离的累计总转化率的模型计算值和实际调查值的相关系数分别为 99.74%、99.20%、99.64%、99.72%，拟合直线的 R^2 约达到了 0.9948、0.9841、0.9927、0.9944%；按 O-D 经济距离的累计总转化率的模型计算值和实际调查值的相关系数分别为 99.76%、99.89%、99.83%、99.83%，拟合直线的 R^2 约达到了 0.9953、0.9977、0.9965、0.9967。

(3)4 个案例城市总转化率的模型计算值和实际调查值的地理空间分布格局基本一致,二者的标准差椭圆基本重合。模型计算与实际调查的旅游市场总转化率在地理空间上的分布均呈现距离衰减特征,高值主要集中分布在客源地及周边地区,并沿交通干线延伸分布,在区位条件较好的区域出现激增。

第九章　研究结论与展望

第一节　研究结论

本书基于旅游者目的地选择过程理论,提出了旅游市场转化的概念;将潜在旅游市场划分为静默市场、知名市场、向往市场3种类型;把潜在旅游市场到现实旅游市场的转化过程划分为3个阶段,依次为静默市场到知名市场的转化、知名市场到向往市场的转化、向往市场到现实市场的转化;用旅游市场总转化率和阶段转化率(知名化率、意向化率、实地化率)衡量旅游市场转化程度;基于以客源地为中心的出游系统,以北京、武汉、西安和成都为案例客源城市进行调查,获取了5620份问卷数据,计算了客源城市对目标景区的旅游市场总转化率和阶段转化率,研究了旅游市场转化率的主要影响因素及其作用机制,构建了旅游市场总转化率计算模型。主要研究结论如下。

(1)旅游市场总转化率受3个阶段转化率的共同影响。知名化率、意向化率、实地化率的乘积越大,总转化率越高。总转化率与3个阶段转化率均呈正相关关系,且为指数曲线相关关系。案例客源城市的旅游市场总转化率均值为16.86%(北京为18.08%、武汉为13.43%、西安为 18.29%、成都为 17.55%),知名化率均值为 54.94%(北京为 51.64%、武汉为 54.27%、西安为 57.36%、成都为 56.42%),意向化率均值为 60.07%(北京为 65.15%、武汉为 53.30%、西安为 62.80%、成都为 59.04%),实地化率均值为 44.91%(北京为 47.14%、武汉为 41.62%、西安为 45.91%、成都为 44.92%)。总转化率均值明显低于阶段转化率均值。在阶段转化率中,意向化率均值最高,知名化率均值次之,实地化率均值最低。从向往市场到现实市场的转化难度最大。

(2)随着旅游市场转化率的提高,旅游市场结构呈现出"正金字塔型—过渡型—倒金字塔型"的演化趋势。在正金字塔型结构中,静默市场比例＞知名非向往市场比例＞向往非现实市场比例＞现实市场比例,即 1－知名化率＞知名化率－知名化率×意向化率＞知名化率×意向化率－总转化率＞总转化率。在过渡型结构中,静默市场比例＝知名非向往市场比例＝向往非现实市场比例＝现实市场比例,即知名化率＝3/4、意向化率＝2/3、实地化率＝1/2。在倒金字塔型结构中,现实市场比例＞向往非现实市场比例＞知名非向往市场比例＞静默市场比例,即总转化率＞知名化率×意向化率－总转化率＞知名化率－知名化率×意向化率＞1－知名化率。实现旅游市场结构从正金字塔型向倒金字塔型的转变是旅游市场营销的目的所在。

(3)旅游市场总转化率随出游距离的增加呈现衰减特征,不同阶段转化率受出游距离的影响存在较大差异。其中:实地化率受出游距离的影响最大,距离衰减速率最快;知名化率受出游距离的影响较小,距离衰减速率较慢。意向化率不受距离衰减规律的作用。

不同类型的距离对旅游市场转化率的影响存在差异。其中,时间距离对转化率的影响最大,其次是交通距离和球面距离,经济距离对旅游市场转化率的影响最小。研究表明：①案例客源城市对球面距离＜200km、200～500km、501～1000km、1001～1500km、1501～2000km、＞2000km 的景区总转化率均值依次为 51.25%、20.40%、15.12%、14.53%、14.59%、8.06%；知名化率均值依次为 77.25%、59.84%、53.68%、52.92%、54.14%、46.40%；意向化率均值依次为76.16%、59.28%、57.03%、59.42%、63.72%、59.92%；实地化率均值依次为78.86%、53.41%、45.63%、41.44%、39.11%、28.48%。②案例客源城市对交通距离＜200km、200～500km、501～1000km、1001～1500km、1501～2000km、2001～3000km、＞3000km 的景区总转化率均值依次为 57.76%、25.17%、16.51%、16.03%、13.94%、11.87%、9.01%；知名化率均值依次为79.93%、63.87%、54.74%、54.36%、52.96%、51.13%、48.63%；意向化率均值依次为 79.56%、62.37%、56.98%、58.46%、57.47%、61.30%、62.36%；实地化率均值依次为 82.97%、58.63%、49.56%、45.01%、41.16%、36.84%、28.29%。③案例客源城市对时间距离＜2h、2～5h、6～10h、11～15h、16～20h、21～30h、＞30h 的景区总转化率均值依次为 64.71%、26.18%、18.63%、13.67%、11.40%、10.58%、9.05%；知名化率均值依次为 82.38%、63.03%、56.65%、51.75%、53.20%、50.19%、48.71%；意向化率均值依次为 84.00%、62.40%、59.36%、57.47%、57.46%、58.63%、61.65%；实地化率均值依次为 86.25%、61.60%、49.76%、43.02%、36.67%、34.23%、29.28%。④案例客源城市对经济距离＜200RMB、200～400RMB、401～600RMB、601～800RMB、801～1000RMB、＞1000RMB 的景区总转化率均值依次为 32.57%、15.48%、14.04%、15.24%、15.74%、11.84%；知名化率均值依次为 65.29%、54.77%、52.51%、53.99%、52.89%、53.12%；意向化率均值依次为 65.79%、59.49%、57.40%、60.06%、

61.91%、61.95%；实地化率均值依次为62.92%、44.31%、41.69%、42.23%、44.18%、35.04%。

(4)旅游市场转化率与旅游目的地的区位及行政等级有密切关系。研究表明,案例客源城市对东部、中部、西部地区景区的总转化率均值依次为24.24%、12.00%、16.05%；知名化率均值依次为60.01%、52.45%、53.84%；意向化率均值依次为64.81%、53.01%、62.07%；实地化率均值依次为55.60%、39.98%、42.38%。东部地区景区的总转化率均值以及阶段转化率均值均高于中部和西部地区景区；中部和西部地区景区的知名化率均值相差不大,但西部地区景区的意向化率均值、实地化率均值以及总转化率均值均高于中部地区景区。总转化率和实地化率受目的地区位的影响较大,意向化率受其影响次之,知名化率受其影响最小。案例客源城市对直辖市、副省级城市、省会城市、地级市景区的总转化率均值依次为36.63%、25.39%、19.92%、13.72%；知名化率均值依次为67.41%、57.74%、55.92%、53.49%；意向化率均值依次为73.31%、65.48%、61.37%、58.12%；实地化率均值依次为64.41%、58.65%、50.42%、40.36%。直辖市、副省级城市、省会城市、地级市景区的总转化率均值和阶段转化率均值均呈现随行政等级降低而递减的特征。其中,总转化率和实地化率随行政等级降低而递减的速率较快,意向化率和知名化率随行政等级降低而递减的速率较慢。

(5)构建了由旅游吸引力、O-D交通时间、O-D交通费用、体感疲惫交通时间和可自由支配月收入5个自变量构成的旅游市场总转化率计算模型。该模型可以用来计算旅游客源地对旅游目的地的市场总转化率。根据旅游吸引力、O-D交通时间、O-D交通费用、体感疲惫交通时间和可自由支配月收入的变化,可以实现对旅游市场总转化率的预测。旅游市场总转化率计算模型通过了有效性检验：①4个案例城市总转化率的模型计算值和实际调查值均通过了 Pearson 相关检验,在 0.01 水平上均呈显著相关,相关系数依次为 90.37%、86.80%、91.27%、90.90%,达到了高度相关,拟合直线 R^2 约达到了 0.8167、0.7534、0.8331、0.8263。剔除少数几个特异景区之后,总转化率的模型计算值和实际调查值的相关系数提高到 95.45%、90.35%、93.34%、95.69%,拟合直线 R^2 提高到了 0.9111、0.8162、0.8712、0.9156。②4 个案例城市按照 O-D 球面距离、交通距离、时间距离、经济距离的累计总转化率的模型计算值和实际调查值均通过了 Pearson 相关检验,在 0.01 水平上均呈显著相关。其中:按 O-D 球面距离的累计总转化率的模型计算值和实际调查值的相关系数分别为 99.87%、99.28%、99.91%、99.81%,拟合直线的 R^2 约达到了 0.9974、0.9856、0.9982、0.9962;按 O-D 交通距离的累计总转化率的模型计算值和实际调查值的相关系数分别为 99.86%、99.50%、99.91%、99.91%,拟合直线 R^2 约达到了 0.9973、0.9901、0.9982、0.9982;按 O-D 时间距离的累计总转化率的模型计算值和实际调查值的相关系数分别为 99.74%、99.20%、99.64%、99.72%,拟合直线 R^2 约达到了 0.9948、0.9841、0.9927、0.9944;按 O-D 经济距离的累计总转化率的模型计算值和实际调查值的相关系数分别为 99.76%、99.89%、99.83%、99.83%,拟合直线的 R^2 约达到了 0.9953、0.9977、0.9965、0.9967。③4 个案例城市总转化率的模型计算值和实际调查值的地理空间分布格局基本一致,二者的标准差椭圆基本重合。模型计算与实际调查的总转化率在地理空间上的分布均呈现距离衰减特征,高值主要集中分布在客源地及周边地区,并沿交通干线延伸分布,在区位条件较好的区域出现激增。

第二节 创新之处

（1）提出了旅游市场转化的概念，将潜在旅游市场到现实旅游市场的转化过程划分成 3 个阶段，用总转化率和阶段转化率（知名化率、意向化率、实地化率）定量反映潜在旅游市场向现实旅游市场的转化程度。

（2）构建了由旅游吸引力、O-D 交通时间、O-D 交通费用、体感疲惫交通时间和可自由支配月收入 5 个自变量组成的旅游市场总转化率计算模型，揭示了旅游市场总转化率的主要影响因素及其作用机制。

第三节 实践指向

（1）基于动态的转化视角开展旅游市场细分工作。旅游市场细分的目的是帮助 DMOs 判断哪些群体容易接近、哪些群体难以接近，进而准确识别出目标市场。菲利普·科特勒等（2017）曾指出市场细分并没有单一的方法，营销人员必须使用不同的变量（单独或联合），以找到认识市场结构的最好途径。以往的旅游市场细分研究大都基于静态视角，主要依据地理变量（国家、地区、距离等）、人口统计变量（性别、年龄、职业等）、心理变量（个性、动机、生活方式等）、行为变量（消费支出、活动偏好、活动参与度等），大都关注对现实旅游市场的细分。本书基于旅游者的目的地选择过程理论，提出了"静默市场—知名市场—向往市场—现实市场"的三阶段转化模型，可以为整个旅游市场的细分提供一种新视角。依据该模型可以将整个旅游市场细分为：现实市场、向往非现实市场（Ⅰ级潜在市场）、知名非向往市场（Ⅱ级潜在市场）、静默市场（Ⅲ级潜在市场）。阶段转化率的差异影响不同细分市场的比例，从而形成"正金字塔型""过渡型""倒金字塔型"三类市场结构。相比以往的旅游市场细分方法，基于动态转化视角的旅游市场细分的突出优势主要体现在：①能够帮助 DMOs 识别机会市场：Ⅰ级潜在市场转化为现实旅游市场的可能性最大，是最重要的机会市场，其次是Ⅱ级潜在市场，最后是Ⅲ级潜在市场，而现实市场是未来重游市场的重要来源；②能够帮助 DMOs 深入认识旅游市场结构：正金字塔型、过渡型、倒金字塔型市场结构是对以往潜在市场和现实市场的二元市场结构的丰富和深化。

（2）依据旅游市场转化率评价和诊断旅游市场营销效果。科学评价旅游市场营销效果是学界和业界共同关注的问题，同时也是一个极具挑战性的问题。本书提出旅游市场总转化率以及阶段转化率，可以为旅游营销效果的评价和诊断提供参考依据。旅游市场营销的最终目的是提高访问量，潜在市场到现实市场的总转化率的高低可以反映出营销效果的好坏，总转化率越高表明营销效果越好，总转化率越低表明营销效果越差。以往的营销效果评价研究大都止步于评价结果，较少做进一步分析，给出评价结果固然重要，但针对营销效果不佳情况的问题诊断同样重要。通过本书提出的 3 个阶段的转化率，可以诊断旅游市场营销中存在的问题。任何一个阶段的市场转化出现问题都将造成市场营销效果不佳。若知名化率不高，则说明导致市场营销效果不佳的可能原因在于宣传力度不够或宣传渠道选择的不合适，没有实现广而告之。若知名化率很高，但意向化率不高，则说明导致市场营销效果不佳的可能原因在于营销内容缺乏吸引力，未能激发游客的访问意愿。若知名化率和意向化率均很高，但实地化率不高，则说明导致市场营销效果不佳的原因可能是游客闲暇时间、经济能力、交通条件等因素的限制。DMOs可以通过对比开展旅游市场营销活动前后的总转化率、知名化率、意向化率、实地化率的变化情况，全面评价旅游市场营销效果，并诊断存在的问题，为未来的市场营销工作提供指导。

(3)针对不同距离旅游市场实施差异化的市场营销策略。本书研究发现O-D距离是影响旅游市场转化率的一个重要因素。DMOs应针对不同距离的旅游市场实施不同的营销策略。

①近距离核心市场(球面距离＜200km，交通距离＜200km，时间距离＜2h，经济距离＜200RMB)的总转化率以及各个阶段的转化率均很高，DMOs应继续努力营销以进一步提高总转化率，同时还应该特别重视提升重游率。

②较近距离次核心市场(球面距离200～500km，交通距离200～500km，时间距离2～5h，经济距离200～400RMB)的总转化率以及阶段转化率虽明显低于近距离核心市场，但仍处于较高水平。DMOs应该重点加强对较近距离次核心市场的宣传力度，努力提高各阶段的转化率，以提高总转化率。

③中远距离拓展市场(球面距离501～1500km，交通距离501～2000km，时间距离6～15h，经济距离401～1000RMB)的实地化率明显下降，导致总转化率不高。DMOs应优先考虑在经济发展水平高、交通通达性高的城市进行旅游营销，致力于提升实地化率，使总转化率得到提高。

④远距离机会市场(球面距离＞1500km,交通距离＞2000km,时间距离＞15h,经济距离＞1000RMB)的实地化率通常很低,导致总转化率不高。针对远距离市场,DMOs应该保持关注,因为随着社会经济的发展、O-D交通条件的改善,未来远距离市场的实地化率和总转化率将不断提升。DMOs可以基于国家交通发展规划,提前锁定一些远距离机会市场进行重点营销。

(4)针对不同结构的旅游市场实施差异化市场营销策略。本书提出了4类正金字塔、4类倒金字塔以及过渡型旅游市场结构。通常来说,新开发和处于发展期的旅游目的地,其旅游市场结构为正金字塔型,静默市场比例高,现实市场比例低。DMOs需要同时努力提升知名化率、意向化率和实地化率,首先使旅游市场结构从正金字塔型(1)向正金字塔型(4)转变,进而实现旅游市场结构从正金字塔型向倒金字塔型转变。成熟旅游目的地的旅游市场结构一般为倒金字塔型,现实市场比例高,静默市场比例低。一方面,DMOs需要进一步提升实地化率、意向化率和知名化率,努力使旅游市场结构从倒金字塔型(6)向倒金字塔型(9)转变。另一方面,DMOs还应该加强对现实市场的营销,以提升重游率。旅游市场结构的变化可以反映旅游市场营销效果,DMOs需要根据旅游市场结构的变化情况评估市场营销效果,适时调整营销策略。

(5)依据旅游市场总转化率计算模型预测旅游市场规模。理论上,实现了旅游市场总转化率的计算,再结合客源地的人口规模数据,便能计算出任何一个客源地到访任意一个目的地的游客数量,同理,也能计算出任何一个目的地接待任意一个客源地的游客量,进而推算出目的地接待的游客总量。本书建构的旅游市场总转化率计算模型可以实现动态计算,模型中的5个自变量随社会的发展而不断变化,DMOs可以根据5个自变量的变化,预测旅游市场总转化率,以应对未来游客接待量变化带来的机遇与挑战。

第四节 研究不足与展望

一、研究不足

(1)本书只选取了4个客源城市作为案例地,没有考虑不同行政等级的客源地;选取的目标景区均为高级别景区或标志性景区,没有考虑低级别景区;没有区分不同人口统计特征群体的旅游市场转化率。因此,研究结论的普适性有待进一步验证。

(2)本书讨论的旅游市场转化率并非某一特定时间内的旅游市场转化率,亦非某一特定因素影响下的旅游市场转化率,暂时无法回答旅游市场转化率的时间变化规律,需要继续深入研究。

二、研究展望

(1)进一步探讨不同行政等级客源地的旅游市场转化率问题,例如对比省会城市、地级市、县级市以及农村的旅游市场转化率,分析客源地的行政等级对旅游市场转化率的影响,揭示不同行政等级客源地旅游市场转化率的影响因素及其作用机制,为针对性地提高不同行政等级客源地,尤其是农村客源地的旅游市场转化率提供实践依据。另外,不同人口统计特征群体的旅游市场转化率可能存在差异,因此未来有必要对比分析不同性别、不同年龄、不同收入、不同职业、不同学历群体的旅游市场转化率的差异，使旅游市场转化率研究结论更加精准，更具实践指导价值。

(2)进一步探讨具体的营销活动对旅游市场转化率的影响。可以某个具体的旅游市场营销活动为例，通过跟踪调查，获取市场营销作用下旅游市场的总转化率，以及3个阶段转化率的变化情况，评价旅游市场营销的实际效果。同时，还可以通过对比不同目标客源市场的转化率，评价相同的旅游市场营销策略对不同目标客源市场的效果差异。

(3)进一步分析旅游交通条件变化对旅游市场转化率的影响。虽然本书发现旅游交通条件是影响旅游市场转化率的一个重要因素，但并未作深入讨论，有待进一步研究。我国已经进入高铁时代，极大地缩短了客源地与目的地之间的时间距离，有必要研究旅游交通条件变化对旅游市场转化率的影响。可以典型的高铁线路为例，调查分析高铁开通前后特定O-D之间旅游市场转化率的变化情况，定量研究旅游交通条件变化对旅游市场转化率的影响，为旅游交通规划提供参考依据。

参考文献

阿弗里德·马歇尔,2004.经济学原理[M].廉运杰,译.北京:华夏出版社.

阿拉斯泰尔·M.莫里森,2012.旅游服务业市场营销:第四版[M].李天元,译.北京:中国人民大学出版社.

艾尔·巴比,2016.社会研究方法:第11版[M].邱泽奇,译.北京:华夏出版社.

艾略特·艾登伯格,2003.4R营销:颠覆4P的营销新论[M].文武,穆蕊,蒋洁,译.北京:企业管理出版社.

奥格尼恩·巴基奇,张广瑞,杨冬松,1988.在旅游供给计划中旅游营销活动的协调[J].旅游学刊(4):15-20.

白光润,2009.应用区位论[M].北京:科学出版社.

白凯,2013.旅游者行为学[M].北京:科学出版社.

保继刚,楚义芳,2008.旅游地理学:修订版[M].北京:高等教育出版社.

保继刚,郑海燕,戴光全,2002.桂林国内客源市场的空间结构演变[J].地理学报,57(1):96-106.

保继刚,1992.引力模型在游客预测中的应用[J].中山大学学报(自然科学版)(4):133-136.

布罗尼斯拉夫·马林诺夫斯基,2017.西太平洋上的航海者:美拉尼西亚新几内亚群岛土著人之事业及冒险活动的报告[M].弓秀英,译.北京:商务印书馆.

曹步霄,沙润,2008.国际化背景下的镇江旅游目的地营销策略研究[J].商业研究(8):141-143.

曾忠禄,郑勇,2009.基于计量经济学模型的内地赴澳门游客量预测[J].旅游科学,23(3):55-61.

常承明,2009.旅游准市场理论初探[D].兰州:西北师范大学.

陈海波,2017.旅游研究的理论家、工程师和缝补匠[J].旅游学刊,32(12):4-6.

陈丽军,卢明强,2011.哈尼梯田旅游市场营销策略分析[J].资源开发与市场,27(1):86-89.

陈晔,王璐琪,2024.中国入境旅游市场的恢复与营销创新[J].旅游学刊,39(4):9-10.

陈子干,2018.互联网时代下的县域旅游目的地营销:以浙江神仙居景区为例[J].旅游学刊,33(4):9-11.

谌莉,张树夫,李巍,等,2002.钟山风景区陵墓旅游资源的旅游区位特性分析[J].南京师大学报(自然科学版)(4):110-115.

池雄标,2003.论政府旅游营销行为的理论依据[J].旅游学刊(3):58-61.

储节旺,卢静,2012.知识管理的研究方法综述:以2007—2011年硕博论文为例[J].现代情报,32(8):173-177.

楚义芳,钱小芙,1987.关于旅游地理的几个问题[J].经济地理(2):137-143.

崔宇丹,2015.差异化思维下民族地区旅游营销的提升策略:以民族发展为基点[J]. 贵州民族研究,36(1):148-151.

戴斌,张进福,马仪亮,等,2018. 中国旅游发展笔谈:品质旅游[J]. 旅游学刊,33(12):1-14.

戴斌,1998. 论国际旅游经济学的演进与发展[J]. 桂林旅游高等专科学校学报(3):5-10.

戴学锋,2016. 全域旅游:实现旅游引领全面深化改革的重要手段[J]. 旅游学刊,31(9):20-22.

戴学锋,2019. 改革开放40年:旅游业的市场化探索[J]. 旅游学刊,34(2):8-10.

邓纯纯,吴晋峰,吴珊珊,等,2020. 中国A级景区等级结构和空间分布特征[J]. 陕西师范大学学报(自然科学版),48(1):70-79.

邓明艳,2009. 外国背包旅游市场营销策略:以四川为例[J]. 商业研究(12):125-128.

邸明慧,广新菊,2004. 差异形成旅游产品吸引力研究:以宁夏沙坡头市场营销为例[J]. 地理与地理信息科学(6):91-93.

董春娇,刘晓珂,常乃心,等,2022. 基于网络搜索引擎的大型活动客流规模预测[J]. 北京交通大学学报,46(4):52-59.

董海伟,2016. 论国家旅游目的地营销的品牌架构:印度的实践与借鉴[J]. 地域研究与开发,35(2):91-95.

董晓莉,吴必虎,钟栎娜,2011. 基于《旅游学刊》关键词分析的中国旅游研究知识体系解析[J]. 旅游学刊,26(8):26-31.

樊志勇,张希,2018. 韩国旅游目的地营销模式研究及对我国的启示[J]. 经济与管理,32(2):89-92.

范向丽,郑向敏,2009. 女性旅游市场细分及其特征分析[J]. 经济论坛(17):80-84.

方卫武，陈晶，付忠辉，2010. 鄱阳湖生态经济区旅游市场营销策略[J]. 企业经济（10）：154-156.

菲利普·科特勒，凯文·莱恩·凯勒，2019. 营销管理：第15版[M]. 何佳讯，于洪彦，牛永革，等译. 上海：格致出版社.

菲利普·科特勒，约翰·T. 鲍文，詹姆斯·C. 麦肯斯，2017. 旅游市场营销[M]. 谢彦君，李淼，郭英，等译. 北京：清华大学出版社.

菲利普·科特勒. 营销管理：新千年版[M]. 10版. 梅汝和，梅清豪，周安柱，译. 北京：中国人民大学出版社，2001.

甘碧群，2002. 市场营销学[M]. 武汉：武汉大学出版社.

甘雨婷，申敏萱，白刚，2023. 基于桂林市景区游客画像的市场细分研究[J]. 大众科技，25（6）：158-162.

高峰，吴晋峰，2008. 旅游网络营销研究综述[J]. 开发研究（2）：148-152.

高鸿业，2012. 西方经济学微观部分[M]. 5版. 北京：中国人民大学出版社.

高静，肖江南，2004. 我国旅游目的地营销系统运营存在的问题及对策[J]. 社会科学家（3）：89-91.

耿筱青，陈蓉，2011. 青海省旅游市场营销策略初探：以海晏县为例[J]. 青海民族大学学报（社会科学版），37(3)：149-152.

顾国祥，王方华，1999. 市场学[M]. 上海：复旦大学出版社.

郭英之，2002. 韩国出境旅游市场与中国的营销战略[J]. 亚太经济（3）：32-35,52.

郭英之，2006. 旅游市场营销[M]. 大连：东北财经大学出版社.

郭英之，2003. 中国旅游温点地区旅游市场营销的可持续发展战略研究：以平遥古城为例[J]. 人文地理（1）：6-9,18.

郭长江，崔晓奇，宋绿叶，等，2007.国内外旅游系统模型研究综述[J].中国人口·资源与环境，17(4)：101-106.

韩德宗，1986.旅游需求预测重力模型和旅行发生模型[J].预测（6）：66-67.

何建民，2018.新时代我国旅游业高质量发展系统与战略研究[J].旅游学刊，33(10)：9-11.

何亚岚，2014.旅游目的地营销新路径研究[J].求实（S1）：142-143.

黑田悦子，万永，2003.关于马林诺夫斯基对墨西哥市场的研究[J].世界民族（1）：37-47.

胡德胜，1992.浅议科技成果转化率概念的界定及统计[J].科学学与科学技术管理（8）：23-24，49.

胡筱奇，2023.旅游目的地微营销模式的构建：以海南为例[J].现代营销（下旬刊）（10）：82-84.

黄安民，2008.从武夷山的经验看政府在旅游市场营销中的作用[J].旅游学刊（6）：8-9.

黄骏，2011.比较研究中的方法论问题[J].理论探索（4）：30-33.

黄文波，孙扬，2008.天津市旅游营销战略探讨[J].企业经济（5）：131-133.

黄先开，张丽峰，丁于思，2013.百度指数与旅游景区游客量的关系及预测研究：以北京故宫为例[J].旅游学刊，28(11)：93-100.

黄银珠，杨建明，陈雅丽，2009.基于灰色模型的福建省入境旅游客源预测[J].北京第二外国语学院学报，31(7)：42-47.

黄永臻，2019.从心流理论谈VR城市形象宣传片创作[J].新闻研究导刊，10(8)：13-16，18.

冀晓燕，2020.网络新媒体发展下乡村旅游的营销策略[J].社会科学家（2）：93-98.

贾鹏，刘瑞菊，孙瑞萍，等，2013. 基于 BP 神经网络的邮轮旅游需求预测[J]. 科研管理，34(6)：77-83.

贾垚焱，胡静，刘大均，等，2019. 长江中游城市群 A 级旅游景区空间演化及影响机理[J]. 经济地理，39(1)：198-206.

蒋满元，2008. 旅游目的地营销体系构建中的政府行为选择分析[J]. 华东经济管理（6）：119-121.

焦世泰，2011. 基于旅游形象提升的河西走廊区域旅游营销策划[J]. 干旱区资源与环境，25(11)：226-232.

金晓春，金永成，2012. 微博与旅游营销策略[J]. 新闻界（21）：59-62.

克里斯·库珀，约翰·弗莱彻，大卫·吉尔伯特，等，2004. 旅游学：原理与实践：第二版[M]. 张俐俐，蔡利平，译. 北京：高等教育出版社.

赖思振，邹永广，2016. 旅游区的客源地出游力测评研究：以福建省古田旅游区为例[J]. 经济地理，36(3)：194-200.

蓝雪，张红，张心怡，等，2023. "心动"便会"行动"吗?：旅游景区网络关注市场转化度指标的构建与应用[J]. 旅游科学，37 (5)：37-60.

雷可为，陈瑛，2007. 基于 BP 神经网络和 ARIMA 组合模型的中国入境游客量预测[J]. 旅游学刊，22(4)：20-25.

李爱萍，2006. 泰安市发展生态旅游农业的资源优势与对策[D]. 泰安：山东农业大学.

李飞，王高，2006. 4Ps 营销组合模型的改进研究[J]. 管理世界（9）：147-148,167.

李京律，张磊，李佩，等，2023. 基于生活方式维度的体育旅游市场细分研究：来自滑雪旅游者的实证分析[J]. 西安体育学院学报，40(3)：342-355.

李经龙,王亚茹,周金陵,等,2017.近十年我国旅游研究热点分析:基于人大复印资料《旅游管理》(2006—2015)转载文献的统计[J].广州大学学报(社会科学版),16(6):83-90.

李君轶,马耀峰,杨敏,2009.我国旅游市场需求预测研究综述[J].商业研究(3):17-20.

李君轶,2012.旅游市场调查与预测[M].北京:科学出版社.

李秋云,韩国圣,张爱平,等,2014.1979—2012年中国旅游地理学文献计量与内容分析[J].旅游学刊,29(9):110-119.

李树旺,李京律,杨抒奕,等,2024.经济新常态下我国滑雪旅游产业高质量发展研究:基于3个雪季的数据预测及市场细分[J].武汉体育学院学报,58(1):1-12,29.

李天元,2009.旅游市场营销纲要[M].北京:中国旅游出版社.

李天元,2005.生态旅游及其局限性:基于营销视角的认识与思考[J].旅游学刊(4):25-29.

李玮娜,2011.国外经典旅游目的地选择模型述评[J].旅游学刊,26(5):53-62.

李文亮,翁瑾,杨开忠,2005.旅游系统模型比较研究[J].旅游学刊,20(2):20-24.

李文婷,2007.基于S·T·P分析的大同旅游4C·D营销策略研究[J].山西财经大学学报(S2):55.

李雪荣,杨新华,2013.自然分工、劳动分工与市场起源及其演变[J].河北师范大学学报(哲学社会科学版),36(3):80-86.

李玉新,2009.合作视角下海滨度假旅游目的地营销研究:以山东省烟台市为例[J].资源开发与市场,25(6):551-553.

李震清,2017.产业链延伸视阈下我国乡村旅游市场营销模式建构研究：以四川省为例[J]. 中国农业资源与区划, 38(7)：213-220, 225.

李志清, 2012. 市场的起源和发展[J]. 山西财经大学学报, 34(3)：94.

廉同辉, 余菜花, 宗乾进, 等, 2013. 基于CSSCI的2000—2010年旅游学科研究知识图谱分析[J]. 旅游学刊, 28(3)：114-119.

梁东, 谭学英, 2003. 营销组合理论演变轨迹综述[J]. 科技进步与对策, 20(5)：177-179.

梁学成, 2019. 旅游产业增进社会福祉的逻辑诠释[J]. 旅游学刊, 34(7)：3-4.

林聚任, 刘玉安, 2008. 社会科学研究方法[M]. 济南：山东人民出版社.

林南枝, 2000. 旅游市场学[M]. 天津：南开大学出版社.

林艳, 杨效忠, 张致云, 等, 2010. 国内外旅游目的地营销研究比较及展望[J]. 旅游论坛, 3(1)：93-99.

刘畅, 李蕴峰, 2023. 海南省旅游统计数据的ARIMA模型预测分析和新冠肺炎疫情影响分析[J]. 科技和产业, 23(8)：22-32.

刘德光, 邓颖颖, 2013. 旅游目的地营销中政府行为分析[J]. 贵州社会科学(9)：35-39.

刘锋, 2001. 旅游温冷区国内旅游市场营销研究[J]. 经济地理(3)：359-362, 375.

刘贵容, 王哲, 林毅, 2015. 电商转化率影响因素分析与改进策略[J]. 商业经济研究(34)：72-74.

刘俊, 任泽伟, 王胜宏, 等, 2019. 国际旅游研究趋势特点与规律：基于1985—2015年Web of Science收录文献的分析[J]. 旅游学刊, 34(3)：125-133.

刘丽娟, 李天元, 王雪, 2013. 旅游目的地营销绩效评价研究现状与展望[J].旅游学刊,28(3):120-128.

刘少湃,田纪鹏,陆林,2016.上海迪士尼在建景区客源市场空间结构预测:旅游引力模型的修正及应用[J].地理学报,71(2):304-321.

刘晓辉,2003.贵州旅游市场差异化营销分析[J].贵州民族研究(2):108-113.

刘亚群,2013.试论中国城市形象广告的嬗变[D].济南:山东大学.

刘毅菲,2008.城市形象广告浅谈[J].网络财富(12):217-218.

刘震,杨勇,程玉,2022.互联网能否驱动旅游业效率提升?:影响机制与经验证据[J].旅游学刊,37(9):77-91.

陆大道,1988.区位论及区域研究方法[M].北京:科学出版社.

陆锋,2018.新媒体时代的旅游目的地宣传和营销[J].旅游学刊,33(4):1-3.

陆利军,廖小平,2019.基于EMD-BP神经网络的游客量预测研究[J].统计与决策,35(4):85-89.

陆利军,2019.基于网络搜索指数和EMD-ARIMA-BP组合模型的游客量预测:以张家界为例[J].吉首大学学报(社会科学版),40(1):138-150.

陆林,1988.黄山国内游客流量预测[J].安徽师大学报(自然科学版)(3):94-99.

罗佳明,2002.论遗产型目的地营销:以四川省乐山市为例[J].旅游学刊(3):60-65.

罗明,张爱民,2012.民族地区旅游目的地营销中政府行为研究[J].贵州民族研究,33(4):101-105.

吕超,2017.苏州央视旅游广告研究[D].桂林:广西师范大学.

吕君,2011.面向北京地区的内蒙古旅游营销对策分析[J].干旱区资源与环境,25(6):201-205.

马林,李雪丽,祁洪玲,2008.大连市旅游营销策略探讨[J].商业研究(8):134-137.

毛凤玲,2004.宁夏旅游业客源市场分析及营销创新[J].宁夏大学学报(人文社会科学版)(1):97-99,128.

孟慧霞,2009.4Ps营销组合理论的演进及争论解析[J].山西大学学报(哲学社会科学版),32(4):56-61.

苗东升,2012.钱学森系统科学思想研究[M].北京:科学出版社.

穆显鑫,常改欣,曹洪珍,2023.大连市森林康养旅游发展分析及营销策略[J].延安职业技术学院学报,37(6):60-63.

牛亚菲,1988.论我国旅游资源开发条件的地域性[J].国外人文地理(1):47-51.

庞艳华,2022.乡村振兴背景下河南省乡村旅游的营销策略研究[J].农业经济(4):141-142.

品橙旅游,2019.2017年度中国A级旅游景区统计便览[EB/OL].(2019-01-09)[2023-04-09].https://www.pinchain.com/article/181248,2019-1-9.

朴志娜,吴必虎,MORRISON A M,等,2015.全球旅游研究格局的综合分析(2003—2012)[J].旅游学刊,30(7):108-118.

钱学森,于景元,戴汝为,1990.一个科学新领域:开放的复杂巨系统及其方法论[J].自然杂志(1):3-10,64.

琼达,赵宏杰,2016.基于地方情感的旅游目的地选择模型建构研究[J].旅游学刊,31(10):105-112.

任洪云,刘威娜,宋蕾,2023.黑龙江省智慧旅游营销探索:基于数字旅游背景下[J].北方经贸(12):5-7,12.

任美锷，1944. 工业区位的理论与中国工业区域[J]. 地理学报，11：15-24.

任仁，1986. 在基础化学课中如何讲述转化率的定义[J]. 大学化学，(3)：22-24.

阮玉簪英，2024. 越南东南部区域旅游景点对中国游客的营销策略研究[J]. 经济研究导刊(9)：61-63.

沈世琪，2015. 对国内旅游目的地游客量预测的研究综述[J]. 经济论坛(2)：88-91.

沈苏彦，赵锦，徐坚，2015. 基于"谷歌趋势"数据的入境外国游客量预测[J]. 资源科学，37(11)：2111-2119.

石晓腾，吴晋峰，吴宝清，等，2020. 旅游交通方式比例结构跃迁现象与跃迁带模型：以国内旅游为例[J]. 经济地理，40(2)：189-199.

史春云，孙勇，张宏磊，等，2014. 基于结构方程模型的自驾游客满意度研究[J]. 地理研究，33(4)：751-761.

斯坦利·杰文斯，1984. 政治经济学理论[M]. 郭大力，译. 北京：商务印书馆.

宋红娟，赵丽娟，蒋玉石，2016. 丝绸之路网络视频旅游营销价值研究[J]. 商业研究(10)：138-144.

宋慧林，蒋依依，吕兴洋，2016. 过程视角下政府旅游公共营销绩效：理论框架与评价指标体系构建[J]. 商业经济与管理(2)：80-88.

孙根年，张毓，薛佳，2011. 资源、区位、贸易三大因素对日本游客入境旅游目的地选择的影响[J]. 地理研究，30(6)：1032-1043.

孙根年，2001. 论旅游业的区位开发与区域联合开发[J]. 人文地理(4)：1-5.

孙根年，2000. 我国6大境外客源市场旅游本底趋势线的建立[J]. 系统工程理论与实践(1)：141-144.

孙根年，1998. 我国境外旅游本底趋势线的建立及科学意义[J]. 地理科学 (5)：51-57.

孙晓东，陈嘉玲，2022. 我国世界文化遗产旅游关注度时空特征及营销策略研究[J]. 华东师范大学学报(哲学社会科学版)，54 (2)：142-158,177-178.

孙燕平，张琳，吕仁义，2002. 旅游客源预测的神经网络方法[J]. 人文地理，17(6)：50-52.

孙烨，张宏磊，刘培学，等，2017. 基于旅游者网络关注度的旅游景区日游客量预测研究：以不同客户端百度指数为例[J]. 人文地理，32(3)：152-160.

谭业，2013. 旅游隐性营销：新时代的旅游营销理念变革[J]. 经济地理，33(9)：184-187.

唐·舒尔茨，海蒂·舒尔茨，2013. 整合营销传播：创造企业价值的五大关键步骤[M]. 王茁，顾洁,译. 北京：清华大学出版社.

唐·舒尔茨，史丹立·田纳本，罗伯特·劳特朋，2002. 整合行销传播：21世纪企业决胜关键[M]. 吴怡国，钱大慧，林建宏,译. 北京：中国物价出版社.

唐承财，赵宗茜，刘晗，等，2016. 基于实验人文地理学的北京居民边境旅游城市选择行为及其营销路径分析[J]. 资源科学，38(7)：1297-1307.

唐峰陵，2010. 广西红色旅游市场定位与营销策略[J]. 广西社会科学(12)：33-36.

陶鸿，汪侠，吴小根，2014. 十年来基金资助项目视角下的中国旅游研究进展[J]. 北京第二外国语学院学报，36(5)：25-34.

田里,席婷婷,杨懿,2017.旅游市场营销研究文献的知识图谱分析:基于2013—2015年CSSCI期刊发表的论文[J].资源开发与市场,33(4):498-502.

妥艳媜,陈增祥,白长虹,2015.目的地营销绩效:现状及价值链模型[J].旅游学刊,30(1):13-21.

万红,2003.原始交换与市场起源问题研究述略[J].世界民族(3):36-43.

万年庆,张立生,2010.基于引力模型的旅游目的地客源市场规模预测模型研究[J].河南大学学报(自然科学版),40(1):45-49.

汪德根,李凤,徐银凤,等,2018.基于《旅游学刊》创刊30年的中国旅游研究特点与趋势[J].旅游学刊,33(8):133-146.

汪德根,牛玉,王莉,2015.高铁对旅游者目的地选择的影响:以京沪高铁为例[J].地理研究,34(9):1770-1780.

王国钦,曹胜雄,葛丽芳,等,2010.两岸十家SNS网站内容与产品置入分析:以旅游营销为视点[J].旅游学刊,25(7):40-46.

王国新,2006.论旅游目的地营销误区与新策略[J].旅游学刊(8):45-49.

王海江,苗长虹,李欣欣,2019.流视角下中国铁路交通联系空间模拟与格局解析[J].经济地理,39(1):29-36.

王家骏,1994.旅游决策行为研究:旅游者对旅游目的地的选择[J].无锡教育学院学报(3):41-45.

王家骏,1999.旅游系统模型:整体理解旅游的钥匙[J].无锡教育学院学报(1):66-69.

王惊雷,2015.微博在旅游营销中的应用研究:以山东省旅游局官方微博为例[J].东南大学学报(哲学社会科学版),17(S2):55-57.

王康萍,孔海燕,布乃鹏,等,2024."淄博烧烤"游客消费偏好及旅游目的地营销启示[J].旅游论坛,17(2):52-60.

王琳,李士金,2015.基于Elman神经网络的我国入境游客量动态预测[J].资源开发与市场,31(5):627-629.

王淑华,2005.河南省南太行山旅游客源市场定位与营销策略研究[J].地域研究与开发(3):76-80.

王铁,2012.我国旅游市场营销现状分析及对策[J].山西财经大学学报,34(S3):108-109.

王文丽,刘继生,2003.赤峰市旅游市场定位与营销策略研究[J].人文地理(3):64-67,7.

王信章,2015.市场的"二律背反"与入境旅游营销新见解[J].旅游学刊,30(2):9-10.

王兴琼,2009.震后旅游目的地营销离不开政府[J].旅游学刊,24(4):7-8.

王亚辉,吴云超,2017.签证制度与入境游客流:基于引力模型的实证研究[J].旅游科学,31(5):17-31.

王兆峰,2005.湘鄂渝黔边旅游市场开发与合作营销研究[J].中央民族大学学报(2):28-31.

王琢,丁培毅,2009.黄金海岸旅游目的地营销经验谈[J].旅游学刊,24(5):7-8.

魏婧,潘秋玲,2008.近20年国外旅游目的地市场营销研究综述[J].人文地理(1):92-97.

魏小安,2018.第四次旅游革命[J].旅游学刊,33(2):11-14.

魏小安,2019.中国旅游市场的40年起伏变迁[J].旅游学刊,34(2):1-3.

魏中龙，2006. 营销组合理论的发展与评析[J]. 北京工商大学学报（社会科学版）(5)：57-61,107.

吴宝清，吴晋峰，石晓腾，等，2020. 有多少人"慕名而来"：旅游景区到访率与知名度的关系研究[J]. 旅游学刊，35(1)：78-94.

吴必虎，1998. 旅游系统：对旅游活动与旅游科学的一种解释[J]. 旅游学刊（1）：20-24.

吴必虎，1999. 中国国内旅游客源市场系统研究[M]. 上海：华东师范大学出版社.

吴金明，2001. 新经济时代的"4V"营销组合[J]. 中国工业经济（6）：70-75.

吴晋峰，包浩生，2002. 旅游系统的空间结构模式研究[J]. 地理科学，22(1)：96-101.

吴晋峰，段骅，2001. 旅游系统与旅游规划[J]. 人文地理（5）：62-65.

吴开军，2024. 新质生产力驱动乡村旅游高质量发展的机理和路径研究[J]. 西南民族大学学报（人文社会科学版），45(6)：30-37.

吴丽云，董锁成，2011. 大都市边缘区的旅游区位及发展战略[J]. 社会科学家(3)：90-92,104.

吴耀宇，2018. 新媒体在江苏入境旅游市场营销中的应用及趋势[J]. 旅游学刊，33(4)：3-5.

吴长顺，朱玲，2007. 营销组合4P范式的不可替代性[J]. 科技管理研究(6)：215-217,227.

吴志才，2007. 毗邻珠三角欠发达地区旅游发展思路探讨：以清远市为例[J]. 云南地理环境研究(2)：119-123.

夏杰长，徐金海，2018. 中国旅游业改革开放40年：回顾与展望[J]. 经济与管理研究，39(6)：3-14.

向婧,彭蝶飞,伍海琳,2011. 会展业的游客转化机制研究:以中国(中部)湖南国际农博会为例[J]. 旅游论坛,4(6):91-97.

谢春昌,2009. 营销组合理论的回顾与展望[J]. 商业研究(3):6-9.

谢谦,陆明,谢春山,2023. 基于LBS和深度学习的旅游景区客流量的高时频预测[J]. 地球信息科学学报,25(2):298-310.

谢彦君,2015. 基础旅游学[M]. 4版. 北京:商务印书馆.

辛亚平,吴晋峰,邓晨晖,等,2011. 基于活动偏好的西安市"农家乐"旅游市场细分[J]. 资源开发与市场,27(3):267-270.

熊国保,郑玉洁,2006. 欠发达地区旅游市场营销战略探析:以江西为例[J]. 江西社会科学(12):254-256.

徐刚,2014. 基于因子分析的民族地区旅游目的地营销战略研究:以贵州省黔东南为例[J]. 贵州民族研究,35(7):150-153.

许春晓,成锦,2017. 旅游目的地记忆图谱市场细分法构建[J]. 经济地理,37(2):187-192.

薛薇,2013. SPSS统计分析方法及应用[M]. 北京:电子工业出版社.

闫喜琴,2010. 论PTP旅游营销模式对目的地的深层影响[J]. 河南师范大学学报(哲学社会科学版),37(4):90-92.

严旭阳,2018. 中国旅游发展笔谈:新时代中国旅游发展战略[J]. 旅游学刊,33(10):1.

杨建明,余雅玲,游丽兰,2015. 福州国家森林公园的游客市场细分:基于游憩动机的因子—聚类分析[J]. 林业科学,51(9):106-116.

杨剑,2005. 区域旅游市场细分及营销策略:以成都市为例[J]. 软科学(4):70-73.

杨晶,戈双剑,2012. 无"网"不胜:全球化视野下的香港旅游网络营销[J]. 旅游学刊,27(7):5-6.

杨昆,赵毅,陈刚,等,2019.整合营销传播视角下的西藏旅游目的地营销分析[J].西藏民族大学学报(哲学社会科学版),40(3):110-116.

杨立勋,殷书炉,2008.人工智能方法在旅游预测中的应用及评析[J].旅游学刊(9):17-22.

杨丽,陆易农,白洋,等,2008.新疆吐鲁番葡萄沟景区旅游市场营销组合策略[J].新疆大学学报(哲学人文社会科学版)(1):35-39.

杨天琪,2023.游客市场细分对景区发展的影响研究:以湖南郴州龙女温泉为例[J].内蒙古科技与经济(4):74-76.

杨新军,刘家明,1998.论旅游功能系统:市场导向下旅游规划目标分析[J].地理与地理信息科学(1):59-62.

杨兴柱,顾朝林,王群,2011.旅游流驱动力系统分析[J].地理研究,30(1):23-36.

杨玉杰,2015.黄山市体育旅游市场细分与营销策略[J].冰雪运动(5):75-78.

要轶丽,郑国,2002.旅游区位非优区的旅游业发展研究:以山西运城为例[J].旅游学刊(5):58-61.

叶涛,1986.黄山旅游市场的分析和预测[J].数量经济技术经济研究(2):63-68.

依绍华,2011.旅游学科研究进展及当前研究热点领域[J].旅游学刊,26(5):22-29.

殷章馨,夏赞才,唐月亮,2018.乡村旅游市场细分的统计检验[J].统计与决策,34(20):114-117.

银淑华,2007.试论政府的旅游营销职能[J].北京工商大学学报(社会科学版)(4):62-67.

于荀,张晓桐,屈永超,2015.沈阳市旅游产品开发现状及对策研究[J].对外经贸(1):78-80.

余洁,马耀峰,苟晓东,2006.近年来中国旅游研究的现状及热点问题述评[J].经济地理(4):681-685,692.

余晓娟,2007.Web2.0时代的中国旅游市场营销[J].旅游学刊(5):10.

约翰·斯沃布鲁克,苏珊·霍纳,2004.旅游消费者行为学[M].余慧君,张鸥,漆小燕,译.北京:电子工业出版社.

约翰斯顿R J,2010.哲学与人文地理学[M].蔡云龙,译.北京:商务印书馆.

张郴,张捷,2011.中国入境旅游需求预测的神经网络集成模型研究[J].地理科学,31(10):1208-1212.

张高军,吴晋峰,曹晓仪,等,2015.基于等时/费线的旅游客源市场空间分异研究[J].旅游学刊,30(10):89-98.

张怀英,2010.意境流视角下的边缘型古镇旅游营销战略研究:以芙蓉古镇为例[J].旅游论坛,3(3):342-345,360.

张慧霞,刘斯文,2007.青藏铁路旅游带开发研究[J].山西财经大学学报(2):50-56.

张洁梅,张姊威,2023.视觉营销如何唤起旅游电商直播观众的购买意愿?[J].经济与管理评论,39(5):138-149.

张捷,都金康,周寅康,等,1999.自然观光旅游地客源市场的空间结构研究:以九寨沟及比较风景区为例[J].地理学报,54(4):357-364.

张京京,刘同山,钟真,2022.网络营销提升了乡村旅游经营效益吗?:来自第三次全国农业普查北京市调查的证据[J].中国农村经济(3):

67-83.

张敏,李胡蓉,阳小水,2017.国际旅游知识体系研究:主题、趋势和框架:基于11本国际权威期刊2005—2014年的样本分析[J].旅游学刊,32(8):104-115.

张顺畅,王亚力,2006.湖南凤凰旅游资源的区位分析及开发对策[J].湖南科技大学学报(社会科学版)(1):75-78.

张文瑞,2017.产业链延伸视阈下河南乡村旅游市场营销模式建构研究[J].农业经济(4):132-134.

张希月,虞虎,2019.传统文化旅游演出细分市场特征与市场策略[J].企业经济,38(11):63-71.

张学梅,廖涛,2011.旅游市场营销[M].北京:北京大学出版社.

张燕,2011.基于中心城区旅游辐射效应的县域生态旅游开发研究[D].扬州:扬州大学.

张有京,1993.市场起源及其发展简述[J].云南民族学院学报(哲学社会科学版)(2):15-16.

张佑印,马耀峰,2009.基于4P的中国入境旅游市场营销[J].旅游学刊,24(4):8-9.

张佑印,2016.中国潜在海洋旅游者决策行为与预期偏好[J].资源科学,38(4):588-598.

张蕴如,2001.市场营销新理念:从4P到11P[J].经济管理(17):46-48.

章锦河,2019.城市旅游转型与旅游制度创新的思维转向[J].旅游学刊,34(3):7-8.

章尚正,莫里森,严澄,2005.中美旅游目的地营销比较[J].旅游科学(6):27-33.

赵景林,王要武,2011.论我国旅游市场"六大营销策略"[J].学术交流(11):83-85.

赵黎明,吴文清,刘嘉焜,2006.基于小波分析的游客流量神经网络预测研究[J].系统工程学报(2):221-224.

赵荣,王恩涌,张小林,等,2009.人文地理学[M].2版.北京:高等教育出版社.

赵曙光,2014.高转化率的社交媒体用户画像:基于500用户的深访研究[J].现代传播(中国传媒大学学报),36(6):115-120.

赵曙光,2017.致命的转化率:注意力之外的决定性因素[J].国际新闻界,39(11):143-156.

赵啸峰,1998.Internet的应用与旅游营销[J].旅游学刊(4):30-32.

赵杨,袁析妮,陈亚文,等,2018.基于机器学习混合算法的App广告转化率预测研究[J].数据分析与知识发现,2(11):2-9.

赵永,王岩松,2011.空间分析研究进展[J].地理与地理信息科学,27(5):1-8.

郑鹏,莫媚,孙怡欣,等,2024.青藏高原旅游品牌基因识别及内部差异化分区[J].经济地理,44(6):202-212.

郑正,2013.大围山森林公园度假旅游供需关系研究[D].长沙:中南林业科技大学.

郑治伟,2017."旅游+新媒体":旅游业海外客源的市场营销[J].价格月刊(3):81-84.

钟莹峰,2009.浅析我国旅游产业营销面临的问题及对策[J].兰州学刊(3):181-183.

周刚,张嘉琦,2015.基于旅游动机的老年旅游市场细分研究[J].资源开发与市场,31(12):1540-1544.

周晓丽，唐承财，2020. 基于网络搜索大数据的5A级景区客流量预测分析[J]. 干旱区资源与环境，34(3)：204-208.

周义龙，王国琼，刘晓蓉，2023. 国际医疗旅游营销的国外实践与经验启示[J]. 辽宁行政学院学报(1)：69-72.

周永博，沙润，田逢军，2009. 金融危机背景下政府旅游营销研究[J]. 旅游学刊，24(9)：28-35.

朱竑，陈晓亮，2008. 中国A级旅游景区空间分布结构研究[J]. 地理科学 (5)：607-615.

朱银娇，袁书琪，2005. 论旅游区位对区域旅游市场的影响[J]. 福建地理(4)：33-35.

邹统钎，2013. 旅游学术思想流派[M]. 天津：南开大学出版社.

Özel Ç H，KOZAK N，2012. Motive based segmentation of the cultural tourism market：a study of Turkish domestic tourists[J]. Journal of quality assurance in hospitality & tourism，13(3)：165-186.

ANDREU R，CLAVER E，QUER D，2010. Tourism in China：a review of research in leading journals[J]. Journal of China tourism research，6(4)：343-357.

ANKOMAH P K，CROMPTON J L，BAKER D，1996. Influence of cognitive distance in vacation choice[J]. Annals of tourism research，23(1)：138-150.

ARIMOND G，ACHENREINER G，ELFESSI A，2003. An innovative approach to tourism market segmentation research：an applied study[J]. Journal of hospitality & leisure marketing，10(3-4)：25-56.

BALLMAN G，BURKE J，BLANK U，et al.，1984. Toward higher quality conversion studies：refining the numbers game[J]. Journal of travel research, 22(4): 28-33.

BANGWAYO-SKEETE P F, SKEETE R W, 2015. Can Google data improve the forecasting performance of tourist arrivals? Mixed-data sampling approach[J]. Tourism management, 46: 454-464.

BAO J G, CHEN G H, MA L, 2014. Tourism research in China: insights from insiders[J]. Annals of tourism research, 45(3): 167-181.

BURKE J F, GITELSON R, 1990. Conversion studies: assumptions, applications, accuracy and abuse[J]. Journal of travel research, 28(3): 46-51.

CAI L A, 1998. Effects of destination advertising on financial returns: a comparative analysis of two inquiring methods[J]. The journal of hospitality financial management, 6(1): 61-73.

CHEN R J C, 2005. Before and after the inclusion of intervention events: an evaluation of alternative forecasting methods for tourist flows[J]. Tourism analysis, 10(3): 269-276.

CHO V, 2003. A comparison of three different approaches to tourist arrival forecasting[J]. Tourism management, 24(3): 323-330.

CHOE Y, STIENMETZ J L, FESENMAIER D R, 2017. Measuring destination marketing: comparing four models of advertising conversion[J]. Journal of travel research, 56(2): 143-157.

CLARKE T B, JANSEN B J, 2017. Conversion potential: a metric for evaluating search engine advertising performance[J]. Journal of research in interactive marketing, 11(2): 142-159.

COHEN E, 1972. Toward a sociology of international tourism[J]. Social research, 39(1): 164-182.

CROMPTON J L, ANKOMAH P K, 1993. Choice set proposition in destination decisions[J]. Annals of tourism research, 20(3): 461-476.

CROMPTON J, 1992. Structure of vacation destination choice sets [J]. Annals of tourism research, 19(3): 420-434.

DEVILLE P, SONG C, EAGLE N, et al., 2016. Scaling identity connects human mobility and social interactions[J]. Proceedings of the national academy of sciences, 113(26): 7047-7052.

DOSSA K B, WILLIAMS P, 2002. Assessing the use of internet surveys in the context of advertisement tracking studies: a case study of tourism Yukon's winter promotion campaign[J]. Journal of travel & tourism marketing, 11(2-3): 39-62.

DRUCKER P, 1973. Management: tasks, responsibilities, practices [M]. New York: Harper and Row.

ELLERBROCK M J, 1981. Improving coupon conversion studies: a comment[J]. Journal of travel research, 19(4): 37-38.

ERYIGIT M, KOTIL E, ERYIGIT R, 2010. Factors affecting international tourism flows to Turkey: a gravity model approach. [J]. Tourism economics, 16(3): 585-595.

EUSEBIO C, CARNEIRO M J, KASTENHOLZ E, et al., 2017. Social tourism programmes for the senior market: a benefit segmentation analysis[J]. Journal of tourism and cultural change, 15(1): 59-79.

EUSÉBIO C, CARNEIRO M J, KASTENHOLZ E, et al., 2017. Who is consuming the countryside? An activity-based segmentation analysis of the domestic rural tourism market in Portugal[J]. Journal of hospitality and tourism management, 31: 197-210.

FAULKNER B, 1997. A model for the evaluation of national tourism destination marketing programs[J]. Journal of travel research, 35(3): 23-32.

GUNN C A, VAR T, 2002. Tourism planning: basics concepts cases [M]. 4th ed. New York: Routledge.

HADAVANDI E, GHANBARI A, SHAHANAGHI K, et al. , 2011. Tourist arrival forecasting by evolutionary fuzzy systems[J]. Tourism management, 32(5): 1196-1203.

HUANG X, ZHANG L, DING Y, 2016. The Baidu index: uses in predicting tourism flows: a case study of the Forbidden City[J]. Tourism management, 58: 301-306.

HUNT J D, DALTON M J, 1983. Comparing mail and telephone for conducting coupon conversion studies[J]. Journal of travel research, 21(3): 16-18.

JACKMAN M, GREENIDGE K, 2010. Modelling and forecasting tourist flows to Barbados using structural time series models[J]. Tourism & hospitality research, 10: 1-13.

JOHNS N, GYIMOTHY S, 2002. Market segmentation and the prediction of tourist behavior: the case of Bornholm, Denmark[J]. Journal of travel research, 40(3): 316-327.

JOHNSON R R, MESSMER D J, 1997. The relationship between inquiry and visitation: what is (or should be) conversion? [J]. Journal of travel & tourism marketing, 6(2): 101-109.

KIM C S, BAI B H, KIM P B, et al. , 2018. Review of reviews: a systematic analysis of review papers in the hospitality and tourism literature[J]. International journal of hospitality management, 70: 49-58.

KIM D, HWANG Y, FESENMAIER D R, 2005. Modeling tourism advertising effectiveness[J]. Journal of travel research, 44(1): 42-49.

KIM J H, MOOSA I A, 2005. Forecasting international tourist flows to Australia: a comparison between the direct and indirect methods[J]. Tourism management, 26(1): 69-78.

KIM J H, MOOSA I, 2001. Seasonal behaviour of monthly international tourist flows: specification and implications for forecasting models[J]. Tourism economics, 7(4): 381-396.

KOTLER P, BOWEN J T, MAKENS J C, et al., 2017. Marketing for hospitality and tourism[M]. London: Pearson Education.

KOTOUA S, ILKAN M, 2017. Tourism destination marketing and information technology in Ghana[J]. Journal of destination marketing and management, 6(2): 127-135.

KULENDRANA N, KINGB M L, 1997. Forecasting international quarterly tourist flows using error-correction and time-series models[J]. International journal of forecasting, 13(3): 319-327.

KUO R J, AKBARIA K, SUBROTO B, 2012. Application of particle swarm optimization and perceptual map to tourist market segmentation[J]. Expert systems with applications, 39(10): 8726-8735.

LAUTERBORN B, 1990. New marketing litany: four ps passé: C-words take over[J]. Advertising age, 61(41): 26.

LAW R, AU N, 1999. A neural network model to forecast Japanese demand for travel to Hong Kong[J]. Tourism management, 20(1):

89-97.

LAWS E, 1997. Managing packaged tourism[M]. London: Thomson Business Press.

LEIPER N, 1979. The framework of tourism: towards a definition of tourism, tourist, and the tourist industry[J]. Annals of tourism research, 6(4): 390-407.

LEIPER N, 1990. Tourist attraction systems [J]. Annals of tourism research, 17(3): 367-384.

LI G, 2009. Tourism demand modeling and forecasting: a review of literature related to Greater China[J]. Journal of China tourism research, 5(1): 2-40.

LI S, CHEN T, WANG L, et al., 2018. Effective tourist volume forecasting supported by PCA and improved BPNN using Baidu index [J]. Tourism management, 68: 116-126.

LIMA J, EUSÉBIO C, KASTENHOLZ E, 2012. Expenditure-based segmentation of a mountain destination tourist market[J]. Journal of travel & tourism marketing, 29(7): 695-713.

LIU Y D, 2013. Image-based segmentation of cultural tourism market: the perceptions of Taiwan's inbound visitors[J]. Asia pacific journal of tourism research, 19(8): 971-987.

MALHOTRA N K, 1996. Marketing research: an applied orientation [M]. 2nd ed.Upper Saddle River, NJ: Prentice Hall.

MARIANI M M, FELICE M D, MURA M, 2016. Facebook as a destination marketing tool: evidence from Italian regional destination management organizations[J]. Tourism management, 54: 321-343.

MARIANI M, 2020. Web 2.0 and destination marketing: current trends and future directions[J]. Sustainability, 12(9): 3771.

MATEJKA J K, 1973. Critical factors in vacation area selection [J]. Arkansas business and economic review, 6: 17-19.

MCCARTHY E J, 1960. Basic marketing: a managerial approach[M]. Homewood: Richard D. Irwin.

MCLEMORE C, MITCHELL N, 2001. An internet conversion study of www.arkansas.com: a state tourism website[J]. Journal of vacation marketing, 7(3): 268-274.

MCWILLIAMS E G, CROMPTON J L, 1997. An expanded framework for measuring the effectiveness of destination advertising [J]. Tourism management, 18(3): 127-137.

MESSMER D J, JOHNSON R R, 1993. Inquiry conversion and travel advertising effectiveness[J]. Journal of travel research, 31(4): 14-21.

MILL R C, MORRISON A M, 1985. The tourism system [M]. Englewood Cliffs, NJ: Prentice-Hall.

MOLINA A, GÓMEZ M, GONZÁLEZ-DÍAZ B, et al., 2015. Market segmentation in wine tourism: strategies for wineries and destinations in Spain[J]. Journal of wine research, 26(3): 192-224.

MORRISON A M, 2010. Hospitality and travel marketing [M]. 4th ed. Clifton Park, NY: Delmar.

MORRISON A M, 2013. Marketing and managing tourism destinations[M]. London: Routledge.

MUMUNI A G, MANSOUR M, 2014. Activity-based segmentation of the outbound leisure tourism market of Saudi Arabia[J]. Journal of vacation marketing, 20(3): 1-14.

NDER I, GUNTER U, GINDL S, 2020. Utilizing Facebook statistics in tourism demand modeling and destination marketing[J]. Journal of travel research, 59(2): 195-208.

NICOLAU J L, MAS F J, 2006. The influence of distance and prices on the choice of tourist destinations: the moderating role of motivations[J]. Tourism management, 27(5): 982-996.

NYAUPANE G P, GRAEFE A R, 2008. Travel distance: a tool for nature-based tourism market segmentation[J]. Journal of travel & tourism marketing, 25(3-4): 355-366.

NYAUPANE G P, WHITE D D, BUDRUK M, 2006. Motive-based tourist market segmentation: an application to native American cultural heritage sites in Arizona, USA[J]. Journal of heritage tourism, 1(2): 81-99.

OYEWOLE P, 2010. Country segmentation of the international tourism market using propensity to travel and to spend abroad[J]. Journal of global marketing, 23(2): 152-168.

PAI P F, HONG W C, 2005. An improved neural network model in forecasting arrivals[J]. Annals of tourism research, 32(4): 1138-1141.

PAN B, WOODSIDE A G, MENG F, 2013. How contextual cues influence response rates and results of online surveys[J]. Journal of travel research, 53(1): 58-68.

PERREAULT W D, DARDEN D K, DARDEN W R, 1977. A psychographic classification of vacation life styles[J]. Journal of leisure research, 9(3): 208-224.

PESONEN J A, 2013. Information and communications technology and market segmentation in tourism: a review[J]. Tourism review, 68(2): 14-30.

PIKE S, PAGE S J, 2014. Destination marketing organizations and destination marketing: anarrative analysis of the literature [J]. Tourism management, 41: 202-227.

PLOG S, 2001. Why destination areas rise and fall in popularity: an update of a Cornell quarterly classic[J]. The Cornell hotel and restaurant administration quarterly, 42(3):13-24.

PRATT S, MCCABE S, CORTES-JIMENEZ I, et al., 2010. Measuring the effectiveness of destination marketing campaigns: comparative analysis of conversion studies[J]. Journal of travel research, 49(2): 179-190.

PRATT S, 2012. Tourism yield of different market segments: a case study of Hawaii[J]. Tourism economics, 18(2): 373-391.

PRENTICE R, ANDERSEN V, 2000. Evoking Ireland: modeling tourist propensity[J]. Annals of tourism research, 27(2): 490-516.

PRIDEAUX B, 2005. Factors affecting bilateral tourism flows[J]. Annals of tourism research, 32(3): 780-801.

PYO S, 2015. Integrating tourist market segmentation, targeting, and positioning using association rules[J]. Information technology & tourism, 15(3): 253-281.

QU Y, QU H, CHEN G H, 2016. Market segmentation for a leverage revitalization of China's inbound tourism: the case of US leisure tourists[J]. Current issues in tourism(12): 1-17.

RITCHIE J R B, 1996. Beacons of light in an expanding universe: an assessment of the state-of-the-art in tourism marketing/marketing research[J]. Journal of travel & tourism marketing, 5(4): 49-84.

RONDAN-CATALUÑA F J, ROSA-DIAZ I M, 2014. Segmenting hotel clients by pricing variables and value for money[J]. Current issues in tourism, 17(1): 60-71.

ROULT R, ADJIZIAN J M, AUGER D, 2016. Tourism conversion and place branding: the case of the Olympic Park in Montreal[J]. International journal of tourism cities, 2(1): 77-93.

SANTERAMO F G, MORELLI M, 2015. Modelling tourism flows through gravity models: a quantile regression approach[J]. Current issues tourism, 19(11): 1077-1083.

SHAW E H, 2005. A history of schools of marketing thought[J]. Marketing theory, 5(3): 239-281.

SHOEMAKER S, SHAW M, 2008. Marketing essentials in hospitality and tourism: foundations and practises[M]. Upper Saddle River, NJ: Pearson.

SIEGEL W, ZIFF-LEVINE W, 1990. Evaluating tourism advertising campaigns: conversion vs advertising tracking studies[J]. Journal of travel research, 28(3): 51-55.

SIGAUX G, 1966. History of tourism[M]. London: Leisure Arts Ltd.

SMITH W R, 1956. Product differentiation and market segmentation as alternative marketing strategies[J]. Journal of marketing, 21(1): 3-8.

SO S, MORRISON A M, 2003. Destination marketing organizations'web site users and nonusers: a comparison of acture visits and revisit intentions[J]. Information technology and tourism, 6(2): 129-139.

SONG H Y, WITT S F, 2006. Forecasting international tourist flows to Macau[J]. Tourism management, 27(2): 214-224.

SONG H, LI G, 2008. Tourism demand modelling and forecasting: a review of recent research[J]. Tourism management, 29(2): 203-220.

SONG H, QIU R T R, PARK J, 2019. A review of research on tourism demand forecasting [J]. Annals of tourism research, 75: 338-362.

SRIHADI T F, HARTOYO, SUKANDAR D, et al., 2016. Segmentation of the tourism market for Jakarta: classification of foreign visitors lifestyle typologies[J]. Tourism management perspectives, 19: 32-39.

STERGIOU D, AIREY D, 2003. Inquiry conversion and tourism website effectiveness: assumptions, problems and potential[J]. Tourism and hospitality research, 4(4): 355-366.

STIENMETZ J L, MAXCY J G, FESENMAIER D R, 2015. Evaluating destination advertising[J]. Journal of travel research, 54(1): 22-35.

SANCHEZ-FERNANDEZ R, INIESTA-BONILLO M A, CERVERA-TAULET A, 2019. Exploring the concept of perceived sustainability at tourist destinations: a market segmentation approach[J]. Journal of travel & tourism marketing, 36(2):176-190.

TOBLET W, 1970. A computer movie simulating urban growth in the Detroit region[J]. Economic geography, 46(2): 234-240.

UM S, CROMPTON J L, 1990. Attitude determinants in tourism destination choice[J]. Annals of tourism research, 17(3): 432-448.

WAHAB S, CRAMPON L J, ROTHFIELD L M, 1976. Tourism marketing[M]. London: tourism international press.

WANG C P, LI C, LIU S T, 2016. A multidimensional environmental value orientation approach to forest recreation area tourism market segmentation[J]. Forests, 7(5): 92.

WANG D G, NIU Y, SUN F, et al., 2017. Evolution and spatial characteristics of tourism field strength of cities linked by high-speed rail (HSR) network in China[J]. Journal of geographical sciences, 27(7): 835-856.

WEAVER D B, LAWTON L J, 2002. Overnight ecotourist market segmentation in the Gold Coast Hinterland of Australia[J]. Journal of travel research, 40(3): 270-280.

WILLEMS K, BRENGMAN M, KERREBROECK H V, 2019. The impact of representation media on customer engagement in tourism marketing among millennials[J]. European journal of marketing, 53(9): 1988-2017.

WITT C A, WITT S F, WILSON N, 1994. Forecasting international tourist flows[J]. Annals of tourism research, 21(3): 612-628.

WONG K K F, SONG H Y, WITT S F, et al., 2007. Tourism forecasting: to combine or not to combine?[J]. Tourism management, 28(4): 1068-1078.

WOODSIDE A G, DUBELAAR C, 2003. Increasing quality in measuring advertising effectiveness: a meta-analysis of question framing in conversion studies[J]. Journal of advertising research, 43(1): 78-85.

WOODSIDE A G, LYSONSKI S, 1989. A general model of traveler destination choice[J]. Journal of travel research, 27(4): 8-14.

WOODSIDE A G, REID D M, 1974. Tourism profiles versus audience profiles: are upscale magazines really upscale? [J]. Journal of travel research, 12(4): 17-23.

WOODSIDE A G, RONKAINEN I A, 1984. How serious is nonresponse bias in advertising conversion research? [J]. Journal of travel research, 22(4): 34-37.

WOODSIDE A G, 1990. Measuring advertising effectiveness in destination marketing strategies[J]. Journal of travel research, 29(2): 3-8.

WOODSIDE A G, 1981. Measuring the conversion of advertising coupon inquirers into visitors[J]. Journal of travel research, 19(4): 38-39.

WU B H, XIAO H G, DONG X L, et al., 2012. Tourism knowledge domains: a keyword analysis[J]. Asia Pacific journal of tourism research, 17(4): 355-380.

WU B Q, WU J F, SHI X T, et al., 2019. Visiting probability model: a new method for tourist volume forecasting[J]. Asia Pacific journal of tourism research, 24(12): 1155-1168.

WU G, 2018. Official websites as a tourism marketing medium: a contrastive analysis from the perspective of appraisal theory[J]. Journal of destination marketing & management, 10: 164-171.

XIN Y, PAN B, EVANS J A, et al., 2015. Forecasting Chinese tourist volume with search engine data[J]. Tourism management, 46: 386-397.

YAN L, 2011. Uneven distance decay: a study of the tourism market segments of Hong Kong[J]. International journal of tourism sciences, 11(1): 95-112.

YANNOPOULOS P, ROTENBERG R, 2000. Benefit segmentation of the near-home tourism market: the case of upper New York State [J]. Journal of travel & tourism marketing, 8(2): 41-55.

YOUSAF S, FAN X C, 2018. Halal culinary and tourism marketing strategies on government websites: a preliminary analysis [J]. Tourism management, 68: 423-443.

ZHANG B, HUANG X, LI N, et al., 2017. A novel hybrid model for tourist volume forecasting incorporating search engine data[J]. Asia Pacific journal of tourism research, 22(3): 1-10.

ZHONG L, WU B H, MORRISON A M, 2015. Research on China's tourism: a 35-year review and authorship analysis[J]. International journal of tourism research, 17(1): 25-34.

ZHOU Z, 1997. Destination marketing: measuring the effectiveness of brochures[J]. Journal of travel & tourism marketing, 6(3-4): 143-158.